数字转型期
档案内容治理体系和
治理能力现代化研究

李 甜 著

中国农业科学技术出版社

图书在版编目(CIP)数据

数字转型期档案内容治理体系和治理能力现代化研究 / 李甜著. --北京：中国农业科学技术出版社，2022.10
ISBN 978-7-5116-5951-4

Ⅰ. ①数… Ⅱ. ①李… Ⅲ. ①档案管理-研究 Ⅳ. ①G271

中国版本图书馆 CIP 数据核字（2022）第 181060 号

责任编辑　徐定娜
责任校对　马广洋
责任印制　姜义伟　王思文

出 版 者	中国农业科学技术出版社
	北京市中关村南大街 12 号　　邮编：100081
电　　话	（010）82105169（编辑室）　　（010）82109702（发行部）
	（010）82109709（读者服务部）
网　　址	https://castp.caas.cn
经 销 者	各地新华书店
印 刷 者	北京建宏印刷有限公司
开　　本	185 mm×260 mm　1/16
印　　张	13
字　　数	268 千字
版　　次	2022 年 10 月第 1 版　2022 年 10 月第 1 次印刷
定　　价	48.00 元

━━━◆ 版权所有·翻印必究 ◆━━━

前　言

档案工作源于社会实践，也在回应社会实践需求的同时，向深远未来发展。时代之前进，浩浩荡荡，服务国家治理现代化战略新阶段、抓住档案事业现代化发展新契机、迎接数字转型期档案工作新挑战、完善档案治理现代化理论薄弱点、促进档案内容治理的实践规范化的五大需求，展陈于档案工作者眼前，迫切地需要一个答案。

如何全面回应上述需求，实现档案工作与国家治理的全新融合发展，实现档案工作自身转型升级？更新切入点或许成为新时期档案工作实现新突破的可能所在。与此同时，随着技术的长足进步，对档案管理对象的管理深度与管理效能也较之以往有了大幅提升，技术赋能社会发展，自然也赋能档案工作，"内容为王"也同样适用于档案领域。档案内容在档案领域的重要性也逐日凸显，技术的进步也使得管理深入内容成为可能。基于此，本研究从档案内容这一视角切入，以"治理"的方式进行探索，研究数字转型趋势下档案治理中的"档案内容治理"这一具体领域，以探讨档案内容治理的内涵与特征为起点，通过构建档案内容治理体系和治理能力关系模型，以档案内容治理体系和治理能力现代化推进路径的提出为落脚点，为如何回应以上五大需求，提供一个来自具体视角的理论参考。

因此，本研究致力于回答的问题——档案内容治理体系和治理能力的内容、价值、相互关系及其现代化实现路径是什么？为回答上述问题，本研究首先在绪论中围绕选题背景和选题意义介绍了论题"数字转型期档案内容治理体系和治理能力现代化"的研究缘起，同时通过对现代化、数字转型期、档案内容治理、档案内容治理体系和治理能力四组核心概念的阐释，界定了本研究的研究边界。然后依据本研究的主要研究内容与研究问题，确定本研究的主要研究方法与具体研究思路，并对研究的创新性进行了解释与说明。以上内容回答了为什么要研究数字转型期档案内容治理体系和治理能力现代化的问题。

在确定了研究问题和研究方法等基本问题后，在文献综述部分，本研究通过对国内外数字转型期档案内容治理体系和治理能力现代化概念研究、关系研究、推进研究三个部分的研究现状进行总结，说明数字转型期档案内容治理体系和治理能力的研究基础与研究空间。在理论基础部分，对本研究的指导思想、依据理论与继承理论进行解释，说明马克思主义哲学、治理理论、档案治理理论和档案内容管理理论主要内容及其研究成果对本研究理论研究的作用与意义。文献综述结论和理论依据的阐述，主要回答了以何为依据进行档案内容治理体系和治理能力现代化研究的问题。

随后需要解答"档案内容治理"是什么及其价值是什么的问题。在本书的概念阐释部分，首先通过对档案内容治理概念进行解构，全面总结档案治理视域下"内容""治理"的全新含义，界定了档案内容治理的定义，并对其治理主体、治理对象和治理目标的特征进行分析，来实现正确认识与理解档案内容治理内涵与外延、充分界定本研究重要边界与确定研究重点的目标。其次，在上述基础之上对档案内容治理的内涵进行分层分析，并构建了分层模型，进一步对档案内容治理进行解释与说明，以加深对档案内容治理内涵的揭示。最后，将档案内容治理与档案治理、档案内容管理这一组临近概念作对比，厘清了档案内容治理与档案治理、档案内容管理的关系，通过分析档案内容治理成效直接影响档案治理现代化的实现与档案内容治理的有效实现,是档案内容管理在管理全局性、根本性、体系性方面的超越,对档案内容治理理论研究与实践开展的必要性与紧迫性进行了说明。

展开档案内容治理实践,为何从实现档案内容治理体系和治理能力现代化开始,这其中的逻辑关系是什么?在本书的第4章,以档案内容治理体系和治理能力现代化的提出缘由作了详细解答。第4章从对象、手段、综合三个层面,分析了档案内容治理具有的精细性、善治性、赋能性三大优越性,对档案内容治理的重要价值进行充分论证;对档案内容治理的内生性风险与外源性风险进行了归纳总结,同时探寻出在治理理念、机制、技术方面的成因,为风险规避找到了重要的规避路径;进一步对档案内容治理面临的意识、能力、组织与标准困境进行了分析,得出档案内容治理综合能力的欠缺导致了诸多治理困境的出现。优势的获得与保持直指档案内容治理综合成效的取得,风险的规避与困境的消解又与档案综合治理能力密切相关,治理瓶颈的关键问题在于低效治理能力与高效治理需求之间的不匹配和不适应,以及治理效能不能满足人们对档案内容治理的期待与需求。档案内容治理体系和治理能力现代化,作为一个框架性概念,极好地囊括了与上述优势、风险、困境都密切相关的意识、体制、机制、能力等问题。基于此,本研究提出以"档案内容治理体系和治理能力现代化"作为档案内容治理风险规避、困境消解、能力提升的现实对策。

厘清档案内容治理体系和治理能力的关系,是实现档案内容治理体系和治理能力现代化的第一步。第5章通过界定档案内容治理体系和治理能力的概念,阐明档案内容治理体系和治理能力的构成及其现代化内容;在揭示档案内容治理体系和治理能力"一体两面"的相互关系的基础上,对二者"动态正相关"的互动形态进行揭示;然后以此为基础对档案内容治理体系和治理能力相互关系的演化机制进行构建。基于以上内容,本研究构建了档案内容治理体系和治理能力关系模型。总体而言，本研究构建的档案内容治理体系和治理能力的关系模型由4个部分组成：档案内容治理体系和治理能力的内涵与构成、"一体两面"的相互关系、"动态正相关"的互动形态、"四维联动"的演化机制；四者缺一不可。档案内容治理体系和治理能力二者的内涵与构成是关系模型的基础。"一体两面"的相互关系揭示二者相互之间的关系，是关系模型的关系联接。"动态正相关"的互动形态与"四维联运"的演化机制是关系模型演化形态。

在本书的第6章，以前续章节的研究结论为基础，从整体架构和基本路径两个方向构建了档案内容治理体系和治理能力现代化双重推进方案。从思想层面应坚持以善治为引领、法规层面应坚持以法治为保障、技术层面应坚持以智治为方式，构建了推进方案的整体架构。以"善治""法治""智治"为整体架构，本研究从档案内容治理体系和治理能力关系模型为切入点，提出档案内容治理体系和治理能力现代化推进的基本路径，将档案整体架构转换为具体的实践对策：以健全体系为抓手，推进档案内容治理体系现代化；以治理技术为承转，上承治理体系下接治理能力；以提升能力为纲目，推进档案内容治理能力现代化；以耦合协调为旨归，实现体系与能力的协调推进。本章回答了数字转型期档案内容治理体系和治理能力现代化如何推进的问题。

著　者

2022年8月

目 录

章1章 绪　　论 ·· 1
  1.1　研究背景 ··· 2
  1.2　研究意义 ··· 7
  1.3　核心概念 ··· 9
  1.4　研究目标、研究问题与研究内容 ·· 14
  1.5　研究思路与研究方法 ·· 17
  1.6　研究创新 ··· 21

第 2 章　文献综述与理论基础 ·· 23
  2.1　国内研究现状 ·· 24
  2.2　国外研究现状 ·· 30
  2.3　研究述评与研究空间 ·· 33
  2.4　理论基础 ··· 37

第 3 章　档案内容治理的概念内涵与阐释 ·· 49
  3.1　档案内容治理的概念解构 ··· 50
  3.2　档案内容治理的定义及特征 ·· 67
  3.3　数字转型背景下档案内容治理的主要内容 ·· 74
  3.4　档案内容治理与档案内容管理的对比分析 ·· 83
  3.5　档案内容治理提出的重要意义 ··· 88
  3.6　本章小结 ··· 89

章4章 档案内容治理体系和治理能力现代化的提出缘由 ········· 91
4.1 档案内容治理的优越性 ········· 92
4.2 数字转型期档案内容治理的风险与成因识别 ········· 98
4.3 档案内容治理的困境分析 ········· 105
4.4 档案内容治理体系和治理能力现代化是破局之道 ········· 113
4.5 本章小结 ········· 117

第5章 档案内容治理体系和治理能力关系模型 ········· 119
5.1 档案内容治理体系的内涵 ········· 120
5.2 档案内容治理体系的结构要素与特点 ········· 124
5.3 档案内容治理体系现代化的内容 ········· 132
5.4 档案内容治理能力的内涵、构成与现代化标志 ········· 137
5.5 档案内容治理体系和治理能力是一体两面的相互关系 ········· 144
5.6 档案内容治理体系和治理能力呈现出动态正相关的互动形态 ········· 147
5.7 档案内容治理体系和治理能力关系模型四维联动的演化机制 ········· 149
5.8 本章小结 ········· 153

第6章 档案内容治理体系和治理能力现代化的双重推进 ········· 157
6.1 推进数字转型期档案内容治理体系和治理能力现代化的顶层架构 ········· 158
6.2 数字转型期档案内容治理体系和治理能力现代化的基本路径 ········· 165
6.3 本章小结 ········· 177

第7章 结语与展望 ········· 181
7.1 研究结语 ········· 182
7.2 研究展望 ········· 184

参考文献 ········· 187

第 1 章

绪 论

对档案内容的管理、开发与利用，是档案事业发展的不竭源泉与矢志追求之一。毕竟，正是源于形态各异载体各样的"档案"这一外在容器所承载的"内容"之物对社会实践的原始记录，才围绕档案现象出现了档案职业、档案事业、档案学科……但实现对档案内容的有效管理的复杂性与复杂度，也如档案内容的重要性一样明显。可能也正是如此，现有的理论与实践，都是从某一个局部着手，实现对档案内容的局部管理。这一方面造成针对档案内容的管理活动难以实现对档案内容的全面有效开发，档案内容的潜力始终处于待释放潜力状态；另一方面，"档案内容"管理的相关研究放在整个档案理论研究中，比例少到几乎可以忽略不计，在学术话语体系中，"档案内容"处于相对失语状态。

全球数字转型的深入发展，既是技术革命带来的社会剧变，也是技术发展带来的全新机遇。以数字转型为契机，各领域、各行业、各部门之间的壁垒坍塌多于新建，在跨业务、跨行业、跨系统、技术融合、业务融合、数据融合越来越频繁深入的当下，如何对这些社会实践业务过程中产生的档案内容进行有序管理与开发，比以往具备了更加突出的意义。

本研究致力于回答的问题——档案内容治理体系和治理能力的内容、价值、相互关系及其现代化实现路径是什么？要回答上述问题，首先需要解决的问题是为什么数字化转型背景下档案内容治理体系和治理能力现代化值得研究。

1.1 研究背景

1.1.1 服务国家治理现代化战略新阶段的时代要求

党①的十八届三中全会于 2013 年 11 月召开，针对全面深化改革的总目标，提出了"推进国家治理体系和治理能力现代化"这一新的时代课题。此次是该课题首次亮相党的文件，随即就成为一个令人瞩目的亮点（许海清，2013）。主要原因是，较之于 1954 年提出的"四个现代化"，国家治理体系和治理能力现代化相应地被称为"第五个现代化"（许海清，2013）。随后，党的十九届五中全会将国家治理体系和治理能力现代化确立为"十四五"时期经济社会发展的指导思想与原则，并提出

---

① 本研究主要是中国语境下的研究，因此在本研究行文中，除非特别说明，党是指中国共产党。

到 2035 年的远景目标为"基本实现国家治理体系和治理能力现代化"①。围绕"坚持和完善中国特色社会主义制度、推进国家治理体系和治理能力现代化"进行顶层设计到部署落地,党领导的推进国家治理体系和治理能力现代化进入全新境界(崔桂田 等,2020),是中国共产党在新的时代历史方位中,以"中国之治"应对时代之变与世界之大变局所提出的一项重大战略任务。

不难看出,作为"第五个现代化"的国家治理体系和治理能力现代化,无论是在立意、范围方面,还是战略地位方面,都有了质的改变与提升,成为我国社会主义现代化强国建设的巨大推动力(王权海,2020)。国家治理体系和治理能力现代化战略举措的提出与推进需要社会范围内各个领域的通力配合与协调并进,我国各个领域、各个方面都在全面深化改革,进行治理体系和治理能力建设(金波 等,2020)。在这样的背景下,适应国家治理体系和治理能力现代化的要求,不断完善档案治理体系、提升档案治理能力,以更好地发挥档案工作在国家治理体系和治理能力现代化中的独特作用,既是健全和完善国家治理体系的重要内容,也是时代和国家赋予档案工作的新使命(张卫东 等,2021)。档案治理体系和治理能力现代化的推进,既需要有整体推进方案,也离不开部分的完善。档案内容治理体系和治理能力作为档案治理体系和治理能力的重要组成部分,其现代化目标的提出与推进也是档案界回应时代要求的重要举措。

1.1.2 抓住档案事业现代化发展新契机的内在要求

2003 年,时任浙江省委书记习近平同志在考察该省档案馆工作时对档案工作的基础性地位进行了高度认可与肯定。他指出,各方面社会事业的发展都以档案为基础,离不开档案,"档案工作要走向依法管理、走向开放、走向现代化"。"三个走向"已经提出近二十年,并且其提出的政策环境、技术环境也发生了极大的变化,但其非但没有过时与落伍,其前瞻性与引领性反倒不减反增。"三个走向"对于档案工作适应新形势下全面深化改革面临的新的要求与新的变化,对于把握档案事业发展规律,以及为档案事业发展开辟新的思路和新的境界,都具有极强的指导作用(吴志刚,2014)。每届国际档案大会的主题都是全球档案工作的风向标,2008 年举办的第 16 届国际档案大会,主题为"档案、治理与发展:映射未来社会",推动了档案界就社会治理对档案工作影响的探索(金波 等,2020)。在国家治理体系和治

---

① 参见新华网发布的《中国共产党第十九届中央委员会第五次全体会议公报》,http://www.xinhuanet.com/politics/2020-10/29/c_1126674147.htm。

理能力现代化深入发展的背景下，2016年颁布的《全国档案事业发展"十三五"规划纲要》提出"加快完善档案治理体系、提升档案治理能力"①。由此，档案治理现代化成为档案工作的重要目标。

2021年1月1日起正式施行的《中华人民共和国档案法》（以下简称新《档案法》），是对1987年通过的《中华人民共和国档案法》（以下简称《档案法》）的修订而来。新《档案法》的修订与实施，是我国档案法治建设的重要里程碑，也是趋向"三个走向"的重要标志，对于新的时代背景下中国特色社会主义档案事业高质量发展意义重大②。这次新《档案法》的修订以充分发挥立法在档案工作中的引领和保障作用为导向。最大变动是增加"档案信息化建设"专题，反映了旨在推动实现以档案信息化为核心的档案管理现代化。此次国家对《档案法》作出全面修订，首次明确把推进国家治理体系和治理能力现代化作为立法目的之一，进一步完善了档案工作领导体制和管理体制以及档案管理制度体系，有利于健全和完善档案治理体系，为档案治理体系和治理能力现代化提供了强大的政治力量和现实指引（郑金月，2020）。

2020年12月29日至30日，全国档案局长馆长会议在北京召开，会议提出要全面开展档案治理体系和档案资源体系、档案利用体系、档案安全体系四大体系的建设③。

因而，围绕推进档案治理体系和治理能力现代化以及以档案法修订为标志的档案法治建设进入新的征程，中国档案事业发展正面临前所未有的重大发展契机，应充分抓住机遇，实现新的突破与升级。档案内容治理作为档案治理的重要组成部分，从档案内容治理视域入手，抓住重大发展机遇也是题中应有之义。

1.1.3 迎接数字转型期档案工作新挑战的必然要求

档案工作数字转型是档案管理领域不得不面对的一大趋势。第十八届国际档案大会，在闭幕式上发布了首尔公报《档案、和谐与友谊——延续首尔精神》，呼吁档案界从承认文件是一种信息资源、制定数字文件管理方针等方面着手，以从档案

---

① 来源于国家档案局印发的《全国档案事业发展"十三五"规划纲要》，https://www.saac.gov.cn/daj/xxgk/201604/4596bddd364641129d7c878a80d0f800.shtml。

② 参见陆国强发表的《为新时代档案事业高质量发展提供坚强法治保障》，http://theory.people.com.cn/big5/n1/2020/0624/c40531-31757953.html。

③ 参见国家档案局发布的《国家档案局馆馆长会议提出抓住机遇乘势而上奋力开创全国档案事业发展新局面》一文，https://www.saac.gov.cn/daj/yaow/202101/45dbfc7506fa40e9ae78aa5e8b26cec2.shtml。

管理领域支持联合国发展目标——世界转型：2030年可持续发展议程行动计划①。这一行动倡议使全力进行档案工作数字转型成为国际共识。

档案工作数字转型给档案的管理与利用，给档案工作支持与服务其他领域的发展带来了全新的发展机遇。数字技术的充分应用，使档案管理对象得到拓展、管理手段升级、服务方式多样化，管理成效显著增加。国际上，多个国家开展了档案工作的数字转型工作，并出台了相应的政策与战略，如美国的《战略计划2018—2022》《管理政府文件指令》；英国的《档案激励2015—2019》《英国国家档案馆数字战略》、电子文件全数字管理与数字连续性管理行动；加拿大的《三年计划2016—2019》《2015及以后的数字战略》和数字政府建设实践；澳大利亚的《政府数字转型政策》、数字连续性2020政策、电子文件全数字管理行动等（周文泓 等，2018；代林序 等，2019；冯惠玲 等，2015；钱毅，2017；叶萌萌，2018）。国内也开始了电子文件"单轨制"管理转型、"无纸化"等实践，档案管理迎来了纵深发展的全新机遇。

但档案工作的数字转型升级面临的挑战也是全新且艰巨的。整个社会仍然处于数字转型这一过程中，对于数字转型的认识，需要进一步深入；对于如何更好更快地进行数字转型，各行各业也是在摸索中前进，档案领域也并不例外。关于档案管理的数字转型的认识，无论是其内涵、表现、还是影响，学界与业界的认识尚处于初步探求阶段，相关思想难以对实践提升发挥有效的参考与指导作用。同时，面对数字转型这一全新趋势，也甚少有成功经验可以依循，业界纷纷开始了先驱性"摸着石头过河"的积极探索。然而，与数字转型实践的迅速推进相比，政策的出台、法规的制定、学术研究的进展，都或多或少地出现了"追赶"实践的"浮躁"的追风心态。如何从政策、法规、理论层面进行引导与规范，从而改善这一局面，也是面临的一大难题。因此，档案工作数字转型的复杂性、理论研究的薄弱性、实践的自发性，都使得档案工作数字转型在推进路径选择、推进方案优化、推进风险控制方面存在一定的困难。基于此，加深对数字转型的认识及其对档案工作的影响，探索数字转型方案，是现阶段需要解决的重要问题之一。所以本研究尝试在数字转型这一背景下对档案内容治理进行档案内容治理体系和治理能力现代化的探索。

1.1.4 完善档案治理现代化理论薄弱点的现实要求

治理概念被广泛使用于多个领域，以至于其被称为关涉任何事物的时尚词语

---

① 参见《ICA. 档案、和谐与友谊：延续首尔精神》一文，https://www.ica.org/sites/def ault/files/GA2016Seoul%20Commmunique(Chinese%20Version)WJ%2020160916.pdf。

（Bob et al., 1998）。国内对社会治理（管理）的总体分析，主要是在受西方的影响下开始理论研究，或借用西方的理论范式来分析中国现实，或在与西方的比较中来获得启示，有政府社会管理、社会治理、国家治理等研究取向（童星，2018）。党的十八届三中全会、四中全会以后，大多数的研究是站在国家治理现代化的高度展开的，研究者一般都打破了公共管理学、政治学、社会学等学科视野的局限，出现了学科合作、交叉、渗透的新局面（童星，2018）。档案与档案工作是上述领域的重要组成部分与支撑领域，所以档案领域不可避免地必然身处治理"浪潮"之中。在"推进国家治理体系和治理能力现代化"这一符合中国特色国情的"中国之治"议题提出之后，从档案视角出发，如何服务国家治理现代化的推进，也就成为档案人的使命与职责所在。而形成与完善档案治理现代化理论也就成为档案学研究者不可推卸的学术使命。

但综观国内档案治理理论研究现状，尚未有系统的相关学说，在档案治理体系和治理能力现代化方面还存在着较多的理论薄弱点尚待补充与完善。尤其是数字时代这种新背景下，如何探索与完善新时期档案治理现代化理论，是档案学研究者需要正视的重要理论研究课题。

1.1.5 促进档案内容治理的实践规范化的迫切要求

数字转型的不断推进，新兴数字技术不断发展，业务流程与实践重组融合的加深，使得对档案本身处理、组织的要求不断提高。档案工作早已突破"实体"之限将管理实践深入到档案"内容"本身。同时这种探索不断深入。从元数据标引对档案内容实现初步的管理，到档案信息化、数字化，从档案信息资源管理到档案知识管理，从档案信息服务到档案知识服务，从档案知识地图到档案知识组织，从档案数字化管理到档案数据化管理……从突破"实体"限制那一刻起，档案工作就已经进入"内容"这一新领域，对其进行的理论与实践探索也是一路不断挺进。与之相对应的，却是理论研究的分散。其实理论研究并非未关注档案内容治理，相反，关于"内容"这一层面的相关研究也十分丰富。但是，所有的相关研究都是局部的、零散的。这种实践的蓬勃生长与理论研究的分散发展，使得档案内容治理实践的理论与研究发展都处于一种无序自发状态中，亟须提供一个整体的理论框架对其进行统一的研究、规范与指导。

总之，面临上述来自时代背景、社会趋势、自身发展、理论完善、实践发展五大方面的迫切需求，目前档案领域在理论与实践方面的探索仍有诸多进步空间。因而要全面回应前述需求，实现档案工作与国家治理的全新融合发展，实现档案工作自身转型升级,更新切入点成为新时期档案工作实现新突破的可能所在。与此同时,随着技术的长足进步,对档案管理对象的管理深度与管理效能也较之以往有了大幅提升,技术赋能社会发展,自然也赋能档案工作,"内容为王"也同样适用于档案领域。档案内容在档案领域的重要性也逐日凸显,技术的进步也使得管理深入内容成为可能。因此,从档案内容这一全新视角切入,探索与研究数字转型趋势下档案治理工作,对于推进档案事业发展的转型与升级,实现档案事业的高质量发展,服务国家治理现代化,具有重要的理论意义和实践价值。

1.2 研究意义

"数字转型期档案内容治理体系和治理能力现代化研究"这一选题,首先将档案学研究与国家治理现代化总目标相关联,体现了档案事业发展始终"围绕中心,服务大局"的工作主线;其次对社会发展的重大趋势有了直接关切,关注档案事业与其所处环境的互动关系;最后,"内容为王"的数字时代,将研究重心落脚于档案内容,从关键要素入手,抓住主要矛盾集中力量解决重要问题,有利于新时期档案治理现代化的快速推进。

具体而言,本研究的选题意义可以从理论角度的学术价值与实践角度的指导意义两个层面去进行分解:理论维度上主要有利于拓展档案学研究视角与丰富国家治理现代化的研究空间;实践维度则主要侧重于促进档案工作数字转型、推进档案工作数字转型与服务国家治理现代化战略举措的推进。

1.2.1 拓展档案学研究视角

围绕档案内容,无论是进行实践开展还是理论研究,在档案界并不少见。如李星玥等(2021)在论述智慧档案馆的发展过程时指出,从传统档案馆到发展为智慧档案馆,要历经"档案馆实体智慧化建设为主""以纸质档案数字化和电子档案元数据著录建设为主""以档案内容的数据管理、知识管理为主""档案实体和档案内容智慧化管理的综合集成"四个阶段。赵生辉等(2021)在提出基于数据湖进行智慧档案馆生态系统构建时,多源异构档案数据内容的知识融合机理、面向用户需求的档案内容动态重组机理是其中的关键运行机理,"档案内容数据池塘"更是连接档案数据资源和用户利用需求的桥梁和纽带。但与此相对应的,档案界专门围绕档案内容进行的理论研究仍然不多。这就造成这一主题相关的理论研究较为分散,不成体系，难以为实践提供有效的理论指导。

对于档案治理理论研究而言，首次从档案内容治理这一微观视角进行档案治理体系和治理能力现代化有关研究，并与档案管理所处的数字转型这一趋势紧密结合，这一方面有利于弥补国内外目前在数字转型背景下探讨档案治理不足的现状，另一方面也拓展了在我国国家治理体系和治理能力现代化理论范畴中展开档案治理体系和治理能力现代化研究的视角，将集中于宏观层面的研究延展至微观层面。

1.2.2 丰富国家治理现代化研究空间

目前国内在国家治理现代化方面的研究集中在政治学、社会学、经济学等领域，档案学领域虽然已经积极展开档案治理、档案治理体系和治理能力现代化等相关课题的研究，但由于研究始终停留在概念释疑、顶层设计阶段，未能真正取得从档案视角参与国家治理现代化研究的实质进展。本研究从档案内容治理这一研究主题切入，界定档案内容治理体系和治理能力现代化的内涵，将档案内容治理体系和治理能力现代化与档案治理现代化和国家治理现代化的相互关系进行层层展开，并从主体、客体、关系、目标等多重视角入手构建推进路径，初步形成系统的档案内容治理体系和治理能力现代化理论架构，使得构建档案领域在国家治理现代化理论体系中的话语体系初步形成成为可能，也为丰富国家治理现代化研究空间提供了可能。

1.2.3 有助于推进档案治理现代化

"内容"无疑是数字时代的王牌资源，对档案内容的全面管理与深度开发利用，对于提升档案工作服务社会发展的水平具有重要现实意义。探索数字转型期档案内容治理体系和治理能力现代化，有助于为推进档案内容治理提供理论参考与对策建议。

数字转型是档案工作无法回避的趋势之一，现阶段全球数字转型都仍处于进行阶段，并且将会长期处于转型过程中。与以往的各种重要趋势中国总是稍显迟滞有所不同的是，在档案工作数字转型中，我国与西方各国几乎算是同步进行。2016年，我国先后发布了聚焦于档案事业整体的《全国档案事业发展"十三五"规划纲要》以及关注档案事业局部的《国家电子文件管理"十三五"规划》，在这些规划的推动指导下，我国各地方也积极开展了文件档案工作的数字转型（代林序 等，2019）。但即使这样，现阶段的理论与政策规划仍有很多不成熟尚需完善的地方，诸如对数字转型的实践仍然处于"试点应用"的摸着石头过河阶段，缺少既有经验在理论层面的升华。本研究对数字转型期档案工作的相关表现、影响及改进策略进行总结、归纳与探索，有利于从理论层面对现阶段我国档案工作数字转型的推进给予一些指引。

档案治理现代化的重要推进途径就是通过档案治理体系和治理能力现代化，档案内容治理体系和治理能力又在其中居于较为关键的地位，档案内容治理体系和治理能力现代化的理论建设与推进策略研究，将会对实践推进具有重要的指引作用，对于推进档案治理现代化将会起到直接的积极作用。

1.2.4 有助于服务国家治理现代化

对于促进国家治理体系和治理能力现代化，应该形成现代化各个不同子系统之间的相互协同，从不同维度不同层面协同发展、联动推进，才能形成国家治理体系和治理能力现代化群集效应（徐奉臻，2020）。正如国家治理体系和治理能力现代化需要不同子系统之间的协同共进，档案治理现代化也应以各子系统的治理体系和治理能力现代化协同推进为前进目标。所以，档案内容治理体系和治理能力现代化对于促进档案治理现代化也会起到直接的促进作用。从这一角度来讲，档案内容治理体系和治理能力现代化的推进也必然会对档案工作服务国家治理现代化起到积极作用。

因此，本研究的选题有利于促进档案治理体系和治理能力这一子系统的完善，有利于补充与丰富档案治理理论，有利于推进档案治理现代化，最终也会对档案工作服务国家治理现代化提供重要的理论借鉴。

1.3 核心概念

定义能起到的作用是对每一学科所使用的各个概念已经达到的认识进行总结并确定下来，以便于进一步研究（王聘兴，1962）。而概念又是学术研究由以展开的重要基础工具，任何学科学术研究水平的提高，都建立在对它的基本概念有着共识性理解的基础之上（韩兆柱 等，2016）。为了本研究的顺利开展有一个共识基础与研究边界，也需要对涉及的重要概念进行辨析，同时，现代化是本研究的重要旨归所在，辨析核心概念与现代化之间的关系，也是题中应有之义。具体而言，本研究涉及的核心概念主要包括数字转型期、现代化、档案内容治理、档案内容治理体系和治理能力四组概念。数字转型期与现代化的概念解释主要是对本研究的主要时空范围进行限定与说明，档案内容治理、档案内容治理体系和治理能力两组概念则对研究中涉及的关键概念进行了界定。

1.3.1 数字转型期

伴随数字技术的广泛应用，传统的观念、体制、设施已再难满足政治、经济、文化等社会各个方面发展的需要，在此背景下，各个领域开始了一系列适应数字化社会的转型升级（邵春堡，2020）。Vialg（2019）通过研究 283 篇文献，对来自 28 份研究中的 23 个不同的关于数字转型的定义进行归纳与总结后，给出了一个涵盖数字转型目标组织、范围、方法和预期结果的定义，即"数字转型指通过信息、计算、通信和连接技术的组合应用，引发组织特性的重大变化，进而改进组织的过程"。

Vialg（2019）给出的定义具有极强的概括性，但不同领域的数字转型又带有各自领域的典型特征。因此，关于数字转型的认识，国内外不同的领域的研究者从不同的角度切入，给出了不同的理解。视野聚焦于国内档案界，关于档案管理数字转型的内涵界定主要从两个角度切入：一是从机构向无纸化管理与服务方式过渡这一社会化数字转型发展过程入手（安小米 等，203），冯惠玲等（2017）认为档案管理的数字转型先是管理模式上的转变，从以纸质文件信息管理为主导的分段式管理模式转向以数字文件信息管理为主导的持续管理模式，这其中会涉及管理流程实现数字连续性、管理方式的系统性变革，包括管理对象、理念、方法与技术诸多方面；徐拥军（2018）则从更为具体的角度对数字转型过程进行了阐述，例如列举从档案数字化扫描向档案数据化开发过渡，从档案信息化向"互联网+档案"过渡的过程。二是钱毅（2017）通过辨析轨、套、份三者的内在属性，指出"轨"的判别应以管理对象的技术信号属性为准，分为模拟轨和数字轨，国内档案界正在探讨的电子文件单轨制就是数字信息形式的单轨，进而在此基础上，他提出数字转型的本质是转轨，以数字单轨形式实施文件与档案管理。冯惠玲（2019）、郝伟斌（2020）等也对此观点表示了赞同。

虽然切入的角度不同，但是这些关于档案管理数字转型的内涵基本上都表述了档案领域的数字转型即是档案管理对象的技术记录手段从模拟信号转变为数字信号，并由此带来的在观念、技术、方法层面的一系列转变的长期的系统性过程的这一本质。可以看出，档案界关于数字转型的理解，正是 Vialg（2019）提出的数字转型的通用定义在档案领域视域下的具体化。

既然数字转型是一个包含一系列转变的长期的全方位的过程，因此，数字转型必然是分阶段持续进行的。学界有观点认为以冯惠玲教授1997年发表的《拥有新记忆——电子文件管理研究》一文为标志，我国档案学就已经开始数字转型研究，并已持续二十多年的时间（周文泓 等，2018）。而且截至目前，无论是社会其他领域，还是档案界，数字转型都还远远未进入到完成阶段。因此，本研究认为，档案领域的数字转型仍将处于长期的转型过程之中，因此提出"数字转型期"这一概念，研究档案领域在数字转型期的不同阶段呈现出的特点与面临的机遇与挑战，对于推动档案管理数字转型甚至及至整个社会的数字转型，都是十分有必要的。

结合学界对数字转型的普遍共识和档案界对档案管理数字转型的认识，在认可档案管理数字转型的本质就是转轨的前提下，本研究将数字转型定义为：档案管理向实现全面数字单轨形式管理的转变过程；进而，将数字转型期定义为：档案管理实现全面数字单轨形式管理前，档案管理对象从模拟形态向数字形态转变的所处的各个阶段的总称。

国内档案管理数字转型的过程与档案治理现代化之间在时间上有一定的重合性，并且相互促进、彼此推动。档案管理数字转型的本质是档案管理对象生成形式的改变，伴随的也必然是管理技术手段、理念与制度的全方位的升级与更新，这与现代化的科学化、规范化与制度化在内核上具有高度的一致性。档案管理数字转型的过程也是现代化的过程，档案管理数字转型的进程推进速度关系着档案治理现代化的推进速度，档案管理数字转型的质量也直接决定着档案治理现代化的质量。

1.3.2 现代化

现代化的内涵有三种代表性观点：一是从词义的角度，将"现代"与"化"分开理解。"现代"又分别从时间角度与价值角度进行理解。时间角度，"现代"具有明显的时间阶段，是不同历史阶段的划分，如古代、近代、现代；价值角度，"现代"强调一种现代性，主要用来描述生存方式、思维方式、价值观念和价值取向的变化。而"化"意指性质转变。因此，"现代化"在时间角度强调古代到现代的历史发展过程；在价值层面强调向具备现代性的转变过程。二是历史的角度，是由过去传统的农业社会向当今现代工业社会转变，也就是说使社会从具备农业社会的典型特征向具有工业社会的典型特征转变。这样的转型，产生了巨大的社会变迁历史过程。这些变迁涉及社会的方方面面，从生产能力到生产关系不一而足。三是过程的角度，将"现代化"理解为一个社会从"传统"向"现代"不断转变的持续过程。

尽管对现代化的概念有不同的理解与呈现，但经过归纳，也可以从中找到现代化相对稳定不变的内涵：那就是动态发展的变革过程（刘冬冬 等，2021），意味着从未现代化或者前现代化状态进入现代化，具备现代化特征（人民论坛，2014）。推进现代化，简单来讲就是使具备现代化特征的过程。学界将其概括为"11 化"，具体包括：机构化、信息化、科技化、市场化、社会化、城镇化、知识化、民主化、法治化、制度化、多元化。从国家治理的角度来讲，现代化与民主化、法治化、制度化、多元化密切相关，包含法治、德治、共治、自治（人民论坛，2014）。至于档案内容治理体系和治理能力现代化，则更多地应从规范化、制度化、科学化角度来进行理解，因此推进档案内容治理体系和治理能力现代化就是使档案内容治理活动与事务规范化、制度化、科学化的一个过程。

基于这样的认识基础，我们可以进一步界定本研究中数字转型期、档案内容治理、档案内容治理体系和治理能力几个关键概念现代化的内涵与具体表现。

1.3.3　档案内容治理

钱毅（2018）在《档案学通讯》上发表《技术变迁环境下档案对象管理空间演化初探》一文，提出档案对象管理空间概念，认为随着技术环境变迁文档管理对象分别处于传统模拟技术环境、基于数字信号的数字技术环境和以数据驱动为核心特征的数据环境，三者所处的管理空间则分别对应"模拟态""数字态""数据态"，并存在三种形态之间的相互转换，从模拟态到数字态的过程是"数字化"，从数字态转化到数据态的过程是"数据化"。这一观点提出后，在学界引发了广泛的讨论，虽然间有稀疏的质疑之声，但学界的主流仍是持认可与赞同之意。在技术变迁的影响下，档案管理已经从单纯对载体的序化安全管理过渡到对文件内容管理甚至对颗粒度更细的数据的管理与开发利用（钱毅，2018）。这也几乎代表了档案管理一直以来的发展方向与趋势：对档案内容的管理与利用日益深化。

从结绳记事开始，人类进行记录的目的都不在于获得记录这一载体本身，更重要的是记录所包含的内容。2014 年中共中央办公厅、国务院办公厅印发了《关于加强和改进新形势下档案工作的意见》，提出了建立健全档案资源体系、档案利用体系、档案安全保密体系"三大体系"，目标在于进一步完善档案工作体制机制，推动档案事业高质量发展[①]，其中涉及的档案信息资源整合共享

---

① 原文见 2014 年 5 月 4 日中共中央办公厅国务院办公厅印发《关于加强和改进新形势下档案工作的意见》，https://www.saac.gov.cn/daj/xxgk/201405/1d90cb6f5efd42c0b81f1f76d7253085.shtml。

以及档案服务方式的创新,都需要紧紧围绕档案内容进行。2020年修订的新《档案法》,不仅包含着我国几十年档案法制建设的实践经验的总结,也有应对新时代档案工作的新举措(吴雁平 等,2020)。新《档案法》新增"档案信息化建设"一章,被学者称为此次修订的最大亮点(郑金月,2020),主要原因在于新《档案法》对档案信息化建设所包含的从政府责任、建设规划、信息系统建设到档案数字资源共享利用等档案信息化建设的各方面都作了详细修订与规定,其实质反映了对档案数字资源的重视,而档案数字资源重点依赖的也正是档案内容。由此可见,在技术赋能之下,档案管理的发展在具备了深入驾驭档案内容的技术基础后,从思想、政策、制度层面也开始关注档案内容。

具体来说,档案内容的内涵与外延是什么呢?对此,可以从理解其属概念——"内容"进行入手。胡涛(2015)认为,内容包括字面方面、本质方面、哲学方面、技术方面四大方面的理解与解释,分别是:指物体所包含的东西、事物所包含的实质或意义、事物内在因素的总和、机构内部全部资料信息的内容。胡涛(2015)在此基础上提出,"档案内容是具有实质意义的,能够被利用的档案信息"。

另外,随着治理在国家战略方针中的反复提起与推进,各个领域也掀起了治理之风,档案管理也从"管理"走向"治理"。虽然仅一字之差,但从管理到治理,体现的是发展的趋向,是对国际潮流顺应与追随(童星,2018)。如果从档案内容角度出发去理解与实践档案治理,就需要界定档案内容治理这一概念。在此,本研究将档案内容治理界定如下。

档案治理领域内各主体在一主多元的协调治理模式下,以民主、法治为原则,在档案内容空间里以内容为主要对象和手段进行谋划、组织、协调、决策和执行,以更好地实现档案内容价值,更好地支持与促进档案治理与国家治理现代化的活动与过程及其一系列制度和程序安排。

在全新的技术时代背景下,如何理解与阐释档案内容治理的概念,也成为研究的重要任务之一,关于这一部分的内容将在本研究的第三章中进行展开,因此,此处并不详细展开。对档案内容治理的理解,将其仅仅理解为档案治理的一个方面、一个环节或者说一种模式,是远远不够的。我们无法仅通过档案的载体形式就实现治理目标,档案治理必然需要对档案内容的治理。既然如此,档案治理离不开档案内容治理,档案内容治理贯穿档案治理始终。由此可以发现,档案内容治理的内核与中共中央总书记习近平提出的三个走向的内核趋于一致,要实现档案治理现代化,档案内容治理是必经途径,档案治理现代化又反过来促进档案内容治理。

1.3.4 档案内容治理体系与档案内容治理能力

自"治理体系和治理能力现代化"提出后,中共中央总书记习近平一直在对这一目标和理论进行阐释与发展。他指出,国家治理体系是在党的领导下管理国家的制度体系,包括社会各个领域体制机制、法律法规安排等一整套紧密相连、相互协调的国家制度;国家治理能力则是运用国家制度管理经济、政治、党的建设等社会各方面事务的能力。关于二者关系,则认为二者是一个有机整体,相辅相成,有了好的国家治理体系才能提高治理能力,提高国家治理能力才能充分发挥国家治理体系的效能(习近平,2014)。上述观点为理解国家治理体系和治理能力现代化及其关系给出了基本框架。在中国语境下,各个领域、各个方面的治理体系和治理能力现代化建设都应以此为圭臬,档案内容治理体系和治理能力现代化建设当然也不例外。

依据国家治理体系和本研究对档案内容治理的定义,可以将档案内容治理体系界定为:在中国共产党的领导下,档案内容治理的制度、体制与机制的集合,是规范档案内容治理流程、确保档案内容价值发挥的一系列制度和程序。因此,档案内容治理体系包括档案内容治理的体制机制、法律法规等。档案内容治理能力即是指档案内容治理主体运用一系列政策工具和治理资源管理档案内容治理事务的能力。关于档案内容治理体系和治理能力现代化的具体内容、性质和过程,将会在本研究的后续章节中作进一步的阐释。

1.4 研究目标、研究问题与研究内容

1.4.1 研究目标

依据对研究问题的分析,本研究的研究目标可以分解为理论维度与实践维度两个层面。

(1)理论维度:补充和丰富档案治理理论体系

通过界定数字转型期、档案内容治理体系和治理能力现代化的基本内涵,并在分析概念间相互关系及档案内容治理的内容构成的基础上,构建数字转型背景下档案内容治理体系和治理能力的关系模型,初步形成系统的档案内容治理体系

和治理能力现代化理论体系，以期为解决国内档案治理研究存在的概念不清、关系不明、路径不畅现象提供一定助力，填补国内档案治理理论在档案内容治理这一领域的相关空白，有助于拓展档案理论研究视角，完善档案治理理论体系。同时，档案内容治理作为社会治理的重要组成部分，档案内容治理理论的萌芽与发展，亦是对我国治理理论体系的有益补充与丰富。

（2）实践维度：促进档案治理现代化与国家治理现代化目标实现

在国家治理现代化背景之下，在分析档案内容治理现代化在国家治理现代化和档案治理现代化中的重要地位与相互关系的基础上，依据档案内容治理体系和治理能力关系模型，在分析档案内容治理现代化面临的现实困境，并对形成原因进行深入分析的基础上，构建出适应数字转型期档案治理现代化需要的档案内容治理体系和治理能力现代化方案，为数字转型期档案治理应对新的挑战、解决新的矛盾、实现新的发展提供新的切入视角，为实现档案管理"走向现代化"和档案工作"为党管档、为国守史、为民服务"提供理论参考与指引，从而实现直接促进档案治理现代化，间接促进国家治理现代化的目标。

1.4.2 研究问题

本研究的主要目的在于构建数字转型期档案内容治理体系和治理能力关系模型及其现代化的推进方案。因此，本研究的主要成果为构建出适应数字转型期需要的档案内容治理体系和治理能力现代化理论框架及其实施路径。为实现上述研究目的，取得上述研究成果，本研究致力于回答的总问题是——数字转型期档案内容治理体系和治理能力现代化的内容、价值、相互关系及其实现路径是什么？

围绕于本研究的总问题，又可将本研究的研究问题按照"为什么—是什么—怎么办"这一思路细分为三个子问题。

子问题1（为什么）：为什么需要提出数字转型期档案内容治理体系和治理能力现代化？

子问题2（是什么）：数字转型期档案内容治理体系和治理能力的关系及其变化是什么？

子问题3（怎么办）：应如何推进数字转型期档案内容治理体系和治理能力现代化？

1.4.3 研究内容

本研究主要依据所确定的研究目标和研究问题来进行安排，在梳理国内外已有研究理论的基础上，找出数字转型期档案治理领域的研究空白与薄弱之处，确定档案内容治理为主要的研究方向，拟采用系统科学方法、历史分析方法、对比分析法等方法，获取数字转型期档案内容治理体系和治理能力现代化的现状、发展目标以及主要的困难与挑战，然后依据既有理论基础和现实需要，构建出数字转型期档案内容治理体系和治理能力现代化理论框架及关系模型，并据此给出相应的推进策略。因此，本研究的主要内容有如下四个方面。

（1）数字转型期档案内容治理体系和治理能力现代化理论基础研究

本部分首先梳理关于数字转型期档案内容治理体系和治理能力现代化相关的已有研究，以分析出目前研究中存在的不足，明确后续的研究方向与研究重点，并对研究思路与研究方法进行确定。然后，通过进行概念解构与阐释，界定档案内容治理的定义，对其特征、主要内容进行厘清，并进一步将档案内容治理与档案内容管理进行对比分析，以深刻理解档案内容治理的概念内涵，为后续研究奠定关键边界。

（2）数字转型期档案内容治理体系和治理能力现代化必要性研究

本部分内容拟通过用文献研究法、对比分析法分析与归纳档案内容治理的优越性，以对档案内容治理的重要价值与意义进行充分论证。对档案内容治理可能面临的风险及已经存在的现实困境进行探讨，从主要表现、可能原因、有何影响等方面进行分析，以充分说明档案内容治理现代化推进的迫切性。再通过可能风险规避、现实困境消解的共因分析，找到档案内容治理体系和治理现代化这一条因应之道，从而回答为什么需要进行档案内容治理体系和治理能力现代化研究与推进。

（3）档案内容治理体系和治理能力关系模型研究

本部分主要对数字转型期档案内容治理体系和治理能力现代化的内容构成进行阐释，并在用系统科学方法、比较分析法综合分析各构成要素之间、要素与环境之间、对象与目标等相互关系的基础上，构建数字转型期档案内容治理体系和治理能力关系模型，并进一步对档案内容治理体系和治理能力的现代化内涵及其标志进行理解与分析，为本研究后续构建档案内容治理体系和治理能力现代化推进方案奠定研究基础，提供理论依据。

（4）数字转型期档案内容治理体系和治理能力现代化推进策略研究

本部分研究依据前述研究所得的研究结论进行展开，根据数字转型期档案内容治理体系和治理能力现代化的内容构成以及面临的问题与需要实现的目标，构建相应的与问题和目标具有直接对应关系的数字转型期档案内容治理体系和治理能力现代化二重推进策略,以为处理数字转型期的档案内容治理体系和治理能力现代化提供可行性建议,促进其科学推进。

1.5 研究思路与研究方法

1.5.1 研究思路

本研究共有7章,按照提出问题—分析问题—解决问题的思路展开,总体可以分为五部分。

第1章是第一部分,是绪论部分,主要承担"提出问题"的作用,说明为什么选择"档案内容治理体系和治理能力现代化"为研究选题。

第2章是第二部分,是"研究准备"部分,由文献综述和理论基础两部分构成,承担提供研究理论来源与依据、研究现状分析的作用,说明为什么档案内容治理体系和治理能力现代化这一问题值得研究,解决了研究"必要性"的问题,并提供了研究过程中可坚持与借鉴的指导思想与基本理论。

第3章、第4章与第5章是第三部分,是"分析问题"部分,这一部分是本研究的核心部分,重点解决数字转型期档案内容治理体系和治理能力现代化研究的"是什么"及"怎么样"的问题。第3章通过对档案内容治理的概念界定与内容分析,确定了本研究的边界;第4章在分析档案内容治理优越性、可能风险与现实困境的基础上,提出进行档案内容治理体系和治理能力现代化这一解决方案;第5章对档案内容治理体系和治理能力关系模型及其现代化"是什么"进行了说明。这三章共同进一步说明了档案内容治理体系和治理能力现代化研究的"必要性"。

第6章是第四部分,进入"解决问题"部分,这一部分主要在前续章节结论的基础上构建相应的策略建议,回答数字转型期档案内容治理体系和治理能力现代化应该"怎么做"的问题。

第7章是第五部分,对本研究的研究结论进行总结并对档案内容治理体系和治理能力现代化研究进行系统展望。

本研究的研究技术路线和研究内容架构如图1-1、图1-2所示,整体研究方案设计围绕此研究路线图展开阐释。

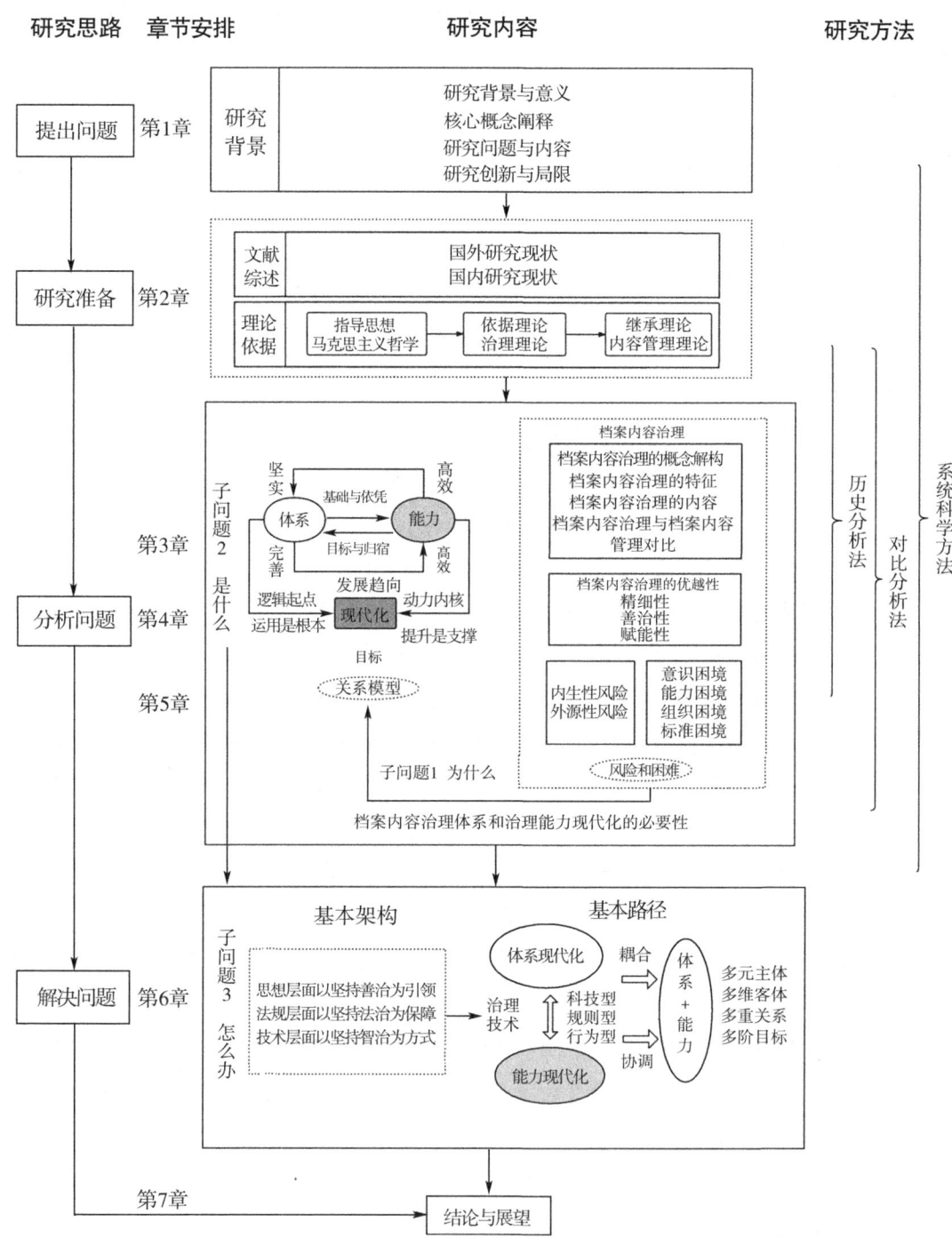

图 1-1 研究技术路线

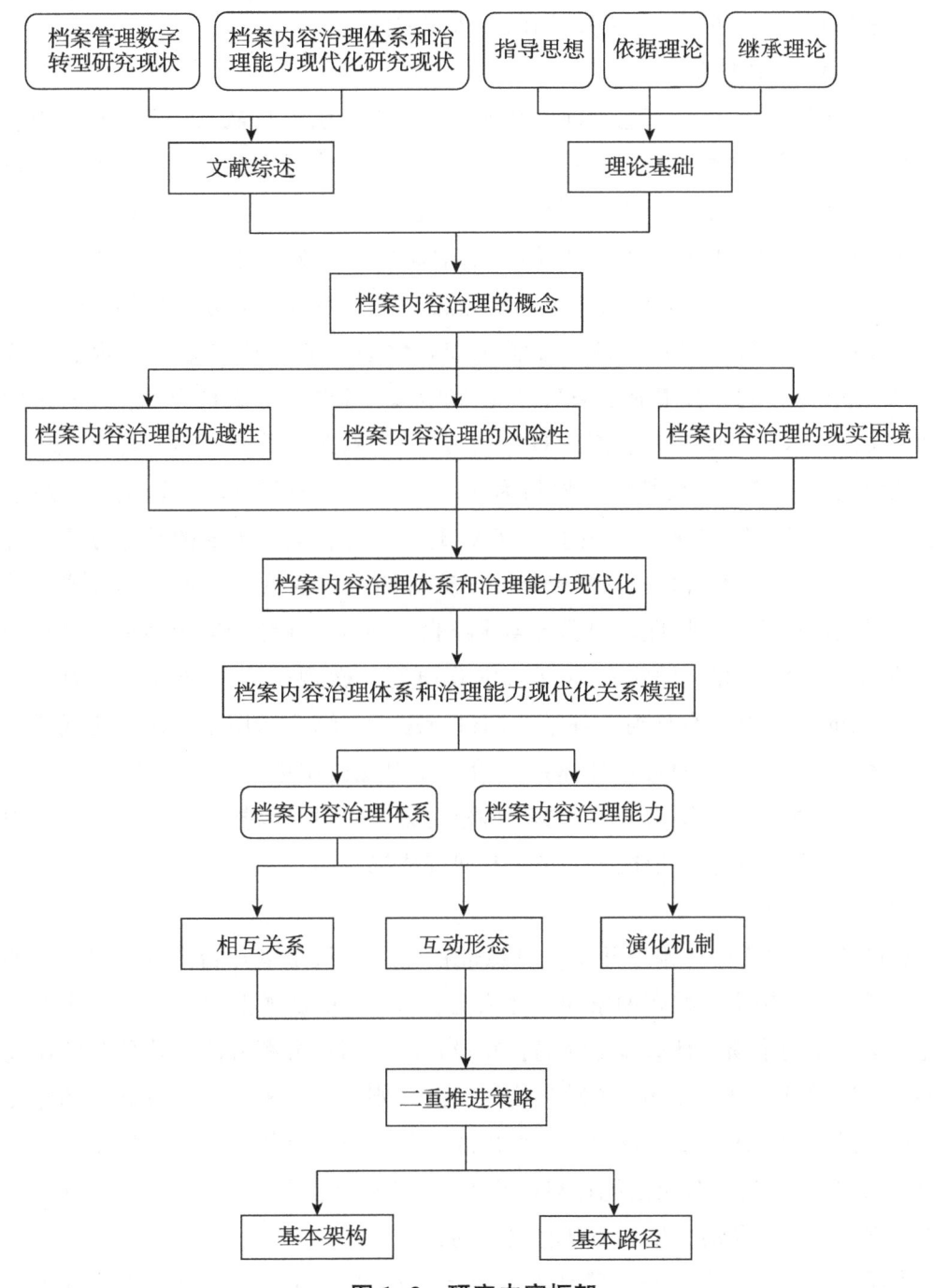

图 1-2 研究内容框架

1.5.2 研究方法

本研究总体上属于质性研究,所以使用的研究方法主要是质性研究方法,根据研究问题与研究内容所需，主要使用以下研究方法。

（1）系统科学方法

以贝塔朗菲的一般系统论为理论基础的"系统方法"指从系统的观点出发，在整体与要素、环境之间的相互联系、相互制约的关系中考察对象，以对问题进行最佳处理的方法。相较于此，系统科学方法则指"以一般系统论、信息论、耗散结构、协同学等众多现代科学理论为科学基础而形成和发展的一种科学研究方法"（丁堃，1996）。从这个角度而言，"系统方法"是"系统科学方法"的真子集（叶立国，2014）。目前应用系统科学方法比较有代表性的方法或方法论观点主要是"定性定量相结合的综合集成方法"，是由钱学森、于景元等人提出的；还有由顾基发和朱志昌等人创立的"灰色系统理论与方法"。除此以外，应用各种系统科学理论处理问题所形成的方法都可以划归为系统科学方法的范围。比如应用一般系统论、信息论、耗散结构理论、协同论、CAS理论等分析问题形成的具体方法（叶立国，2014）。因此，本研究采用系统科学方法对档案内容治理体系和治理能力现代化这一问题进行探究，将理论知识与实践经验相结合，在综合应用多种学科理论知识的基础上进行研究，把宏观研究与中观研究、微观研究相结合（顾基发 等，2007）；对研究问题中涉及到的各个方面进行思考，综合运用系统论、协同学、控制论等多重理论对档案内容治理体系和治理能力现代化进行目标分析、条件分析、要素分析、环境分析、层次分析、模型构建与方案建设，以指导本研究对研究内容与研究问题进行探索，以形成研究结论与研究成果。

（2）历史分析法

恩格斯说："历史从哪里开始，思想进程也应当从哪里开始，而思想进程的进一步发展不过是历史过程在抽象的、理论上前后一贯的形式上的反映。"（中共中央马克思恩格斯列宁斯大林著作编译局，2012）所谓历史分析方法，就是对"事物发展的历史过程进行具体描述，追踪事物发展的客观进程，梳理认识或观念的流变脉络，按照时间的顺序揭示事物演变所展现的全部内容与具体细节的一种研究方法。"（王伯鲁，2016）历史分析法能在对研究对象历时性的不同之处进行对比分析的基础上，理清研究对象历史发展与现状之间的关系。

本研究采用历史分析法，将档案内容治理体系和治理能力现代化放置于数字转型前与数字转型中的不同历史背景下，考察不同历史阶段档案内容治理体系和治理能力现代化的不同特性，梳理档案内容治理体系和治理能力现代化的历史根源与现实需要，以揭示档案内容治理体系和治理能力现代化的历史逻辑和发展进路。

(3) 对比分析法

对比分析法就是对人或事物之间的差异与相似程度进行识别与判断的辩证思维研究方法，其主要是根据特定的标准，对于不同对象进行对比区分，在差异中识别特征和本质，以此来总结或提炼对象的内在规律。本研究主要应用对比分析法进行横向的和纵向的对比分析，横向对比分析的重点在于将档案内容治理与相关的事物比较，以确定档案内容治理的概念内涵与外延边界所在，找准档案内容治理这一研究对象的特性，从而进行针对性研究；纵向对比分析落脚于不同时期不同发展取向下档案内容治理体系和治理能力现代化的不同，以厘清不同阶段档案内容治理体系和治理能力现代化在特征、表现、价值取向、目标追求方面的不同，以便深入总结与揭示其内在发展规律，为后续对策建议奠定认识基础。

1.6 研究创新

综合分析本研究的选题、研究内容、研究思路与方法以及可能的研究成果后，本研究的创新之处主要存在于选题视角、研究成果中，这也是本研究的主要贡献所在，具体而言，主要创新点有三个方面。

1.6.1 研究视角创新

从档案内容视角切入档案治理体系和治理能力现代化研究。在目前关于档案治理体系和治理能力现代化的研究中，关于数字转型带来的影响以及该如何应对的研究尚不成气候，而数字转型对档案领域的影响之深远又不需多言。在现有的档案治理体系和治理能力现代化研究中，多数研究是从整体的视角进行切入展开研究，缺少子系统的研究。与此同时，在数字时代中，内容的重要性与日俱增，并被认为居于数字转型的核心位置。因而本研究选择从档案内容这一微观视角进行切入，不仅抓住了档案管理数字转型中的关键要素，同时也有利于弥补微观视角研究缺乏的不足，对创新与拓展档案治理体系和治理能力现代化研究视域具有重要意义。

1.6.2 获得新的研究成果

首次构建了档案内容治理体系和治理能力关系模型。在已有的关于档案治理体系和治理能力现代化的相关研究中，大多数研究聚焦于档案治理体系和治理能力现代化的概念与推进策略研究，而对治理体系和治理能力之间的相互关系的探讨则稀少且不深入。本研究从档案内容治理体系和治理能力现代化同国家治理体系和治理能力现代化与档案治理体系和治理能力现代化的关系视角出发，不仅深入剖析档案内容治理体系和治理能力现代化二者之间的相互关系及其与相关话语体系的关系；还创新性地构建出档案内容治理体系和治理能力关系模型，表征档案治理体系和治理能力现代化一体两面的相互关系与动态正相关的互动形态、四维联动的演化机制；较为清晰地回答了数字转型期档案内容治理体系和治理能力现代化及其关系"是什么"这一问题，为推进档案内容治理体系和治理能力现代化提供概念模型。

1.6.3 提出新的解决策略

提出档案内容治理体系和治理能力现代化二重推进路径。本研究在对数字转型期档案内容治理体系和治理能力现代化进行概念内涵揭示、关系模型构建的基础上，针对数字转型期档案内容治理体系和治理能力现代化存在的问题与面临的挑战，首先从思想层面应坚持善治、法规层面应坚持法治、技术层面应坚持智治三个角度入手，构建了数字转型期档案内容治理体系和治理能力现代化推进的整体架构。然后从健全档案内容治理体系、提升档案内容治理能力、提高治理技术、对档案内容治理主客体进行耦合协同四个维度，提出了数字转型背景下档案内容治理体系和治理能力现代化基本路径。该推进方案较好地实现了宏观-中观-微观的结合，较现有的解决方案与实践路径在科学性、系统性、可行性方面都有相应发展，较好地回答了数字转型期档案内容体系和治理能力现代化该"怎么做"的问题，为推进档案内容治理体系和治理能力现代化提供对策建议。

第 2 章

文献综述与理论基础

2.1 国内研究现状

档案学界业已注意到数字转型在档案管理领域的表现与影响，从理论层面对其进行了关注与回应。本研究检索了国内代表性和覆盖性较好的数据库，以调查和了解我国关于档案管理数字转型的研究态势。首先，选取的数据库包括中国期刊全文数据库（包括期刊、博/硕士学位论文库、会议数据库、报纸分库）、中国人民大学学位论文库①，再以"档案+数字转型""文件+数字转型""文档+数字转型"等作为题名与关键词进行组合检索，截至 2021 年 3 月 20 日，经对非研究性、不相关、重复性的文献进行排除后，得到有效文献共计 50 篇。

虽然从 1997 年至今，我国档案学关于数字转型的研究已持续二十多年的时间（周文泓，2018）。但其实直到 2013 年安小米等（2013）发表题为《数字转型背景下的我国数字档案资源整合与服务研究框架》的第一篇论文，国内档案学界才第一次正式地明确地提出"数字转型"这一研究主题。钱毅（2017）也指出，从 2013 年起，档案与电子政务领域也开始关注数字转型方面的研究。总之，与数字转型的具体实践发展相比，档案领域关于数字转型的关注与研究起步稍有滞后。2013 年此后近三年时间关于这一研究主题的发展也都较为平缓，并未激起档案学者浓厚的研究兴趣。但是进入 2017 年以后，相关主题的研究成果呈现出稳定的上升趋势，发文数量也在 2019 年突破个位数，进入两位数关卡。这一数据说明，随着国内外数字转型的发展与深入，档案学界对数字转型的认识也更加深入，研究兴趣开始逐步增长。

同时，随着"治理"在社会各个领域的"走红"，档案治理体系和治理能力现代化研究也是近年来档案领域的研究主题之一，本研究以"档案治理体系""档案治理能力""档案治理体系和治理能力现代化""档案治理现代化"等为检索词，截至 2021 年 3 月 31 日，在上述数据库内进行组合检索②，然后经阅读筛选，对重复及无关文献进行剔除后，保留有效文献共计 48 篇。

然而，关于数字转型期档案内容治理体系和治理能力现代化的研究现状如何呢？本研究将"数字转型""档案内容治理""档案内容治理体系和治理能力现代

---

① 如此选择能较好地保证检索范围覆盖的全面性。
② 进行组合检索指，将上述关键词分别作为主题、关键词、篇名等检索入口进行检索，以提高查全率，后续通过人工筛选来提高查准率。本研究后续的组合检索均指与此同一的检索策略。

化"等作为题名与关键词在前述相同的几大数据库内进行组合检索,但截至2021年4月6日,仅得到文献12篇,经过相关性分析,只有中国人民大学刘越男教授2020年10月发表在《档案学研究》上的《数据治理:大数据时代档案管理的新视角和新职能》一文与本研究主题直接相关。

从文献获取情况可以看出(表2-1),目前国内少有关于数字转型期的档案内容治理体系和治理能力现代化这一主题的直接研究,大多数散布于档案管理数字转型与档案治理体系和治理能力现代化主题相关的研究之中。鉴于此,本研究从下述方面对数字转型期档案内容治理体系和治理能力的相关研究进行现状梳理。

表2-1 中文文献检索情况

检索主题	检索数据库	有效文献数量(篇)
档案管理数字转型	中国期刊全文数据率(包括期刊、博/硕士学位论文库、报纸分库)、中国人民大学学位论文库	50
档案治理体系和治理能力现代化		48
数字转型期的档案内容治理体系和治理能力现代化		1

注:检索时间截至2021年3月31日。

2.1.1 概念研究现状

国内目前并无文献对数字转型期的档案内容治理体系和治理能力现代化的概念进行界定,但关于档案管理数字转型、档案治理体系和治理能力现代化的研究已有初步进展。

(1)档案管理数字转型概念与内容研究

档案管理数字转型的概念研究。对于档案管理数字转型的内涵界定,国内主要存在两种观点:一是"模式说",认为档案管理的数字转型主要是从纸质文件信息管理向数字文件信息管理转变,由分段式管理模式转变为持续管理模式(冯惠玲等,2017;徐拥军,2018);二是"转轨说",认为数字转型的本质是向数字单轨形式实施文件与档案管理转变(钱毅,2017)。但这两种观点在本质上并无差别,都指档案管理数字转型即是管理对象的技术记录手段从模拟信息转变为数字信号并由此带来管理观念、技术、方法层面的一系列转变的长期过程。

档案管理数字转型的动力与原因分析。关于档案管理数字转型的动力与原因,档案学界的观点总结起来包括四个方面：前驱、后拉、内推、外引①。

前驱，指伴随着档案管理产生前端的业务流程数字转型过程，业务端实现了全流程的数字化，档案管理获得的无论是数字化的电子文件还是数据化的电子文件，都是直接来源于业务系统（钱毅，2017）。为了满足实践需求，文件在业务流程中实现了全面的数字化，即从形成到利用的全过程中都是数字形式，驱动着作为重要中介与归口环节的档案管理的数字转型；档案工作和档案学研究在社会对档案需求的倒逼下，不断获得新的突破与发展（白文琳 等，2016）。后拉，即是指面对数字技术进步拓宽档案开发利用的作为空间，社会对档案资源的开发和服务升级的殷殷期待拉动着档案部门进行档案管理的数字转型。内推，是指档案部分在社会数字转型的背景下，为适应发展变化的需要，主动推动自身进行档案管理的数字转型，已经是文档管理不可逆转的趋势（钱毅，2017）；外引，是指国际上文件档案领域主流的数字转型行动的指引着我国档案管理的跟上档案管理数字转型的步伐。放眼国际，档案管理的数字转型行动蔚然成风，北美地区如美国、加拿大，北欧地区如丹麦、芬兰，澳洲如澳大利亚、新西兰等国家，都以国家政策战略的形式强力推进着本国的文档管理的数字转型（郝伟斌 等，2020）。

档案管理数字转型的具体实践总结。实践部门受到业务驱动，已经展开了档案管理数字转型的先驱性探索。当然档案管理的数字转型是一项持续的系统性工程（张洋，2020），不是一蹴而就，也不可能一蹴而就，对于档案管理数字转型的表现与内容，学者们进行了初步总结与归纳。首先，政策层面，2014年中央办公厅、国务院办公厅印发了《关于加强和改进新形势下档案工作的意见》，提出了"加快推进传统载体档案数字化"②；2016年国家档案局印发的《全国档案事业发展"十三五"规划纲要》，提出"全面推进档案资源存量数字化、增量电子化、利用网络化"（中国档案，2016）。其次，制度标准层面，国家档案局先后制定出台了《文书类电子文件元数据方案》《电子文件归档与电子档案管理规范》《数字档案馆建设指南》《电子档案利用规范》等（冯惠玲 等，2017），对档案管理数字转型会涉及到的有关对象与环节进行规范与引导。再次，实践层面，各地区各行业开始逐步进行档案管理的数字转型的试点尝试，学界普遍以实行"单套制""单轨制""电子化""无纹化"作为实践部门进行数字转型尝试的标志。其中上海

---

① 部分原因的总结来源于中国人民大学刘越男教授在中国人民大学信息资源管理学院公益大讲堂系列讲座所做题为"文件档案管理的数字转型之路"的讲座分享。

② 参见中共中央办公厅国务院办公厅印发的《关于加强和改进新形势下档案工作的意见》一文，原载于《中国档案报》2014年第5期。

自贸区的电子文件单轨制管理、国家开发银行的助学贷款合同无纸化、浙江省"最多跑一次"改革、中山市数字政府建设被视作比较典型与成功的案例（钱毅，2017）。

档案管理数字转型实现策略研究。国内档案学界除了研究档案管理数字转型的内涵与动因之外，还对档案管理数字转型的推进路径进行了相应探讨，并取得了初步成果：

研究人员将其从宏观综合层面与具体实现层面进行了相应总结，认为宏观层面已经对数字转型中的关键要素进行了识别与析出，包括战略框架、体制、业务系统、能力与责任、实施与保障框架等（冯惠玲 等，2017；周文泓 等，2020；周文泓，2016）；微观层面则聚焦于某一环节或某一流程的具体方法与技术与使用，如电子签名的归档保存方案（刘越男 等，2019）。

此外，还有综合的系统性解决方案的提出。周文泓（2018）从对象、主体、工具和方式四个视角切入对文件管理的数字转型进行分析后，认为文件管理数字转型的升级与深化进路存在于资源的可信化、精准数字化的全面性、社会化的多元性和信息治理的融合连续性四个方面，具体来讲包括拓深文件档案作为信息资源的开发深度、积极主动地接受与应用技术并做好技术架构的统筹与应用、管理主体要在数量与类型上实现多元以及对多元需求进行满足、融合数字连续性的理念与方法从框架要素角度着手协调与指导具体行动。

学者们从不同的角度提出了数字转型的解决方案，但这些方案都存在过于宏观的问题，方案的推进与落地的可行性不强，对档案管理的数字转型实践的实际助益不强。

（2）档案治理体系和治理能力现代化内涵研究

档案治理体系的内涵研究。刘东斌（2018）认为是指以有效管理和促进档案事业发展为目标，综合运用多种治理手段，整合多各社会力量，实现档案治理现代化的政策与措施的总和。徐拥军等（2019）在结合制度论与系统论观点的基础上，认为档案治理体系是包含众多要素的完整体系，实现了档案治理主客体、方向与原则等的协调与配合；常大伟（2018）认为档案治理体系是践行档案治理活动的制度框架，是制度关系的集合，由制度、结构、运行、方法和保障一个子体系构成。张帆等（2021）将现有关于档案治理体系的定义分为主体说、制度说、结构说三类，在指出这三类各有其不当之处的基础上，将档案治理体系界定为围绕档案治理事物形成的制度体系，具体内容根据档案事业体系的结构，先以工作方向为分类标准，再将档案事务及资源问题纳入考量，将档案治理体系划分按工作内容与领域，划分为行政管理、教育、学科研究、宣传等九个部分。这一定程度纠正了档案治理体系内涵界定脱离档案治理体系产生于国家治理体系这一大前提下的错误，对正确认识档案治理体系的内涵起到了重要的修正作用。

档案治理体系现代化的内涵研究。关于档案治理体系现代化是一个过程，其在档案治理理论体系中扮演的是操作性角色，在当前研究中这一观点得到了较高的认同，仍然存在较多分歧的是档案治理体系现代化的概念内涵及其所包含的具体内容（张帆 等，2021）。有观点认为档案治理体系现代化是从"档案管理"向"档案治理"转变的过程（徐拥军 等，2019）；而其现代化即指在形成制度体系并使其具备民主化、法治化、协调化和高效化等现代化特征的过程（张帆 等，2021）。学者们从结果与特征等这些不同的角度对档案体系现代化这一过程进行了具象的阐释，丰富了对档案治理体系现代化内涵的认识。

档案治理能力的内涵研究。常大伟（2018）认为是在制度框架内，治理主体为达成治理目标所体现出来的能力，有组织协调、制度建设、制度执行、治理监管、评估、保障六个方面的能力；徐拥军等（2019）认为档案治理能力的本质是反映档案治理多元主体运用法律法规、规章制度来管理档案事务的能力，是将治理体系转化为实践能力的过程。上述两种观点虽然内容并不相同，在论证与表述中存在类目重叠、标准不一或误用过程进行界定的不足，但其基本内涵不变，即认为档案治理能力是"档案治理的主体在制度框架内运用制度体系管理档案事务的能力"。

档案治理能力现代化的内涵研究。张帆等（2021）提出，理解治理能力现代化如果只是从档案治理的构成要素入手，就是对治理能力本身的脱离，并不可取。因此提出档案治理能力现代化是"档案治理主体逐步建构起适应档案治理体系现代化要求的档案治理能力结构的过程"；徐拥军等（2019）则跳出档案治理能力本身的限制，将档案治理能力放置于档案治理整体过程之中，认为其现代化是整个档案治理过程的现代化，包括起点、过程、效果的现代化，具体表现为理念、方式、效益的现代化。

上述关于档案治理体系和治理能力现代化的基本内涵的表述存在较多分歧的现象说明，目前国内对于档案治理体系的认识还比较初级，造成这种现象的原因主要有两个方面：一是对档案治理体系和治理能力现代化和国家治理体系和治理能力现代化的关系把握不到位，没有统一认识档案治理体系和治理能力现代化的"入口"；二是对于档案治理体系和治理能力现代化的目标认识不清晰，档案治理体系和治理能力现代化研究没有统一的"出口"。

这种对概念关键内容与本质认识不足现象，直接影响着档案治理体系和治理能力现代化理论研究与实践发展的持续与深入。例如，现有部分研究难以从整体层面以及与相互关系角度全面把握档案治理体系和治理能力现代化研究即是概念不清晰对理论研究带来的不利影响的有力证明。

2.1.2 关系研究现状

目前学界关于这方面的研究重点集中在档案治理体系和治理能力现代化之间的关系研究上，关于此二者的关系问题，学界基本达成共识，认为二者是一个有机整体，表现为相互依存与促进、协同并进的关系；其中治理能力形成的基础是档案治理体系，治理能力的完善促进档案治理体系现代化（徐拥军 等，2019；张帆 等，2021）。科学高效的档案治理体系能够有效促进档案治理能力的提高，而档案治理能力的提高又可以反过来作用于档案治理体系，使其能够充分发挥效能，不断完善（沈洋 等，2020）。

但是，关于二者关系的研究停留在浅表层次，仅揭示了二者的关系，却缺乏对二者关系形成机理以及相互作用机制的进一步研究与探讨。也正是如此，在对推进建设的研究中，就很难找到正确的切入点，也因此无法找到对策方案的有效着力点，而导致对档案治理体系和治理能力现代化的研究出现明显的不成体系、不达根本现象的出现。

2.1.3 策略研究现状

和数字转型期档案内容治理体系和治理能力现代化关系研究的情况一样，目前学界主要就档案治理体系和治理能力现代化建设进行了探索，还尚未有细化到档案治理具体领域的相应有关研究，关于档案内容治理体系和治理能力现代化的研究也因此处于空白状态。因此整理学界目前关于档案治理体系和治理能力现代化推进的研究现状就十分有必要，能为探究档案内容治理体系和治理能力提供借鉴。

关于档案治理体系现代化建设，沈洋等（2020）从国家档案馆为主体的视角出发，将常大伟提出的档案治理能力建设内容体系中的七种档案治理能力总结与划分为档案治理体系中治理建设、自治建设、共治建设共三个构建要素；其中，法治建设是依托，自治建设是根本，共治建设是手段，实现了"自治-法治-共治"的三位一体。关于档案治理能力现代化建设，常大伟（2019）从制度视角，提出了基于国家治理现代化的包括档案制度的构建、实施、调适和创新在内的四个方面的实施对策；倪丽娟（2021）从内部治理与外部治理的关系入手，认为档案治理体系建设的首要任务在于对档案管理体制及其实现机制进行完善，内部与外部治理能力建设是档案治理能力现代化的关键。

除了对档案治理体系和治理能力进行"分而治之"外，也有学者从整体出发，提供了档案治理体系和治理能力现代化的整体性方案。晏秦等（2021）受元治理理论的启发，从档案行政管理部门的角色定位出发，指出提升元治理能力可以促进档案治理体系和治理能力现代化建设，通过内部加强行政管理部门元治理外部强化社会力量元治理、加强社会资本积聚来实现。

档案治理体系和治理能力现代化研究中的中观层，如本研究的研究主题档案内容治理则仍然处于空白状态，而中观层承担着承上启下的重要作用，亟须相应的探索。在档案治理体系和治理能力现代化建设研究中，由于对二者概念体系内的概念模糊，对概念之间的关系与互动作用机制不清晰，导致在构建现代化建设措施时，要么只能从单一视角或单一关系入手，如仅从制度体系入手提高治理能力，或仅围绕"三个体系"提升治理能力实效性，导致推进措施系统性、协同性不足，对治理体系和治理能力的现代化难以起到有效的促进作用（李艳辉 等，2020）；要么对问题与目标的认识不够明确，提出的档案治理体系和治理能力现代化措施缺乏针对性甚至合理性（李长江，2016）。

2.2 国外研究现状

为了解国外关于数字转型期档案内容治理体系和治理能力现代化的研究现状，本研究选择对国外代表性和覆盖性比较好的几大数据库进行检索，检索策略与检索结果如表2-2所示。

表2-2 国外文献检索情况一览

检索词 数据库	Web of Science-SSCI	ProQuest-ProQuest Dissertations and Theses Global	EBSCO-Library, Information Science & Technology Abstracts
Digital transformation/transition archives/records governance	+1	0	2

(续表)

检索词 数据库	Web of Science-SSCI	ProQuest-ProQuest Dissertations and Theses Global	EBSCO-Library, Information Science & Technology Abstracts
Digital transformation/transition archives/records content management	+1	0	1
Digital transformation/transition content governance	+3	0	0
Digital transformation/transition gorernance modernization	+0	0	0
合计	5	0	3

注：以上检索为题名检索，检索时间为 2021 年 4 月 18 日。

通过结果检索发现，对上述关键词加以排列组合构建检索式，难以得到有效文献。鉴于此，本研究扩大了检索范围，将 Google Scholar 以及 Research Gate 两大学术搜索引擎也列入检索范围，并将文献查找范围扩大到与研究题目相关的领域。与此同时，将各国政府关于数字政府、档案管理数字转型的指令、方案、战略行动等相关政策文本，也作为文献研究的对象，以获取国外档案管理数字转型、档案内容治理的有关发展态势。

2.2.1 国外档案管理数字转型的政策与实践现状

目前，国外档案管理数字转型实践起步较早的主要有美国、加拿大、英国、澳大利亚这几个国家，本研究主要选取这几个国家的国家档案馆、文件管理机构等官方网站获取有关数字转型的政策与战略计划等，以了解其档案管理数字转型现状。

通过积极颁布数字转型相关政策，上述国家有效地推动了档案管理数字转型发展。2011 年 7 月，澳大利亚批准了《数字转型政策》，澳大利亚国家档案馆是执行该政策的牵头机构[①]，该数字转型政策的目的是提高效率，使澳大利亚政府机构转

---

① 注：原文为 *National Archives of Austrilia: Digital Transition Policy*，见 https://www.naa.gov.au/information-management/information-management-policies/digital-continuity-2020-policy/digital-transition-policy。

向数字信息和记录管理。2011年11月28日，时任美国政府总统奥巴马签署了《总统备忘录——管理政府档案》。这份备忘录标志着行政部门开始努力改革档案管理政策和做法，并制定21世纪的政府档案管理框架。随后2012年8月24日，《管理政府文件指令》发布，其中一个目标就是要实现以电子形式管理具有永久保存价值的文件，拉开了美国档案管理数字转型的序幕①。加拿大也通过出台《三年计划2016—2019》②《2015及以后的数字战略》等政策来指导数字政府建设实践及其数字转型工作。

随后各国又陆续出台相应政策，从数字转型涉及的因素、目标、主体等角度，对数字转型从具体实践层面进行了推动。这些政策与战略的一大共同点就是，从国家战略层面出发，站在顶层设计的高度，协同与推进国家档案管理数字转型的步调，这体现了数字转型对于档案管理的重要性。

2.2.2 国外数字转型视角下的档案内容治理研究现状

与国内情况一致，目前国外并无直接的档案内容治理研究，但相关的内容管理研究已经非常成熟。国外与档案内容管理密切相关的内容管理研究的集大成者是企业内容管理（Enterprise Content Management，ECM）。关于诞生于21世纪初的ECM，一开始唯一的共识是对于ECM所涵盖的范围还未达成共识（Smith et al.，2003），经过十多年的发展，ECM已经从最初的一种技术解决方案扩大到管理、流程等非技术视角，并被理解为"捕获、创建、管理、使用、发布、存储、保存和处理组织内部和组织之间的内容所必需的策略、过程、方法、系统和技术"（Grahlmann et al.，2012）。随着定义的扩展与成熟，ECM的技术、理念等研究也日趋成熟，研究者将研究视线从ECM能为组织提供什么，转而关注组织通过ECM实际获得了什么，以及通过ECM在多大程度上实现了特定的ECM目标（Harr et al.，2019）。这一转向说明，国外关于内容管理的研究已经突破技术视角的限制，拓展到从组织关系这一更宏大的视角来关注内容管理所能带来的更实在的管理效益。沿着这一思路，档案学者Proscovia Svärd研究了ECM与文件档案等记录管理的相关性，发现ECM在业务流程、变更管理、知识管理、协作、系统集成、信息的生命周期管理这些因素方面与记录管理存在交叉，记录管理框架也支持ECM的上述规定因素，从而指出

---

① 注：原文为 *Managing Government Records Directive*，见 https://www.archives.gov/files/records-mgmt/m-12-18.pdf。

② 注：原文为 *Library and Archives Canada Three-Year Plan 2016—2019*，见 https://www.bac-lac.gc.ca/eng/about-us/three-year-plan。

为健全信息/记录管理制度,促进信息获得机会,并达到提供高质量服务的最终目标,可以将 ECM 框架用于指导信息/记录管理(Proscovia Svärd,2013)。这一研究说明了 ECM 应用于档案管理的可能性与优势,为数字转型期内容管理在档案领域的拓展应用论证了初步可行性。

与此同时,内容管理领域的另一研究新动向是已经有关于数字转型趋势下的内容管理的相关研究,并将其与治理置于同一视角下进行了思考。

Lamont et al.(2020)指出,数字转型应该被看作一个整体性过程,需要同时考虑包括内容、流程和治理在内的三方面的因素,同时内容是数字转型的核心所在,不仅是因为内容构成了需要管理的信息资源,同时也因为内容支持与转型相关的更高级的功能,如个性化和人工智能驱动的聊天机器人。也正是如此,企业 ECM 因为在提供个性化定制内容、满足用户特定需求等方面具备的优势,在数字转型中应发挥关键作用。该研究还指出,数字转型的特征之一就是能够对内容实现个性化,而不是不管个体的角色、特征或者历史背景有何不同,只呈现默认的一成不变的回应。这一研究揭示了内容在数字转型过程中所具有的重要地位。

国外这一研究新动向表明数字转型过程中,内容在治理中具有关键地位。但是目前相关研究仍然停留在起步阶段,尚未对内容在数字转型背景下的社会治理、国家治理中能发挥的关键作用及如何发挥作用进行进一步研究与揭示。

2.3 研究述评与研究空间

2.3.1 研究述评

从档案管理数字转型视角切入。国内档案界关于档案管理数字转型的关注与研究虽然起步较晚,但在现有的研究中,已经对档案管理数字转型的若干关键问题,例如档案管理数字转型的本质、原因等,均进行了相应探索并已有初步成果。对这些关键问题的探索是档案管理的数字转型实现深入研究的重要基础。

另外,由于现阶段的研究仍然处于初级阶段,所以也还表现出一定的粗糙之感。白文琳等(2016)认为国内关于档案管理数字转型的研究呈现出两个特点:一是缺少理论层面的思考,主要侧重对应用实践的研究;二是研究缺乏整体视野,主要集中具体数字环境下的研究,如云计算背景、大数据背景等。钱毅(2017)则认为现有研究主要集中于宏观层面的政策与制度，对于数字转型问题具体推进的有关研究相对匮乏，同时存在概念使用相对混乱、内涵与外延划分不明、场景差异化等问题。

上述观点虽然表述不尽相同，但都看到了国内档案管理数字转型现有研究的不足，一是理论层面的深入思考不足，关键概念、问题仍有完善的空间；二是实践层面的研究具体性匮乏，实践指导性差。另外，档案管理数字转型国际引介性研究较多，对我国实际进行独立关照的原创性思考较少。

此外，国内关于档案管理数字转型的研究，对某些关键问题的关注与思考还比较欠缺，仍有一些问题亟须澄清与解决。一是档案管理数字转型对档案工作的理念、方法、技术等方面会产生的影响。档案管理数字转型会对档案管理产生全盘影响，而目前的研究缺乏对这一问题的关注。二是除了如何推进档案管理数字转型的研究不够具体以外，对档案管理数字转型后应如何开展档案工作，也并未涉及。凡事预则立，不预则废。对于档案管理数字转型这一档案领域的重大变化而言也同样适用，不提前预测档案管理数字转型会带来的改变，并准备相应的应对措施，将会极大地影响档案管理数字转型后档案工作的开展。

从档案治理体系和治理能力现代化视角切入。目前国内关于档案治理体系和治理能力现代化的研究已小成气候，对档案治理体系和治理能力现代化的基础概念内涵作了相应探讨，就档案治理体系的本质是制度的集合，档案治理能力就是治理主体运用治理体系管理档案事务的能力，以及二者之间的相互依存关系达成了基本共识。但关于概念内涵更为丰富的细节，如档案治理体系和治理能力的具体构成内容、价值取向等问题的研究还未能达成有效共识。同时缺乏档案治理体系和治理能力现代化的动因与价值揭示的研究，难以有效说明档案治理体系和治理能力现代化可以解决什么问题，能够带来什么效应，对档案治理体系和治理能力现代化研究的重要性说明不足。

档案治理现代化的价值旨归是档案治理体系和治理能力现代化的最终呈现，所以对档案治理体系和治理能力现代化途径的有关研究与探索也成为本领域的研究问题之一，学者们从不同角度多个维度进行切入，并提出了相应建议。但由于对档案治理体系和治理能力现代化本质与内容及其关系理解的片面，现有的措施、路径、策略在提出时，与档案治理体系和治理能力现代化的概念内容、价值目标关系松散，导致构建的方案针对性、科学性都稍显不足。同时，对档案治理体系和治理能力现代化推进路径的研究，要么是宏观层面的战略性的，要么是微观层面具体实践措施，中观层的研究缺失。

除此之外,档案治理体系和治理能力现代化这一命题脱胎于国家治理体系和治理能力现代化这一宏大命题,但是现有研究大多从档案本身这一视角去探索其与国家治理现代化的相互关系或与国家治理体系和治理能力现代化的相互关系,尚未有研究对档案治理体系和治理能力现代化与国家治理体系和治理能力现代化这二者之间的关系及互动形态进行研究,少有的研究也多从具体的某一视角进行切入,如常大伟(2019)从制度视角下考察了档案制度与国家治理现代化的关系,尚未有从整体框架视域下进行研究,不利于从宏观整体上了解与思考档案治理现代化与国家治理现代化的关系,更遑论对其进行推进与实践。这一方面难以正确揭示在国家治理现代化中,档案治理体系和治理能力现代化的重要性;另一方面也难以确定,在国家治理现代化和档案治理现代化中,档案治理体系和治理能力现代化应处于什么方位,进而导致研究与实践偏差的出现。

从国际视野切入。国外已经注意到数字转型、内容、治理三者之间的相互关系,并对内容在数字转型与治理中的重要地位与关键作用进行阐释,同时也提供了内容管理实际应用的案例研究。这表明国际社会对内容在数字转型趋势下与日俱增的重要性有了相较于国内更为深刻的认识。内容作为数字时代的重要生产资料,从其出发思考数字转型期档案治理、社会治理、国家治理的相应对策,应是数字时代各种变革无法忽略的重要视角。

尽管国外研究在这一方面存在一定的洞见性,但也不可否认,这些研究仍然属于一些基础性研究,对数字转型、内容、治理之间更深层次的关系的揭示仍不够充分,但正如既有研究所示,这一课题仍有许多方面值得继续深入挖掘。同时国外政府数字转型的政策与战略行动如雨后春笋,对政府数字转型、档案管理数字转型的方向、价值、行动、因素等都作了较为详细的规定,但缺乏对这些规定的规律性总结,除了国内的部分引介文献外,甚少有学术层面的思考。同时,虽然治理理论兴起于西方,但国外关于档案和治理的相关论述还十分稀少,不利于揭示档案工作在国家治理中的重要作用,对治理体系的继续完善与发展也产生了一定的阻碍。

总之,国内外现有研究,说明从内容这一视角进行切入,以研究数字转型期治理相关现象不仅是必要的,并且还具有较大的研究价值和研究空间。这也一定程度上说明了数字转型期档案内容治理体系和治理能力现代化这一研究课题的研究可行性与必要性。

尽管如此,已有研究在档案管理数字转型、档案治理及档案治理体系和治理能力现代化方面的初步成果虽然为后续研究在概念界定、关系分析、推进策略方面奠定了初步的研究基础,也初步论证了从档案内容这一视角切入进行档案治理研究的重要性，但现有研究仍然存在一些较为突出的问题。

一是从研究内容来讲，存在部分关键问题仍待澄清。比如，关于档案管理数字转型的表现及影响，及其对档案治理体系和治理能力的影响为何，仍有进一步研究空间。再如，国家治理现代化视域下的档案治理工作的研究，仍有部分问题未涉及，如中观层的研究尤其缺少。二是从研究结果来讲，部分研究结果的理论性与科学性有待提高。现有研究大多数集中在实践层面，理论研究深入不足，由于研究方法陈旧、研究视野局限等，研究结果的科学性也有待提高。三是从研究过程来讲，部分研究的论证过程不够科学，严谨性仍需加强。部分研究由于分析视域错误、概念间的关系不明等原因，导致研究结果存在一定的瑕疵，特别是关于档案治理体系和治理能力现代化有关的研究，由于忽略档案治理现代化与国家治理现代化的关系，部分研究成果偏离"初衷"较远，需要进行修正。

2.3.2 研究空间

现有的关于档案管理数字转型、档案内容管理和档案治理体系和治理能力现代化研究在基础概念、初步实践方面取得的初步成果，为进行数字转型期的档案内容治理体系和治理能力现代化研究，奠定了重要的研究基础。依据已有的文献研究结果可以看出，目前国内关于档案治理的理论成果尚未形成体系，关于数字转型期档案治理中的内容治理这一中观层次直接相关研究存在空白是不争的事实。同时已有研究中，关于数字转型这一大背景与档案管理，尤其是档案治理体系和治理能力现代化这一主题间相互关系的探讨比较缺失。从国家治理现代化视域下，档案治理体系和治理能力现代化的价值、关系等关键问题也有待进一步阐释。从完善档案治理能力、完善档案治理体系和治理能力现代化理论这一点来看，数字转型期的档案内容治理体系和治理能力现代化这一研究主题具有理论研究的价值与空间。

在研究过程中，有望进一步阐明数字转型对档案管理理论与实践带来的影响，并探讨档案领域可以如何应对，以抓住这一机会促进档案事业在新时期的全新发展。此外，也利于对国家治理现代化视域下档案治理现代化这一课题进行补充。本研究从档案内容治理入手，探索档案治理体系和治理能力现代化建设，对于如何推动与实现档案治理体系和治理能力现代化，进而为档案事业推进国家治理体系和治理能力现代化，服务国家现代化进程提供理论支持。最后，经济社会的发展，人民群众日益增长的对美好生活的追求，对档案事业提出了全新的要求，探索数字转型期着眼于档案内容的档案治理，并构建出适应数字转型需要，和经济社会发展相适应的档案内容治理体系和治理能力现代化路径，对于促进档案事业发展，更好服务国家现代化，服务经济社会发展，也具有重要的现实的实践意义与价值。从这一点来看，本研究具有研究的实践空间与价值。

另外，本研究从数字转型以及内容治理角度切入，进行档案治理现代化的研究，也是对国际上关于数字转型趋势下内容管理相关探讨的回应，同时也是对国际上在国家治理视域下档案治理研究缺乏这一空白的补充。

2.4 理论基础

档案内容治理的提出及至档案内容治理体系和治理能力现代化的提出都是建立在一定的理论基础上，根据其在本研究中所发挥的作用的不同，本研究将研究过程中所参考、借鉴的理论分为三大类：指导思想、依据理论和继承理论。马克思主义哲学是指导思想。马克思主义哲学，尤其是马克思主义哲学关于联系与矛盾的思想，以总领性的姿态指导了本研究在研究过程中以什么样的逻辑进路思考与分析问题。治理理论是主要依据理论。本研究以治理理论关于治理概念内涵、治理主要内容与特征、治理体系和治理能力现代化的有关研究，作为档案内容治理体系和治理能力研究过程中概念界定、内容分析与关系模型构建的主要理论参考，确定研究的分析视角与分析框架。对档案治理与档案内容管理理论进行继承。档案内容治理在某种程度上是对档案治理与档案内容管理的相关理论研究成果的进一步研究，本研究在继承档案治理与档案内容管理相关理论的基础上，实现档案内容治理研究的创新发展。本研究选择的理论基础，既有哲学层面的指导思想，也有跨学科视域下基础理论的支撑，并对档案学科中的相关理论进行继承，保证了理论依据的科学合理性。

2.4.1 以马克思主义哲学为指导思想

马克思主义哲学从实践出发，以联系、发展的态度看待世界，用辩证法的观点研究世界的规律与本质。本研究以马克思主义哲学为指导思想，就是坚持用辩证唯物主义、历史唯物主义和实践唯物主义进行指导，以现实的国家治理和档案治理实践问题为基点，探求档案内容治理体系和治理能力现代化的有关研究。马克思主义哲学是兼具整体性、人民性、实践性、发展性、协同性于一体的科学真理。秉持马克思主义哲学的内在精神，将整体性、人民性、实践性、发展性、协同性统一于档案内容治理实践一体中，是正确认识档案内容治理实践、充分发挥档案内容价值、发挥档案工作价值、满足人民美好生活期待的重要实践，是推动档案治理现代化、发挥档案工作助力国家治理实践的内在驱动力和强大动力源（李少霞 等，2021）。

（1）坚持联系的观点，建立整体性思维

唯物辩证法认为事物是普遍联系的，要在联系中看待事物的发展变化。普遍联系是指事物的联系具有普遍性，一切事物、现象之间及其内部诸要素之间都存在作用、影响和制约的相互关系与联系。本研究以联系的普遍规律为指导，以免孤立地片面地看待事物，对档案内容治理实践中多种多样的联系进行客观认识与把握，并对其中的多样性联系进行分析，以正确认识与处理档案内容治理实践中的丰富联系。

首先，正确认识档案内容治理与档案治理、国家治理等社会实践的密切联系。档案内容治理并非孤立存在的档案实践活动，而是在国家治理、档案治理实践中发展出来的细分领域，档案内容治理与国家治理、档案治理的相互联系与发展，对其理论内涵、实践特点、发展趋向都有重要的影响。在把握三者相互关系的基础上，有利于正确认识档案内容治理，有利于推动档案内容治理实践的发展。

其次，正确认识档案内容治理内部的多样联系。坚持联系的观点，有利于正确分析与把握档案内容治理的内涵、本质与特征，是正确对档案内容治理有关实践进行探讨的发端。在普遍联系观点的指导下，本研究将深入探讨与分析档案内容治理与相关概念、档案内容治理构成要素、档案内容治理现代化推进方案等研究对象与研究问题之间表象与实质、问题与原因、功能与结构等普遍的多样化的联系关系，在把握档案内容治理相关现象多样联系关系的基础上，认识与总结档案内容治理的相关规律，提出与构建档案内容治理的发展方案。

最后，提高理论认识与对策方案的整体性，进行统筹规划与安排。坚持联系的观点与立场，要求在认识与解决档案内容治理问题时，要树立整体性思维，坚持全面的观点，用整体、协调、长期的态度认识与思考档案内容治理及其治理体系和治理能力现代化的推进，提高研究过程与研究结果的科学性。

（2）运用矛盾分析法，树立对立统一思想

辩证法的实质和核心是矛盾规律，矛盾规律强调对立统一。矛盾构成了事物发展的源泉和动力，矛盾分为内部矛盾和外部矛盾，分别构成事物发展的内部原因和外部原因，既要承认内部矛盾是事物发展变化的根本原因，也要看到外部矛盾对事物的发展变化起着重要的作用。矛盾还存在着主次之别，承认矛盾的主次之别就要分清主要矛盾和次要矛盾，也需要分清矛盾的主要方面和次要方面。运用矛盾分析法，其实质就是强调要抓住主要矛盾和矛盾的主要方面，对其进行了解、掌握与解决，以在认识问题和解决问题中抓住重点与关键。此外，矛盾的特殊性原理，也对科学研究有着重要的指导意义。矛盾的特殊性普遍存在，矛盾的特殊性是指不同事物的矛盾都有其特殊特点，事物的矛盾由于阶段、时代等背景的不同也呈现出不同的规律。因此，要注意区分不同的事物及其区分不同事物阶段性特点，坚持具体问题具体分析。以矛盾的普遍性为前提，突出强调矛盾的特殊性，这当中又特别强调主要矛盾、矛盾的主要方面和矛盾的转化，而最终归结到在实践中抓主要矛盾、矛盾的主要方面及其转化，这也是毛泽东实践智慧辩证法的基本逻辑结构（王南湜，2021）。

首先，抓住主要矛盾，解决关键问题。毛泽东（1991）在《矛盾论》中论述，"任何过程如果有多数矛盾存在的话，其中必定有一种是主要的，起着领导的、决定的作用，其他则处于次要和服从的地位"。本研究以此思想为指导，确定了档案内容治理为主要研究对象，并将研究重点聚焦于治理体系和治理能力现代化这一对档案治理现代化具有决定性作用的因素，并进一步将档案内容治理体系和治理能力的相互关系及其演化作为需要重点探讨的问题，以期最后解决档案内容治理体系和治理能力现代化推进方案构建这一关键问题。对于具体研究问题的进行，抓住主要矛盾的方法论也起到了十分关键的作用。如在概念阐释中，本研究将重点放置于对档案内容治理这一全新概念的全方位解释与说明中；在档案内容治理体系和治理能力提出理由的探讨中，将档案内容治理的优越性和可能的风险、现实的困境作为重点研究问题，以说明档案内容治理体系和治理能力现代化研究的必要性。总之，以"抓住主要矛盾，解决关键问题"为指导思想，有利于确保本研究的研究内容与主题主次分明，有利于提高研究过程与研究结果的科学性。

其次，坚持普遍性与特殊性的统一，共性和个性的统一。档案内容治理与档案治理、国家治理，就是普遍性与特殊性、共性与个性的相互关系。要在档案治理、国家治理的视域下正确认识档案内容治理这一细分理论，需要将矛盾普遍性和特殊性的相互联结、相互区别的认识论与方法论贯穿于研究的全过程中。唯有如此，才有助于在把握不同治理实践共性的基础上，正确认识与理解档案内容治理及其在不同阶段所具有的特殊性与具体情况，也才能最终构建出适宜的档案内容治理的对策方案。

2.4.2 以治理理论为理论依据

（1）治理理论提供重要的理论基础与分析视角

以治理理论为理论来源与基础。20世纪八九十年代之交，治理理论对统治进行反思的基础上作为一种理论学说在西方兴起。作为一种公共管理过程，展现出了旨在维持正常社会秩序过程中的全新理念。治理理论的发展林林总总，并且相互交叉错节，有学者根据时间序列维度，将其归纳为三个发展阶段（表2-3）。随着治理概念内涵的不断丰富发展，治理理论也开始超越国家治理层面，包含政治、经济、文化等维度，存在于人类事业的各个层面。

表2-3 治理理论发展阶段

发展阶段	主要代表性治理理论
第一代治理理论（1989—1997年）	公共治理、民主治理、没有政府的治理
第二代治理理论（1997—2006年）	整体性治理、协同治理、参与式治理、合作治理
第三代治理理论（2006年至今）	网络化治理、网络治理、新公共治理、数字时代治理

治理理论的兴起背景主要包括两个方面：一是为了打破"政府""市场"的二元化认知局限与对立。通过引入"社会"这一新单元，强调合作、协同、回应、参与、责任等精神，尝试探索政府、社会、市场三者共同参与的一种新公共事务管理模式。二是为了应对全球化深入发展的需要。全球化加深了各国之间的彼此联系和相互依赖，同时也加剧了诸如国家资源分配、民族认同、环境污染等公共问题，这就要求共同参与、协同合作的全球治理机制的形成。在这样的背景下，提出了治理理论，强调在政府、市场之外引入公共力量，通过多元主体共同参与、协同行动和相互合作解决全球治理问题（上官酒瑞，2019）。

此后，治理理论引入国内，与改革开放后中国社会的转型与结构变迁相结合，开始治理理论的中国化和本土化发展。这一阶段，主要强调治理理论要结合中国实践进行相应的革新，如不同于西方治理理论强调去中心化，中国则需要强调在中心领导下多主体协同进行。治理不仅出现在中国的学术研究中，治理概念也通过党和政府的报告文件，成为政策语言。中共十六大报告、中共十八大报告、《中共中央关于全面深化改革若干重大问题的决定》等都出现了国家治理、治理结构、系统治理等术语，这些都标志着治理理论正式进入公共政策议程，成为指引国家建设与发展的理论来源与依据。同时，治理理论也被引入档案领域，并发展出档案治理、档案治理能力、档案治理体系现代化等。

在这样的背景下，本研究以治理理论理论依据，为研究提供重要的理论来源与理论基础：从治理所具有的去中心化、多元化、动态性、工具性等特征出发，在档案内容治理的概念阐释中，从治理理论视域下理解档案内容治理的"治理"内涵，以对治理对象、治理主体结构、治理内容等进行阐释，为档案内容治理这种治理活动的理解与把握赋予"治理"的灵魂；在治理活动、治理主体等档案内容治理要素及其相互关系的分析中，也将以治理理论为重要的理论依据去进行分析；在档案内容治理体系和治理能力的现代化推进过程中，以治理活动的主要特征为对标，保障治理主体的多元性、治理方式的法治性、治理过程的协同互动性，也因此成为内在要求。

西方治理理论的发展及其中国化发展，还为档案内容治理研究提供了全新的切入视角与分析框架。

在治理出现之后，善治的出现也就成为一种必然。1989年，面对非洲治理的困顿情形，为了走出治理困境，世界银行提出了善治这个评价性概念。因而"善治"也被看作是治理的衡量标准和目标取向。在善治之下对治理进行审视与限制，是治理具备和坚持良好的目标取向的必要前提（魏治勋，2014）。善治的内涵既包括"目的主义的善"，也包括"结果主义的善"。从语义学来分析，善治有"良善之治"与"善于治理"两层含义，一个侧重于治理状态，一个侧重于治理过程（李龙 等，2017）。在西方语境中，善治也经历了从治理（Governance）到善治（Good Governance）的演进。无论善治的内涵如何发展并被不断赋予新的内涵，"善治"作为治理的一种方式与途径、一种目标与状态的两层基本含义始终并未发生改变。学术研究进一步通过对善治的构成要素进行分析与探讨，来认识善治与找到善治实现途径。尽管关于善治的构成要素也并未达成共识，有五要素说、八要素说等。但在不同的构成要素中，却有高度相似内核，如良法代表的"法治"，治理主体多元与治理内容多样性代表的"共治"等（李龙 等，2016）。

基于此，本研究在进行档案内容治理的分析与探索时，以善治治理理论为依据，坚持以"善治"的治理理念为指引，以"善治"为重要的衡量尺度，界定档案内容治理的目标取向与分析档案内容治理所具有的优越性。

治理活动所面临的风险与困境，如何进行应对与消解也是治理理论的重要研究领域。其中，关于治理的"碎片化"风险的研究与讨论著述较多。"碎片化"（Fragmentation）是完整的物体被分解成若干碎片，用以描述由于科层制所带来的部门、职能机构分裂、条块分割；组织目标分解被异化；治理决策与流程破碎等现象所带来的治理效率不佳的治理困境（金姗姗，2014）。对于治理碎片化，不同的研究从不同的领域不同的角度进行切入，对其出现原因、主要表现、解决途径等进行了丰富的探讨与研究。一般意义而言，碎片化主要表现在治理主体、治理目标、治理流程和治理机制方面的碎片化，既是治理碎片化的表现也是治理碎片化出现的重要原因。而整体性治理则直指治理碎片化的应对，学者们在对新公共管理的批判下提出了新的治理模式，也就是整体性治理模式。整体性治理将治理重点聚焦于机构内容整体性动作，提出从分散到集中，从部分到整体，从破碎到整合。这些理念与主张对消解治理碎片化具有极大启发。学术研究中针对治理碎片化的改进路径也多从协调整合治理主体与目标、构建整合的协同治理机制等角度进行。

回到档案领域，治理强调的多元化、去层级等，在具有充分调动各治理主体积极性、发挥各治理主体优势的优点的同时，也由于各治理主体有不同的利益诉求、缺乏认识共同体与行动共同体等现实原因的影响，不可避免地出现了治理的"碎片化"。本研究以上述研究关于治理"碎片化"的现象与解决的成果为参考与启发，来分析档案内容治理可能面临的"碎片化"风险有何表现、有何影响、因何缘由，以此为基础在最后的对策构建中通过在治理体系和治理能力的现代化推进方案中加入整体性治理思维、协同的治理机制等设计来加以防范，提高最后对策构建的预见性与针对性。

（2）治理体系和治理能力现代化研究提供重要的理论参考和借鉴

国家治理体系和治理能力理论与实践探索是本研究提出档案内容治理体系和治理能力现代化这一研究课题最为关键的理论依据，并在研究过程中以之为重要的理论参考与借鉴。

"国家治理体系和治理能力现代化"作为一种新的话语和概念，引起了广泛关注与讨论：党的十八大以来，中共中央总书记习近平多次就推进国家治理体系和治理能力现代化建设发表重要论述①，并对其进行了详细阐释，为如何理解与发展国家治理体系和治理能力擘画了重要的理论坐标系，无论是学界探索还是实践发展都以之为基础徐徐展开。学术层面，主要的研究内容与重点是国家治理体系和国家治理能力的本质含义、内容构成、现代化标准与推进路径、国家治理体系和治理能力的相互关系等。尽管由于"国家治理体系和治理能力现代化"的有关认识与研究仍然是一个处于不断成熟完善的过程中，很多问题还未达成共识或者有待完善。但在国家政策与战略的方向性指引、学术研究的理论驱动以及实践探索的多方努力下，国家治理体系和治理能力现代化的理论内涵得到了进一步发展，并在一些关键问题上取得了重要进展，包括国家治理体系的本质就是制度集合、国家治理能力就是运

---

① 参见党建网微平台上发表的《习近平论推进国家治理体系和治理能力现代化》，http://www.cac.gov.cn/2019-10/30/c_1573967251391247.htm。

用治理体系解决治理问题的能力、治理体系和治理能力是一体两面相互依存的关系等。

在国家治理体系和治理能力现代化研究与实践的带领与驱动下，各个领域也开始了广泛的"治理体系和治理能力现代化"研究。如出版领域，通过对出版功能革新认识，在探索出版功能与国家治理体系和治理能力现代化的内在关联的基础上，对在国家治理体系和治理能力现代化建设中如何补足短板进行了研究（周蔚华 等，2020）；图书馆领域，提出建立国家图书馆事业发展局是图书馆事业治理体系和治理能力现代化最全面、最有效的手段（郝朝军 等，2021）；教育领域，也对治理体系和治理能力现代化推进的内涵、关系、途径等进行了相应思考（陈金芳 等，2016）。

这些讨论成果与结论，为本研究理解与应用"治理体系和治理能力现代化"的内涵、作用、目标、实现途径提供了重要的理论坐标与理论参考。本研究也主要基于上述研究思路与研究成果，对档案内容治理体系和治理能力现代化的内涵、标志、目标、推进路径等进行相关探索。

同时本研究注意到，西方治理理论在引入中国后，根据中国的具体实践情况与实践背景的不同进行了相应的"中国化""本土化"改造，以避免落入"教条主义"或"削足适履"的窠臼，治理理论的内涵意蕴得到了全新的阐释与发展。所以，在以治理理论的思想与内容为档案内容治理研究的主要理论依据时，也需要注意不同领域治理理论、思想与实践规律与经验的总结对档案内容治理的"适配性"问题，不能一味地"拿来主义"，而应是有所选择、有所创造地扬弃式应用与参考。

2.4.3 对相关档案管理理论进行继承

（1）对档案治理理论的继承

档案内容治理作为档案治理在内容场域下发展出来的下位概念，在研究过程中，在对现有的档案治理理论研究成果进行继承的基础上实现自身的发展。

档案治理的概念研究是档案治理理论的重要内容，也成为本研究概念研究时重要的理论参考来源。以徐拥军、晏秦、金波、刘东斌等学者为代表的学术群体就档案治理的概念内涵进行了丰富的讨论。尽管尚未有一个具有共识性的概念，但这些切入视角不同、关注重点不同的档案治理概念从不同的角度揭示了档案治理的内涵与特征。在概念探讨过程中，现有研究对档案治理的主体、治理的理论、治理的目标、治理的原则都进行了揭示与分析，就治理主体的多元性、治理目标的善治性、以民主法治为治理原则，需要在公共治理与国家治理相结合下进行档案治理的探索达成了一定共识（张卫东 等，2021）。本研究也将会基于这些研究成果对档案内容治理的概念进行界定与阐释，在概念界定过程中注意对档案内容治理的主体、目标、原则等进行分析与说明。

为了辨析与区分档案治理与临近概念，现有研究多从档案治理与国家治理、档案管理、档案行政管理等几组概念去进行分析。金波等（2019）认为，档案管理与档案治理的联系表现在，档案治理是对前者进行继承与发展的基础上实现了自身的发展；主要区别在于管理理念以国家还是社会为本位，管理主体是单一的档案部门还是档案部门、社会组织、公民协作，管理过程是单向管理还是双向互动，管理内容是体制内的还是体制外的档案事务，管理手段是档案部门包办还是多领域协商合作，管理目的是保障国家利益还是保障利益相关者的多元利益。而刘东斌（2019）在分析"档案管理""档案治理"与"档案行政管理"在管理对象是档案还是档案事务这一层次不同的基础上，指出"档案治理"与"档案管理"不是同一层面上的概念，"档案治理"应与"档案行政管理"处于同一层面的不同层次，也就是说"档案治理才应该是档案行政管理发展的新阶段"。这些概念辨析虽然看似得出了矛盾的结论，但是讨论过程关于治理对象层次的划分直接厘清了在档案领域，"管理"与"治理"并不直接是同一层面不同层次的发展。以此为启示，本研究在界定档案内容治理概念时，也需要将其与临近概念档案内容管理进行对比分析，并且在对比分析过程中以此为参考与借鉴，避免认为档案内容治理处于档案内容管理的同一层面的不同层次的线性式思考。

档案治理体系和治理能力的相关研究是档案治理领域的另一研究热点，同时也为档案内容治理体系和治理能力的研究提供了重要的理论支撑。档案治理体系和治理能力现代化的相关研究，主要包括以下五个方面：①从国家治理或档案治理的视角切入，界定档案治理体系、档案治理能力的内涵、构成要素；②结合国家现代化内容，确定档案治理体系、档案治理能力现代化的内涵与标准；③辨析档案治理体系和能力的相互关系；④探讨档案治理体系和治理能力现代化对档案治理、国家治理的重要意义与价值；⑤构建档案治理体系和治理能力现代化路径。这些讨论取得了一定的研究成果[①]，为本研究确定与构建档案内容治理体系和治理能力关系模型提供了重要的借鉴与分析理论来源。同时，上述五大方面的讨论也存在治理体系和治理能力相互关系认识较为初级，不能跳出档案领域本身的限制去进行整体认识等不足与局限。本研究在构建档案内容治理体系和治理能力关系模型时将在批判

---

① 具体研究成果参见本研究文献综述部分。

性继承的基础上，对上述局限与不足进行改进。总体来说，档案内容治理体系和治理能力是档案治理体系和治理能力的构成部分，档案治理体系和治理能力的既有研究基础构成了本研究档案内容治理体系和治理能力相关研究的重要理论基础，本研究以上述研究结论为理论来源，在批判吸收的基础上对其进行了发展。

对档案治理理论的继承，除了体现在对研究结论的批判性参考吸收与利用中，还表现为对研究思路与视角的继承。吴雁平等（2019）从个人视角、机构视角、国家视角、国际视角四个不同的视角对档案治理进行了全方位的探析，深化了对档案治理的认识。以之为启示，本研究在档案内容治理的研究中，无论是对档案内容治理的概念研究，还是档案内容治理体系和治理能力的构成要素、相互关系分析，可以此为参考从个体、机构、国家或者宏观、中观、微观等不同视角与层次进行切入，以丰富分析的视角与层次，提高研究质量。档案治理代表性定义一览见表 2-4。

表 2-4 档案治理代表性定义一览

派别	作者	定义内容
西方治理理论＋善治理论	晏秦	档案部门、社会组织和公民等多个主体协同合作，基于一定的行动规则，共同对档案事务进行科学、规范管理，实现档案领域善治的活动和过程
西方治理理论＋我国档案工作	常大伟	在党政机构的领导支持下，由档案行政机关主导，各级各类档案机构、社会组织或个人参与，通过一定的制度安排进行合作互动，共同促进档案事业发展和提升档案工作服务社会发展大局能力的过程，是国家治理的有机组成部分
国家治理体系和治理能力＋我国档案工作	徐拥军、熊文景	档案治理是指以档案部门为主导，社会组织和公民个人广泛参与协同，在坚持民主、法治的原则下，对涉及档案及相关的一切事务进行谋划、组织、协调和决策等的活动与过程
	虞香群、李子林	档案行政机关为主导、档案馆（室）、社会组织、个人共同参与，基于法律法规制度进行合作互动，协调各方利益，共同对档案事务进行统筹规划、组织协调、统一制度、监督指导，以达到各方利益最大化、满足公众需求，促进档案事业发展

（2）对档案内容管理理论的继承

内容管理的理论、技术与方法应用到档案管理中，产生了档案内容管理的理论研究与实践发展。关于档案内容管理，尽管其并未成为档案管理领域的研究热点，研究成果也不甚丰富，但是既有研究基础在档案内容管理的主要管理思想、理念、技术、方法、模式、目标、流程等方面，均作了一定的探索。

对档案内容管理的概念研究进行继承。嘎拉森（2020）认为，根据学者切入口的大小，对档案内容的理解也会有范围上的大小之分，也正是如此，关于档案内容管理的理解也就分为了两派：一派以金更达（2004）为代表，包括郝琦等（2016）等，认为档案内容管理涉及档案内容从形成到最后的开发利用整个生命周期内的一系列过程，这一派被其称为"大内容管理派"；另一派，则将档案内容管理理解为对档案内容的管理，认为管理对象只是"内容"本身，不包括过程，持类似观点的有张会超、胡涛、赵志录（2007；2015；2017），这一派则相应地被称作"小内容管理派"（嘎拉森，2020），见表2-5。

表2-5 档案内容管理定义一览

作者	年份	相关表述
张会超	2007	实现档案的内容化管理，从档案的内容着手对档案进行管理
张勇	2016	协助档案管理机构和个人，借助信息技术，实现内容的创建、存储、分享、应用、更新，并在档案管理机构、个人、业务、战略等方面产生价值的过程
郝琦、魏扣	2016	以用户的档案内容需求为核心，利用内容管理的相关技术和方法对档案内容进行全过程管理，融合了技术、思想和理念，以最大限度地开发档案内容、提供档案知识服务为目标的新型档案管理模式
李甜	2016	是根据经济社会发展对档案信息资源的需要，突破传统档案管理注重实体保管的局限，运用各种信息技术、管理系统，引入内容管理技术与方法，使档案管理从实体深入档案的内容，使其得到合理有效地揭示、挖掘、组织和序化，并能够在正确的时间以正确的形式传递到正确的地点和人，使档案信息最大限度地得到利用，实现档案管理工作的效益最大化
丁家友、方鸣、冯洁	2020	包含三个层次的内涵：微观层面强调从数据操作利用技术打破壁垒，提升管理具体档案信息的管理效率与深度；中观层面则对应档案内容管理系统的应用，解决应用场景、业务流程以及战略框架问题；宏观层面则是组织机构资产增值与价值实现工具
嘎拉森	2020	借助内容管理系统对档案中可利用的有价值信息进行获取、治理、存储提供利用等管理活动

上述关于档案内容管理的定义，有其合理之处，但随着应用环境的改变，档案内容管理应向档案治理这一形态发展，其内涵也应相应地进行改变。本研究以此研究成果为基础，一是启发档案内容治理的概念的阐释要注意治理内容应选择以档案的内容为重点，还是以档案内容治理事务为重点？结合前续档案治理与邻近概念的对比分析的结果，本研究并不是将档案内容治理的治理重点落脚于具体的档案内容，而是落脚于对档案内容治理规则与事务的管理与协调，以此实现对档案内容管

理的超越。二是要以档案内容概念研究为基础，与档案内容治理进行概念辨析，加深对档案内容治理内涵的理解与把握。

　　档案内容管理研究主题构成档案内容治理构成分析的重要参考。2020 年，丁家友等（2020）对我国 2018 年 9 月以前的档案内容管理研究现状进行了详细的梳理，发现档案内容管理体系主要有四大研究主题：首先，通过分析发文的关键词、基金资助来源、学科分布图，发现目前图情档领域关于档案内容管理主要围绕内容管理系统展开，聚焦于对具体实现路径的探讨，也有少量研究关涉与信息相关的具体应用，因此，与计算机、互联网等理论与技术的融合与发展是档案内容管理的第一个研究主题；其次，通过对高频关键词进行分析，指出档案内容管理系统应是档案内容管理的又一研究主题；再次，内容管理本体研究应是档案内容管理的题中应有之义，是其研究内容的第三主题；最后，内容管理导向面向服务的档案管理具体流程，诸如存储、检索、利用，是档案内容管理的第四研究主题；这部分内容可以高度概括为档案内容管理的技术衍生融合、档案内容管理系统及其应用、档案内容管理本体、档案内容管理服务四个理论体系。这一研究结论一定程度揭示了档案内容管理的主要内容、流程与利用的主要技术，在此启发下，本研究在档案内容治理的概念阐释中也将通过分析档案内容治理的构成内容来细化对其内涵的新阐释，上述研究结论尤其有助于对档案内容治理中观层与微观层的构成内容进行分析。

第 3 章

档案内容治理的概念内涵与阐释

在本章中，首先要回答档案内容治理是什么和有何特征这两个问题。

档案内容治理，目前在学术界并未有太多的关注与讨论是一个不争的事实。但档案内容管理，虽然也远非档案领域里炙手可热的研究话题，却并非一个完全陌生的术语。内容管理一开始产生于出版行业，用于解决数字来环境下内容多源异构的问题，20世纪90年代在企业管理领域迅速发展，企业内容管理（Enterprise Content Management，ECM）应运而生，并向宏观和微观层面渐次展开，"内容"成为"数据""信息"之外另一个影响信息资源管理思维的逻辑视角（丁家友 等，2020）。内容管理在档案领域的应用与发展成为档案内容管理。也正因如此，当本研究提出档案内容治理这一研究对象之后，由于与档案内容管理的相似性太大了，让人不禁思考档案内容管理与档案内容治理的关系。再加上受对"管理"与"治理"这两个概念既有认识的影响，会下意识地认为"档案内容管理"与"档案内容治理"起码也有类似的关系，存在诸如档案内容治理是对档案内容管理的继承与发展、档案内容治理是档案内容管理发展的新阶段这样的误解。

本研究并不否认档案内容管理与档案内容治理的关系密切，但二者之间并非发展阶段不同这样的关系。相反，档案内容治理是一个全新的概念，对其定义和内涵进行全方位的阐释，是正确理解其与相似概念之间相互关系的基础，也是继续进一步研究的重要开端。同时，档案内容治理是一个复杂的概念体系，对它的理解并不能单纯靠对概念内涵的阐释来实现，而应从多个维度进行说明。本章拟通过对概念解构、概念定义、概念对比阐释研究，来总结与归纳出档案内容治理的概念内涵与外延，以期为本研究后续章节的研究限定研究边界，确定研究方向，奠定研究基础。

3.1 档案内容治理的概念解构

吉登斯曾指出，社会科学研究中的相关概念容易被误读误用（郭风英 等，2016）。档案内容治理作为一个新概念，为避免误解，对其理解也最好从概念解构重新做起。当对复合概念进行理解时，对概念进行拆分与组配是比较简单易行的手段，在学术研究与探讨中的应用也十分普遍。如对于档案内容管理，就有将其理解为"档案+内容管理""档案内容+管理""档案内容+内容管理"这几种常见的拆解与组配方式。对于档案内容治理，从语词构成角度出发，也存在四种拆分与组配方式，见表3-1。

表 3-1 档案内容治理的语词组配分析

组配方式	关键词
档案+内容治理	内容治理
档案内容+治理	档案内容、治理
档案内容+内容治理	档案内容、内容治理
档案+内容+治理	档案、内容、治理

在本研究的语境中，选择最后一种分解方法，意即"档案+内容+治理"。因为无论是"档案内容"还是"内容治理"在学界也都还未有清晰统一的认识，以其任一作为理解档案内容治理的重要关键词，都会带来一定的模糊性；并且本研究对档案内容治理的定义不会也不应该仅仅局限于"档案内容""内容治理"的简单组合中，所以摒弃前三种组合方式。同时，概念难以脱离与之相关的概念群而独立存在，讨论相关概念，对于理解与把握概念的自身意涵十分关键。在此情况下本研究也会分别讨论档案内容治理视域下"档案""内容""治理"的具体含义，更有利于正确充分地认识与理解档案内容治理本身的概念意蕴与外延范围。

"档案"是档案内容治理的时空向度。档案这一关键词并不需要过多阐释，此处使用最广泛意义上的档案概念一词，既代表微观层面的与档案客体本身相关的一切档案现象，也代表宏观层面的档案工作与档案事业整体。"档案"作为限定词揭示的是"档案内容治理"发生的时空向度范围。"档案"明确了档案内容治理的边界——是档案领域内的有关研究。

内容，是档案内容治理这一概念的关键构成要素；内容的含义一定程度上直接影响着对档案内容治理的最为本质的内涵的理解。

首先，对内容在词源、哲学与行业三个视角下的多重含义进行阐释，是本研究理解与应用"内容"概念的逻辑起点，内容在档案内容治理视域下所具有的丰富含义都以此作为重要的锚定点而实现发散增长；其次，从档案内容治理视域下理解"内容"，至少需要从四个层次去对其进行系统性的阐释与说明：内容的多重含义、档案内容治理视域下的内容、内容化、基于内容。如此，才能说明档案内容相较于其他领域或行业的内容所具有的独特性，才能阐明"内容"在档案内容治理视域下作为一种对象、一种状态、一种手段、一种理念为何具有合理性与优越性，才能充分论证从理论高度对档案内容治理进行规律与经验的认识与总结有其必要性与创新性。

3.1.1 内容的词源释义

无论是中文语境下，还是在以英文为主要代表语言的西方语境中，内容都以其基本内涵为基础，继而在不同的行业与情境下衍生出丰富的多重含义。

（1）词源层面

从词源层面来讲，内容被包含或承载于某一容器中。《现代汉语词典》里将内容解释为"事物内所包含的实质或意义"。一般来讲，英文中与内容相对应的词汇是"content"，《牛津英语词典》（*Oxford English Dictionary*）在线版中关于content的定义与中文"内容"表达相似含义的主要可以概括为以下三种：①在书面或文件中包含或处理的东西；其主题的各种细分，文件所载内容的总额或实质、主旨。②概念构成或构成一个概念的品质、概念、理想要素的总和。③与形式相对的认知、艺术等物质。从这一点看，中西方语境下内容的含义并没有太大的差别，都可以概括为事物内所包含的实质或意义。从这一层含义可以抽象出内容总与某种形态的"容器"密切相关，被包含或承载于其中。

（2）哲学层面

李秀林（1995）指出，从哲学层面来讲，内容与形式相对，指"事物的内容是指构成事物的一切要素，即事物的各种矛盾，以及由这些矛盾所决定的事物的特性、成分、运动的过程与发展趋势等的总和。"从这一层含义可以抽象出，内容与形式相反，是"物"或"意义"。

（3）行业层面

在不同的行业，内容的含义得到了进一步细化与延伸。但内容仍未脱离其基本含义，不同行业中内容最基本的含义仍然可以高度概括为所包含的"物"或"意义"，也就是说仍然强调"容器"所包含和承载之物——意即是"内容"。例如，对于出版行业来说，内容是具有格式和结构的信息。对于艺术领域来说，形式与内容不可分割，形式主要指内容、思想与表达的外在表现形式，主要体现为体裁、格式等，而内容则是艺术作品所承载与传达的事件、细节与信息。而"内容"之于艺术作品，不仅仅是构成艺术作品的物质材料，更重要的是通过物质材料所表达的思想、信息及作品中所蕴含的创作意图与目的（田耀农，2020）。

行业之间的相互影响也有大小之分，与档案管理密切相关的信息行业关于"内容"就是"特殊形态的信息"这一理解，对档案内容治理视域下如何理解与定义"内容"产生了关键影响。在信息领域，从信息角度来看，内容与数据、信息之间关系密切。不管什么形式或载体的信息，只要有了含义或背景，就成为内容。内容是对各种类型信息的概括（赵子忠，2005）。但是与数据和信息不同的是，内容明显与"容器"直接相关联（Tyrvaeinen et al.，2006）。最重要的是，内容往往与容器的其他特性相反，如结构（Structure）、格式（Format）和外部呈现（Representations）。例如，信息产品是内容和容器的融合，容器的内层由表达思想的语言（文本、视觉、音乐等）、内容的结构和呈现方式以及信息设计所包含的相关的一切构成（Boiko et al.，2004）①。

对信息领域进一步细分，对内容的理解也更为多样化与具体化：①在内容管理领域，《企业内容策略》（*Enterprise Content Strategy*）一书，将内容定义为：人们记录的任何信息（any information that someone records）（Rockley et al.，2003）。②从企业内容管理角度来说，内容往往指企业内包含信息内容的数字资产（Information Assets），包括文档、文件、记录、数据库、网站、局域网、外联网等多种系统与平台上的各种格式的信息资产（Tyrvaeinen et al.，2006；Nordheim et al.，2006）。这些内容往往根据结构化程序的高低被分为结构化内容（Structured Content）、半结构化内容（Weakly Structured Content）、非结构化内容（Unstructured Content）（表3-2）。对内容产业领域来说，内容是为了满足特定需求的信息组合，包含一系列经过分类组合的信息（戴维·希尔曼，2002）。

表3-2 企业内容管理的内容分类一览

分类	定义	示例
结构化内容（Structured Content）	从数据库支持的系统中以标准化布局交付的数据	数据库中格式化的数据集
半结构化内容（Weakly Structured Content）	可能包含版信息或元数据的信息和文档，但它们不是标准化的	Word 文件
非结构化内容（Unstructured Content）	任何类型的信息对象，其内容不能直接引用，且缺乏内容、版式信息和元数据的分离	图片、GIF 图片、视频言和传真

---

① 信息设计标题下的所有内容组成都是为了使产品适合其内容、用户以及他们将使用它而做的任何事情。例如，元数据、类别、索引术语等构成了最后的外部层——标识产品并帮助用户在需要时找到产品的标签。

通过上述对内容从不同层次不同维度的阐述，对于内容的理解，主要可以概括为三种：一是"内容"始终与"容器"密切相关，不论行业与视角如何变幻，包含、承载于某一"容器"之内的"物"或"意义"就是"内容"。换言之，"内容"是与容器相反的指称。二是内容总是与"形式"密不可分，没有不表现出格式、结构、呈现状态的内容。三是内容就是特殊形态的信息。

3.1.2 档案内容治理视域下"内容"的四重阐释

视野回到档案学领域，落脚于档案内容治理来理解内容时，同内容基本含义中的"容器"与"内容"辩证统一的关系类似，也包含两个层次的理解，一是需要结合档案"容器"来理解被包含与被承载于其中的档案"内容"，也就是档案的内容本身；二是需要结合"形式"来理解内容的形式、结构、呈现状态，也就是"内容性质与内容形态"。由此，针对全新的环境与目标，本章节对内容的内涵进一步拓展，衍生出从档案的内容到具备内容性质与内容形态的内容化以及后续的基于内容治理的问题。这是对"内容"这一管理思维与视角在档案领域的重要发展与创新。

（1）"内容"之于对象

作为对象，内容是档案的内容。档案的内容的"容器"在档案领域被称为"载体"。对于档案来说，"容器"就是"载体"，载体这个容器包含与承载的"物"或"意义"就是档案的"内容"。如王景高（2000）在《论档案信息资源开发》一文中认为载体所承载的信息就是档案所含内容。因此，内容的第一层含义就是载体所包含的内容本身。

载体这个容器承载与包含的"物"或"意义"具体而言是什么？受文学艺术领域将艺术作品的内容定义为"承载与传达的事件、细节与信息""表达的思想、信息及创作的意图与目的"的启发，可以先对档案的"内容"用演绎法进行探究载体这一"容器"包含与承载的"物"或"意义"的具体呈现。考虑到在技术的进步已经将档案从载体角度分割为实体档案与电子档案两大阵营，这两个阵营里的档案在载体形态、记录手段等方面存在较大的不同，因此分开讨论。

一是以甲骨、简牍、缣帛、纸张等为载体的实体档案，最大的特点就是"容器"与"内容"不可分离，"内容"由模拟信号记录的符号所代表与传达。因此对于实体档案而言，档案的内容就是原始符号记录和表达的物或事件及其表达的思想、信息和意图、目的与职能。

二是电子形式的各种电子档案，"容器"与"内容"可以分离，"内容"可以在不同的"容器"间进行转移与流动（丁海斌 等，2010），但"内容"仍是数字信号所记录的符号所代表和表达的物或事件及其表达的思想、信息和意图、目的与职能；在此基础上，还包括为了便于档案的管理与应用而产生的各种附加信息，包括格式的元数据、版本迭代信息等。

因此，综合来看，档案的内容就是符号所代表或传达的具有明确含义的事物、事件、思想、意图、目的与职能。

（2）"内容"之于状态

作为状态，内容意指内容性质与内容形态。何为内容性质与内容形态呢？本研究结合档案内容治理发生的技术环境、主要利用的技术、系统与平台，认为如果从状态角度理解档案的内容，是指相对于原始的数据形态和信息形态、只可机器阅读理解与操作的形态，经过一定的加工组织与处理，按照逻辑结合，具有一定的格式、结构与外观结构，具备特定应用意图与功能，更便于被人类阅读、利用、共享的性质与形态。处于这种状态之后，无论档案内容是数据形式还是信息形式，都可以说具有内容性质或内容形态，处于内容状态中。如气象台一组关于北京2021年7月1日24小时里每小时不同区域的气温的数值记录，对其进行加工处理，注明区域、绘制出折线图标明气温走向，并辅以颜色加以区分。相对于原始的仅仅只是地域情况的信息形式的记录和只有气温数值的数据形式的记录，折线图就明显更具备内容性质与内容形态，更便于被人阅读、利用。从这个角度来说，内容的内容性质与内容形态将内容与数据、信息加以区分。

钱毅（2020）提出的"三态两化"理论在档案管理数字转型的大背景下得到了广泛关注与讨论，可以说是档案管理领域尤其是电子文件领域在基础理论方面的重大突破。"三态两化"理论深刻揭示了技术变迁给档案对象从信号性质与内容语义等形态到技术体系、管理环境、适用要素等管理逻辑所带来的颠覆式改变。"三态两化"理论对于阐述档案资源对象的变化历程，指导档案资源对象态别转换所产生的衍生资源及其相互间灵活组合应用，具有重要的开创性的指导作用。但是，正如钱毅（2020）所言，"两化"中的数字化和数据化，目的分别在于将模拟态文档转换为机器可以阅读和处理的二进制比特流，数据化则是将档案内容对象进行解析，以便于被机器理解、处理与利用。祁天娇等（2021）也指出，对数据进行组织，将处于零散状态的各种比特组织成含有含义与关联的数据集合，成为档案数据化的关键所在。

这反映出，"三态两化"的探索视角主要还是聚焦于档案管理对象及其管理手段之上，而非管理带来的加成即管理所要达成的目的与效果之上。如果档案管理对象的态别转换仅停留在数据化，其完全满足档案管理对象被管理的目的，可以实现档案数据化机器"可理解""可操作"的核心目标，但仅仅是机器可以理解、处理与利用是不足够的（祁天娇 等，2021）。数据是手段，是中间状态，不是目的，也不是最后的形态。其实在已有的研究中，数据作用手段，作用桥梁的论述也并不少见。有研究在提出基于档案数据观的企业档案治理创新方案时指出，以原始数据为基础，构建中间层数据、建立模型、发现关系，最后影响决策（谢国强 等，2020）。

档案工作的最终目的，是档案工作能够与档案工作之外的人类社会实践发生互动。这就要求档案还应该能被机器之外的管理主体、管理方式所理解。因此，本研究提出内容状态，实现从机器到人类的飞跃。

（3）"内容"之于手段

作为手段，内容包括内容化的过程与结果。使档案的内容具有内容性质或内容形态的过程，就是内容化。要理解档案内容化的具体含义及其价值，可以从探讨档案内容化的原因开始。

首先，信息技术的数据处理逻辑与需求非数据之间的矛盾要求内容化。这与本研究之前提出的内容状态一脉相承。为什么需要内容化，技术层面的原因有以下考虑：一是信息技术的长足进步，使档案的载体形式发生了极大的变化，有了实体档案与电子档案两大分野（洪佳惠，2018）。二是这种载体形式的变化，还表现为档案工作方式与手段也发生了变化，"存量档案数字化，增量档案电子化"则是对这种变化的一种高度概括。档案信息化的不断推进，使得利用信息技术手段成为一种普遍状态。然而在目前的技术水平条件下，计算机技术主要还是处理数据。换句话说，无论是数字化形态的存量档案，还是电子形态的增量档案，我们利用计算机技术进行管理、利用时，仍然依赖于数据，基于数据。

但另一方面，社会及公众对的利用需求又是什么呢？从人类认识习惯与使用逻辑来看，利用需求是非数据化的。

尽管有时为了符合人类的直觉、思维习惯，以及为了技术上的便利性，可以通过元数据、封装等使我们产生提供的是信息甚至知识的"错觉"，并不会直接感知到计算机仍然在处理数据。但即使这样，我们不能否定其底层的处理逻辑仍然是面向数据的。那么问题就来了，人类并不直接利用数据，或者更严谨地说，人类的需求一小部分可以依靠数据来实现，但大部分并不能直接通过利用数据来实现。现有的解决办法是，在数据之上做加法，也就是在我们熟悉的数据-信息-知识-智慧这一链条上进行发展。关于此，档案界应用较多的是 DIKW 信息层次模型理论。

但这仍然不足以解决问题，因为仅能提供信息层次的产品仍然不能满足需求，而提供知识难度又较高。所以，折中的办法出现了，那就是我们现实中经常利用但是术语上并不十分熟悉的——内容。从信息链视角出发，内容与数据和信息在有联系的基础上，更突出的是不同。Bob Boiko①认为内容是信息+数据，是使用中的信息，是数据有用性和信息丰富性之间的妥协。

可见，经过一系列管理活动与过程后，再提供给用户的内容和原始的内容，已经发生了不少改变。与相对载体而言的档案的内容，是两个并不相等的概念。与载体相对应的档案内容，强调"容器"里所包含的实质或意义。为了描述便利与便于区分，此处不妨先称其为内容 A。而面向用户，作为产品或服务提供的内容里所提到的是与数据、信息关系密切的内容，强调的是使用过程中具有的性质与状态，是对内容 A 进行组织加工处理后具有一定的格式、结构、呈现形态的状态，这个内容，同样为了便利区分，暂时称其为内容 B。此时一个有趣的事实渐渐明朗，虽然在日常的使用中，尤其在档案管理领域中，虽然都是内容，也不注重对内容到底是内容 A 还是内容 B 的区别，但内容 A 和内容 B 明显并不是同一个概念（图 3-1）。

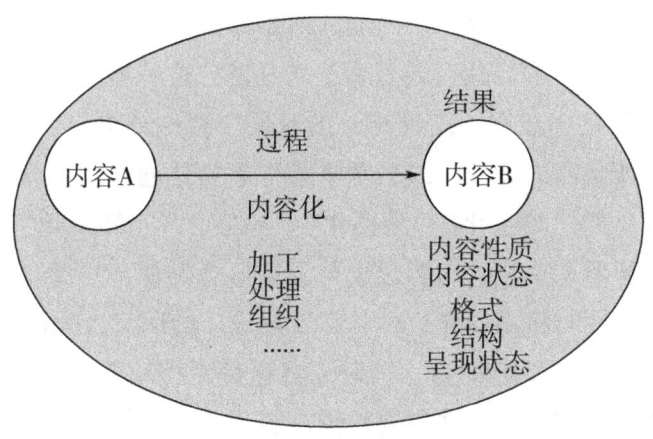

图 3-1 内容 A 与内容 B 区别示意

将视域仅局限于档案管理领域，在技术的赋能下，档案管理在实践过程中有意识或无意识地使内容 A 转变为内容 B，相对于原始状态的内容 A 而言，内容 B 更具有内容性质或内容形态，而这其中必然涉及一个改变性质与赋予状态的过程。这个

---

① Bob Boiko 内容管理领域的代表性研究者，是 *ContentManagement Bible* 的著者。

过程，就是内容化的过程。

其次，档案内容的不良特性与其优良性需求的矛盾要求内容化。内容化的提出，除了技术层面的考量以外，还与档案内容 A 层面所具有的特性密切相关，档案内容真实客观等优良特性是其被加以重视的重要原因，但另一方面，其所具有的不良特性，也是需要对其进行治理的首要原因。

此处，主要列举一二说明其不良特性如何凸显了内容化的重要性：其一，档案是社会实践的原始记录，档案的这种生成特征，造成档案记录的内容更多的是过程性的材料，档案内容的精炼性被大大降低，并且粗放程度高，利用便利性差；其二，档案虽然以其原始记录性而倍显珍贵，但档案内容并非完全真实准确客观，档案内容的这种"污杂性"提高了利用难度，降低了利用效率；等等。与此同时，无论是档案事业发展的需要，还是满足档案利用者的需要，档案内容不良特性都会造成极大的阻碍。因此需要对"档案的内容"的性质及状态进行改变。对于这一方面，虽然档案界还没明确提出内容化，但其实档案界业已做出很多努力，提出了一系列的解决思路与方案，包括但不限于：档案的信息资源管理、档案数据化、面向知识的档案语义组织……而这种性质与状态的改变，其结果就是，使档案的内容具备内容性质与内容状态，这个结果，就是内容化。

以上关于为何提出内容化这一层内涵的两条原因的探讨，既说明了为何要提出内容化，也充分说明了"内容化"的优势。"内容"这一概念，在使用过程中，不仅具有了"内容化"这一过程，还具有"内容化"这一结果。"化"作为后缀使用时，表达的是性质或状态的转变，或表示将某种事物普遍推广的含义。这样的术语在档案界并不少见，如"信息化""数据化""档案化""知识化"，对"化"的使用也并没有超出上述两种用法。内容化也与上述概念类似，主要是指转变为具有内容性质或内容状态，同时将内容化这种状态普遍推广的用意也兼而有之。

档案的内容化可进一步解释为，本研究将这种对档案管理对象进行加工处理，使之具有内容性质或内容形态，并主要提供内容形态的产品与服务的活动与过程称为档案内容化的过程。如果某种管理模式以档案的内容化过程为重点，则称为档案内容化管理。档案内容化管理的提出与澄清，有助于澄清档案内容管理与档案内容治理的区别，离我们全面理解档案内容治理的内涵也就更近了一步，本节将在后续对这一内容再进行详细说明。

（4）"内容"之于理念

作为理念，内容延展出基于内容（Content-based）的手段与理念。从"基于内容"这一视角理解档案内容治理视域下的"内容"既是观念革新的需要，也是实践发展的要义所在。

对于档案内容治理而言,"基于内容"主要指以档案内容的本身及内容化管理的结果为基础(意即是前文所提出的内容 A 与内容 B 的总和),进行再治理,是对档案"内容"前三个层次概念内涵的整合与超越。基于内容的提出,并未止步于内容化的过程与结果,而是对内容化的结果有了进一步的再管理,因为"基于内容"主要就是基于内容化的结果而开展的活动与过程。如此一来,档案内容治理内"基于内容"的治理就是其内部的跃升阶段,主要有两大原因:

首先,提出"基于内容"这一议题,在观念层面提供了新的视角。面对内外环境的剧烈变化,提出基于内容,可以为档案治理构建一个全新的治理空间,为治理主体理解与实践档案治理提供了一种新的视角,有利于治理主体依据独特的治理环境、背景与特征自觉推动档案治理的变革。

其次,提出"基于内容"这一议题,拓宽了档案实践空间。在"内容"这一新的档案实践空间内,这种基于内容再进行管理的活动,有两种面向:一种是具体的事务层面的,依据用户的信息需求,对"内容"进行再操作与再处理,并提供更高层次的服务与产品;另一种是抽象的观念层面的,以"内容"的思想去进行各项事务的统筹规划,使活动与过程更符合档案内容治理的需要。

内容的内涵体系见表 3-3。

表 3-3 内容的内涵体系

视角			内涵
词义溯源	词源		内容被包含或承载于某一容器中
	哲学		内容与形式相对,指"构成事物的内在诸要素的总和"
	行业	总体	所包含的"物"或"意义"
		出版行业	具有格式和结构的信息
		艺术领域	艺术作品所承载与传达的事件、细节与信息,是通过作品表达的思想、信息及作者的创作意图、目的
		信息行业	特殊形态的信息,与容器直接关联
			以任何形式或载体存在的有含义有背景的信息
		内容管理	人们记录的各种信息
		企业内容管理	企业内包含信息内容的数字资产

(续表)

视角		内涵
档案内容治理视域下的"内容"	作为对象	档案的内容,载体所包含的内容本身
	作为状态	指内容性质与内容形态,具有一定的格式、结构与外观结构,具备特定应用意图与功能,更便于被人类阅读、利用、共享的性质与形态
	作为手段	使档案的内容具有内容性质或内容形态的过程,就是内容化
	作为理念/模式	基于内容主要指以档案内容的本身及内容化管理的结果为基础(意即是前文所提出的内容A与内容B的总和),进行再治理,是对档案"内容"前三个层次概念内涵的整合与超越

(5) 四重内涵的互动

档案内容的四重内涵之间并非孤立存在,它们相互作用、相互影响,这种互动形态进一步赋予档案内容更为丰富的意蕴。总体来说,"对象"层面的档案内容是资源基础;"内容化"是重要的联结桥梁,这一过程实现内容各层含义之间的相互转化与相互作用;"基于内容"是进一步跃升,是主要的内生动力,处于终极目标状态;穿插其中的是"内容性质"与"内容形态"是重要的伴生状态,提供主要的变化动力。四重内涵的相互关系如图3-2所示。

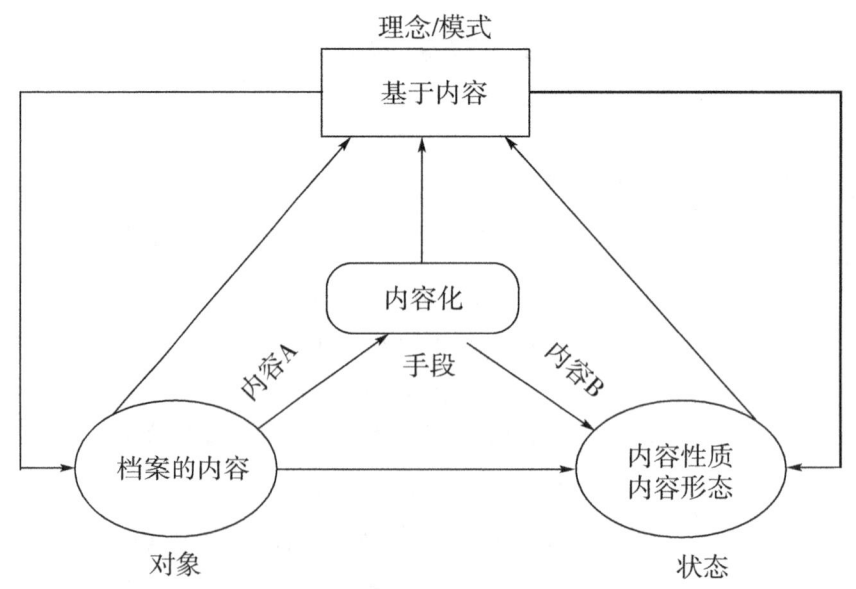

图3-2 档案内容四重内涵相互关系

整个档案内容治理过程,也是四重含义不断互动、转化、升级的过程。档案的内容经过内容化具备内容性质与内容形态，便于人类阅读、理解与应用，并以此为基础进行更深层次的加工与利用，成为一种新的档案内容治理理念与模式。

3.1.3 治理：档案内容治理的实现途径

在档案内容这一范畴里，已然有档案内容管理这一范式，为何要引入"治理"这一全新的视角与手段，是理解档案内容治理视域下的"治理"需要回答的第一个问题。

治理一词出现后受到了广泛、高度的关注，在被多个领域广泛应用的过程中，治理的内涵也得到了丰富与发展（张森，2017），并细分出许多研究主题，如国家治理、公司治理、数据治理、风险治理。关于治理，现在尚未有达成高度共识的概念。治理在不同领域的内涵不尽相同，有些内容相对稳定，有些内容动态变化，相对稳定的内容构成治理的内核，规定着各个不同领域内治理活动的共同属性，而动态变化的内容则主要与各个研究主题的特性有关，形成了不同领区别于其他领域的治理特性。鉴于此，本章分两步对档案内容治理视域下的"治理"进行阐释，第一步是对中西方语境下的"治理"内涵演变进行梳理，总结"治理"的共有属性；第二步是提炼档案内容治理视域下"治理"的特有属性，以回答为何要将治理引入档案内容空间，同时又充分把握和理解档案内容治理视域下"治理"的独特释义。

（1）何为治理？

治理在汉语中早已有之，在其最初始的使用语境中，与英文的"government"相对应，有"统治""管理"之意，除此以外，还能表示治理、修治之意。而在西方表示当代治理之意的"governance"在西方语境下也不是一个新鲜术语，早在古希腊语和拉丁语中就已经产生。但是，学界有观点认为，欧美发达福利国家的危机、发展中国家的经济衰退、全球化第三波浪潮的席卷，这三股暗流在20世纪90年代才将"governance"变成了热词（王绍光，2018）。这股热潮，将治理的含义不断丰富，在同样的背景下，中西方关于治理的研究，也在酝酿土壤的极大不同下，展现出了不同的情景。全面地梳理治理的内涵，应在结合中西方两个视角下进行。

首先，西方语境下，治理与政府统治、管理相区分，是为有效解决社会和经济问题所采取的规则、手段等的总和。

治理理论是20世纪八九十年代之交兴起于西方的一种理论学说。法国社会学家福柯提出了"微观权力说"，认为权力是分散的、流动的、不稳定的、可逆的，并非固定的单向强制的，颠覆了"马基雅维利主义"宏观性、结构性的权力观。福柯也正是在此基础上，提出了治理术之一概念。所谓"治理术"，包括三层内涵：

①治理术强调总体，由制度、程序、分析、反思、计算和策略等整体构成；②治理术是"治理"这种权力形式日益占据突出地位的过程，这其中涉及制度及理论的改变；③治理术既包括过程，也包括这个过程的结果（米歇尔·福柯，2010）。概而言之，福柯的"治理术"精炼概括与总结了16世纪至20世纪发生于西方公共行政学界的从"统治"到"治理"的整体性转变，西方学界在20世纪80年代末期受此启发，开始关注并讨论治理问题，并以英文的"governance"指代福柯意义上的治理概念（张森，2017）。"governance"将起源于福柯思想的治理一词与指代传统的政府统治、管理概念的"governance"一词区分开。

时至今日，治理仍然是一个并未形成统一定义并在不断丰富与发展的术语（表3-4）。1995年，全球治理委员会在《我们的全球伙伴》中，将治理界定为"各种公共的或私人的个人和机构管理其共同事务的诸多方式的总和"。这个界定包含各个利益得以调和的过程，包括正式与非正式的制度和规则，相较于林林总总的关于治理的界定，这一界定更具代表性和权威性。也正是这一定义体现了，"治理"在其内涵不断丰富发展的过程中，实现了对国家治理这一层面的超越，成为不同社会领域与各个层面都可适用的概念。虽然治理概念不断延展和扩大，但在理论共识（包括福柯"治理术"、公共行政管理理论等理论）的影响下，治理仍然有一些不变的理论内核，意即是：在治理主体上，强调去中心化；在治理主体关系性质上，强调去层级性；在治理手段上，呈现多工具性。

表 3-4　西方关于治理的典型观点展示①

提出者		观点/主要内容
机构	全球治理委员会 （Commission on Global Governance）	治理是多元利益主体包括个人和机构管理共同社会事务，使相互冲突的不同利益得以协调平衡并达成共识采取联合行动的持续过程
	世界银行 （World Bank）	治理指一个国家用于发展的经济和社会资源进行管理的过程中的权力实施方式等
	欧洲援助组织 （Europe Aid）	治理是指一个社会中利益诉求、资源管理以及权力实施所依赖的规则、过程以及行为
	国际货币基金组织 （IMF）	治理包含一个国家被管理和统治的所有方面
	联合国开发计划署 （UNDP）	治理就是通过国家、市民社会和私人部门之间的互动，一个社会管理其经济、政治和社会事务所依靠的价值、政策和制度体系

---

① 根据文献整理所得。

(续表)

	提出者	观点/主要内容
个人	罗茨（R. A. W. Rhodes）	治理意味着统治的含义有了变化，意味着一种新的统治过程，意味着以新的方法统治社会
	罗西瑙（James N. Rosenau）	统治指一系列由共同的目标所支持的活动中的管理机制，而治理的内涵更加丰富，既包括政府机制，也包括非正式的、非政府的机制

因此，治理实质上是指诸多主要来自政府但并不局限于政府的行动者，为了有效应对社会问题和经济问题，通过对相关结构与机制的合理安排，寻求权利与责任界限的过程，同时，也是被多数人所接受才会产生效用的规则体系（Chhotray v et al.，2009）。

其次，中国语境下，治理在原有的控制、善政之意的基础上，受西方治理理论影响，发展出管理的全新阶段这一新意蕴而获得高度关注。

第一，治理在中国语境中固有管理、治理、修治、良治、善政之意。在西方治理理论掀起席卷全球的治理理论研究热浪之前，治理在古代汉语中，就有非常丰富的含义，详见表3-5。浪潮袭来之前，"治理"在中国语境下作为动词与形容词的使用情景也并未孕育出特别的术语内涵，如1949—1959年，学术发表中治理主要与治理流域、沙漠有关，即使1980年以后治理对象由自然对象"物"延伸至社会对象"社会"与"人"，但基本上还是整治处理的意思（王绍光，2018）。那一时期，中国共产党的文献资料中也出现过"治理整顿""综合治理""法人治理"，也主要是整治、管理的意思（方涛，2015）。

表3-5 古代汉语中治理列举[①]

出处	例句	含义简析
《老子河上公章句》卷三	谓人君治理人民	
《韩非子》制分第五十五	其法通乎人情，关乎治理也	
秦朝时孔鲋在《孔丛子》论书第二	夔为帝舜乐正，实能以乐尽治理之情	动词，控制、管理
武则天在《臣轨》卷上	治理之臣虽少而心德同	
《国朝宫史》	考循良人物而知治理之效	

---

① 根据文献资料整理。

(续表)

出处	例句	含义简析
《荀子·君道》	明分职，序事业，材技官能，莫不治理，则公道达而私门塞矣，公义明而私事息矣	—
《孔子家语·贤君》	吾欲使官府治理，为之奈何	
汉代班固《汉书》	故二千石有治理，效辙以玺书勉	
三国时期诸葛亮在《将苑》卷一	圣人之治理也，安其居，乐其业，至老不相攻	形容词，良政、善治
五代时期何光远在《鉴诫录》卷七	四海归仁，众志成城，天下治理	

第二，受西方治理理论影响，中国语境下治理含义不断丰富与发展。20 世纪 90 年代以后，西方公共管理与公共行政领域出现的"治理"概念被引入中国后，"治理"逐渐更多的是"管理"的意思。2000 年，有研究对西方治理理论作了引介，加快了西方治理理论的东进步伐。在中国语境下，治理的术语色彩越来越浓厚。其一，是政治领域，"治理"在中国共产党的文献中出现的次数不断增加，并在中共十八届三中全会决定中达到最多的 21 次，如"国家治理体系和治理能力现代化""社会治理体制""事业单位法人治理结构"等，在原有管理、控制意思的基础上，着重对社会和公民在治理中发挥的作用的强调，要求实现多元治理主体在合作的基础上进行治理（方涛，2015）。其二，是其他领域，一方面是在国家治理现代化的大环境下，从本领域回应国家治理体系和治理能力现代化的需求，是参与国家治理现代化"中国之治"的具体实践；另一方面是在西方治理理论强调多元主体去中心化协调合作思想影响下，作为一种偏重于技术的政治行为工具，治理具有一定的普适性，"治理"被看作一种普适性强的"灵丹妙药"获得大批拥趸。"治理"既是一种思维方式，也是一种实践方案，大部分时候被当作"管理"的新阶段与新发展，以应对新时代、新形势、新环境面临的挑战与机遇，如高校治理、乡村治理。

最后，中西方语境下"治理"的异同。中西方语境下的"治理"内涵既有共性，亦有各自的个性指向。这种分野主要的原因在于，每种理论产生都有其特定的时代与社会背景，对理论的应用也应在审视自身社会与时代背景的基础上去进行批判性超越。当前中国的治理理论与实践发展，在结合中西方治理理论与实践的基础上，进行了时代语境下的改良与超越，必然呈现出自身特有的话语体系。如西方治理理论强调的去中心化与多元主体，虽然极有力地调动了参与主体的积极性，有利于充分发挥参与主体的才智，但是其中引领性力量的缺失，缺少对于治理"主旋律""主方向"的调控，不仅可能影响效率，还难以确保发展的正确进路。在中国语境下，就有必要对其进行批判性超越，而具体的结果就是"一主多元""一体多元"等具有中国特色的治理主体结构的出现。

就档案内容治理而言，需要关注的中西方语境下"治理"内涵的异同主要有如下方面：相同都是强调主体的多元，注重工具理性的应用，认同治理是一种过程，其基础是协调而非控制，强调持续的互动（闫小斌，2008）。但不同是存在于中国语境下国家治理体系和治理能力现代化当代实践下，治理具有中国语境下的特殊性。这主要表现在两个方面。一是需要确定领导主体，以形成引领性核心，在中国语境下主要表现为"一主多元""一核多元""一体多元"等主体结构，其本质是强调在一个主体的领导下，多元主体的协调共治。这样的主体结构从根本上来说，是符合中国语境实际的创新性发展。具体来讲，就是要强调中国共产党的领导。二是治理具有强烈的价值理性特征（俞可平，2014）。在发挥工具理性作用的同时，也需要强调价值理性。在中国语境下，重视与满足人民的利益需求是最根本的价值理性。

根据存在的这些异同，可以总结出，相较于管理，治理的确在各个方面都表现出一定的优越性。这也是本研究从"治理"这一视角对档案内容领域进行研究与探索的关键原因。

（2）档案内容治理视域下治理的新阐释

档案内容治理视域下的"治理"，是多方治理思想与理论在档案治理的"内容"这一空间里理论与实践发展形态的总和。与其他领域面对西方治理理论在中国应用发展呈现出不足与局限进而进行本土化诠释与发展相类似，西方治理理论在中国档案领域的吸收与应用也展现出特有的局限性。例如，强调多元共治而对引领性力量的忽视，对效率提升产生了一定的影响。但与此同时，中国本土治理实践的发展展现出的极强适应性与发展活力又给档案内容治理提供了诸多有益借鉴，尤其是国家治理现代化视域下国家治理体系和治理能力现代化相关的理论研究与实践发展。所以，在档案内容治理视域下理解"治理"含义，是在一个受西方治理理论影响的中国语境下置之于档案领域进行思考的结合性的产物，既富有西方治理理论的特征，又极具中国治理的工具理性色彩，同时又必须符合国家治理现代化、国家治理体系和治理能力现代化以及档案事业发展的宏远目标。

档案内容治理是在档案治理中加上限定性语词——"内容"而出现的新术语，

可以将其理解为档案治理在档案内容空间的映射，当然这种映射包括内容四重含义的全方位的映射。档案内容治理，相当于把"内容"概念嵌入档案治理内核而生成的新的档案治理空间，概念空间的发展形成档案内容治理理论，实践空间的发展就是档案内容管理的具体实践。因而，档案内容治理视域下的"治理"与档案治理中的"治理"以极大的相似性为基础，辅以治理对象与实际问题不同而带来的细微区别，这既是理解档案内容治理视域下"治理"的重要入口，也是准确定义档案内容治理的重要出口。

事实上，档案治理在档案界也仍然是一个发展中的概念。对现有的关于档案治理概念的理解，学界可以分为三派：一是直接在西方治理理论和善治视角下定义档案治理；二是在综合分析我国档案工作和西方治理理论的视角下，对二者进行结合；三是在我国国家治理体系和治理能力现代化的视角下对档案治理进行理解。我国学术界对档案治理概念的认识经历了一个多阶段的渐进变化过程，实现了研究层次由浅入深，研究视野由国外向国内的变化，实现了从最初的单纯借鉴西方治理概念的初始阶段，升级到在中国语境下对治理的本土化理解的升级阶段（黄燕芳，2020）。这一演化过程体现了对档案治理内涵认识科学性的不断提升，档案治理不应单纯在某一理论或概念的影响下发展与丰富，结合档案治理是在国家治理体系和治理能力现代化这一议题的影响而发展，理应在国家治理体系和治理能力现代化这一"中国之治"议题下综合吸收其他治理理论的可借鉴处进行丰富与发展。以此为认识档案内容治理视域下"治理"新阐释的背景与前提，也是将"治理"落实于档案内容空间治理的结果，对于深化理解"治理"及档案内容治理全面都有重要的意义。

本研究在批判性理解吸收各个档案治理定义的基础上，提出中国语境下的档案治理定义：以档案主管部门为主导，国家各级各类档案机构、社会组织和公民广泛参与与协同，以民主、法治为原则，对档案事务进行筹划与执行的活动与过程（徐拥军 等，2019）。在档案学视域下，"治理"强调的是在有领导中心存在的多元主体的协调合作模式下从全局性的、体制性的角度对档案事务进行统筹规划，其主要目标是实现管理效益的最大化，最终促进档案事业发展，服务国家治理现代化。而档案内容治理视域下的"治理"，就是策略性地使中国"档案治理"活动与过程在内容空间进行充分呈现的过程。也正是如此，档案内容治理也天然地蕴含着"档案治理"的基因与色彩，档案内容治理在本质上是实现更大范围的档案治理的工具，最终目标是指向档案治理（张森，2017）。

总的来说，档案内容治理与档案治理在治理主体方面具有高度的重合性，治理目标与价值取向上具有极好契合性，在治理模式方面具有极高的相似性。档案治理与档案内容治理主要的区别体现在治理对象范围与特征、实际拟解决问题的不同。

本小节对档案内容治理的概念进行解构理解，对"档案""内容""治理"的内涵分而释之，为正确定义档案内容治理奠定基础。

"档案内容治理"的创新性提出与发展，可以从全新理解"内容"与"治理"实现。"档案"限定了档案内容治理的发生空间与范围；档案的内容本身、具有内容性质与内容形态、内容化的过程与结果、基于内容的手段四个层次的全新理解，规定了档案内容治理的核心对象、目标与手段，展现了档案内容治理存在的多层次多维度的理论与实践空间；关于"治理"，在批判吸收中西方治理理论的基础上，规定了档案内容这一空间范围里的各个主体之间的相关关系，及其协作方式与最终目的，在宏观层面指引了"治理"实践的发展方向。

3.2 档案内容治理的定义及特征

档案是档案内容治理的时空向度，内容是档案内容治理的重要场域，治理是档案内容治理的实现途径。

在对档案内容治理进行概念解构的基础上，本研究提出档案内容治理的定义：档案治理领域内各主体在一主多元的协调治理模式下，以民主、法治为原则，在档案内容空间里以内容为主要对象和手段进行谋划、组织、协调、决策和执行，以更好地实现档案内容价值，更好地支持与促进档案治理与国家治理现代化的活动与过程及其一系列制度和程序安排。

档案内容治理作为一个术语的定义相对较为简单，但其同时是一个极为复杂的概念体系。虽然说档案内容治理是档案治理在档案内容这一空间的呈现，是档案治理不可分割的重要部分，具备档案治理的基本特征。但档案内容治理与档案治理相比，具有自己的特征。为了更为准确地把握与理解档案内容治理的内涵，本章节对档案内容治理的特征作进一步阐述，从主体结构、治理对象、治理目标三个方面进行展开与深入，回答档案内容治理由谁治理、治理什么、治理得怎么样的问题。

3.2.1 主体结构：一主多元

（1）多元主体的构成

档案内容治理的主体呈现出"一主多元"的结构构成。

在档案内容治理中,"一主"指中国共产党领导下的档案主管部门[①]履行"主导者"职责,对档案内容治理的路线、方针、政策等制定与执行拥有决策权与领导权。新《档案法》使用"档案主管部门"这一概念,专指国家各级档案局,以法律的形式对各级档案局在档案事业中主导地位进行确立(罗紫菡 等,2021)。在档案内容治理中,其"主导者"以国家档案局为核心,形成国家各级档案局为体系的档案主管部门系统,共同履行档案内容治理主导者的职能与任务。

"多元"指各个相关的社会组织、团体与个人,在"领导者"与"主导者"的指引下,以共同治理主体的身份参与档案内容治理。新《档案法》第七条明确规定了"国家鼓励社会力量参与和支持档案事业发展"[②],是多元力量依法参与档案治理的法律依据与指南。

虽然同为治理主体,但是各治理主体的角色并不一样。就国内而言,档案机构主要指各级各类企事业单位的档案馆(室)、各专业或各行业的档案主管机构。各级各类档案机构覆盖的行业与领域广泛、数量庞大,同时机构组织一定程度上比较健全规范,专业能力较强,因此,各级各类档案机构在档案内容治理是"辅导者"的角色,档案内容治理的主体任务由其完成。

而社会组织、一般团体与个人,则主要指除国家官方档案馆以外,多种社会力量建设的档案馆,如私有企业档案馆、个人档案馆、社会团体档案馆等,相对于各级国家档案馆和各类档案机构来说,无论是馆藏数量还是自身的专业能力,都相差甚远,在较长的一段的时间内,都主要只能是"参与者"的角色,对档案内容治理全面性起到重要的补充作用。

档案内容治理主体"一主多元"的结构特征还说明档案内容治理主体还存在治理者与被治理者的地位区分,中国共产党领导下的档案主管部门是治理者,档案机构、社会组织、一般团体与个人则是被治理者。

档案内容治理主体结构见表3-6。

表3-6 档案内容治理主体结构

地位	治理者		被治理者	
形态	国家形态	组织形态	组织形态	组织形态/个人形态
角色	领导者	主导者	辅助者	参与者

---

① 新修订的《中华人民共和国档案法》将档案行政管理部门统称为"档案主管部门"。
② 详见《中华人民共和国档案法》(2020修订)。

(续表)

地位	治理者		被治理者	
主体	中国共产党	档案主管部门	档案机构	社会组织 一般团体 个人
体现	各级党委	各级档案局	企事业档案馆/行（专）业档案主管机构	私企档案馆、个人档案馆等

（2）多元主体的多重职责

虽然各档案内容治理主体承担的角色与职责有所不同，但是在"共治共享"理念下实现了档案内容治理各参与主体"体体有责"。

主体要素在档案内容治理体系中负责回答"由谁治理"的问题。与档案内容治理的治理主体不同的是，此处所讲的主体要素，是从档案内容治理体系所考虑的主体，更多的是考虑主体的类型与形态，所以在此本研究将其分为国家、组织、个人三种构成主体，以确保分析框架的完整性、可操作性和适用性。

国家形态的治理主体发挥政治带头、制度建设、资金供给的作用。国家权力的代表往往是政府，所以此处国家这一主体的种种特征，更多地通过政府来进行体现。所以本研究，虽然主要从政府这一视角进行切入，主要从政府扮演的角色、履行的职责来进行分析，但仍然指代国家这一概念所代表的整体利益、立场与视角，所以也一并以"国家"一词来指代。

国家在我国档案管理工作中所扮演的职责与角色，与档案管理体制密切相关，也与档案管理工作的转型息息相关。在国家档案局工作重点、全国档案事业发展规划等重要文件中，一直不缺档案治理体系和档案治理能力的身影（孙钢，2014）。档案治理体系和治理能力现代化是处于新的历史方位中，国家治理体系和治理能力现代化在档案领域的具体要求（李宗富 等，2021），同时也是档案领域在国家治理改革生动实践中积极参与与回应。档案领域第一时间站在政策高度上对档案治理现代化进行了规划与指引，这些政策的制定与出台也推动档案内容治理理论与实践的发展。

科研项目对领域内的理论与实践发展的重要作用不言而喻。国家档案局每年通过科技项目立项对档案学研究与发展提供大量的资金支持。有研究团队通过总结2018—2020年国家档案局科技项目主题演化与热点，发现存在四个研究趋势：一是以"档案事业管理""档案资源建设与开放共享方面""档案安全保护"及"电子文件归档与电子档案管理"四个基础范畴展开；二是档案管理从数字化向数据化方向发展；三是档案资源建设及开放共享；四是技术在档案管理中的重要应用①。这四个趋势里研究重点都直接与档案内容治理存在重要交叉与重合。

从这个意义上来说，国家形态的档案内容治理主体主要指档案主管部门，总体来看，在档案内容治理过程中起到带头人和政治引导的作用；为档案内容治理的开展与创新提供建立健全制度；为档案内容治理提供财力支持与资金投入。

组织形态的治理主体发挥实践开展、场域供给、价值实现的作用。组织形态的档案内容治理主体在档案内容治理实践中扮演着多样角色。首先，这由组织形态的档案内容治理主体由不同的档案机构、社会组织、一般团体组成所决定的。其次，档案内容、社会组织、一般团体在整个档案内容管理实践中，所身份与角色，并不尽相同，如档案机构主要是"辅助者"，而一般团体则主要是"参与者"，而且还存在一定的身份（角色）转换现象，所以在组织形态层面档案内容治理主体角色多样。

如果以国家形态存在的档案内容治理主体主要负责从方向与路径规划层面指导着档案内容治理实践的开展与目标的实现，那么以组织形态存在的档案内容治理主体则主要承担起了档案内容治理实践开展、场域供给与价值实现的作用。换言之，组织形态的各类治理主体进行的档案内容治理的落地与实施活动，是档案内容治理实践的主要开展形式；组织形态各类治理主体的生成的各种档案内容资源、具备大量档案内容资源需求的业务活动，为档案内容治理提供了发生空间与范围；组织形态的各类治理主体通过档案内容治理产品与服务的利用，促进业务流程的优化、生产效率的提高，充分地体现了档案内容治理实践的价值。鉴于组织形态的档案内容治理主体在档案内容治理中具有的如此关键的作用，如何对组织形态的主体进行规范、引导与协调是档案内容治理体系的任务与目标之一。

个体形态的治理主体发挥任务承担、治理参与、价值实现的作用。主体形态的个体有两种不同的身份存在状态。一是作为组织成员，身份带有集体属性。作为组织的成员，要么本职工作就是参与与负责组织的档案内容治理任务，如档案馆、档案机构的相关工作人员，是档案内容治理产品与服务的"生产者"；要么通过利用档案内容治理产品与服务完成本职工作，如某科研机构的工作人员通过利用档案内容，完成科研任务，是档案内容治理产品与服务的"消费者"。二是作为个体单独存在，身份只有个人属性。作为个体单独存在的主体为满足个人诉求而参与档案内容治理实践，主要是档案内容治理的"消费者"。

---

① 原文见《中国档案报》2021年第10期《2018—2020年国家档案局科技项目主题演化与热点分析》一文。

无论个体以集体状态还是个人状态存在,无论是档案内容治理产品与服务的"生产者"还是"消费者",都成为档案内容治理实践能够切实展开、档案内容治理价值有效发挥的最后一环。因此,个体所具备的学识和技能水平对档案内容治理实践的效果有重要影响。如何提高个体的学识和技能水平,充分调动个体的积极性,发挥个体的潜能,促进档案内容治理实践的发展,也是档案内容治理体系需要考虑的问题之一。

3.2.2 治理对象:立体多维

(1) 治理对象呈现出多样性特征

受谭云杰在《大象 Thinking in UML》一书里认为信息系统就是将现实世界描述为人、事、物、规则的启发,档案内容治理的对象也可以从物—事—人—规则四个体系来着手进行分析。"物"是围绕档案内容的四层含义而展开的实物体系,"事"是为实现档案内容治理而所需要的业务流程的过程体系,"人"指档案内容治理的多元主体体系,"规则"是为保证档案内容治理的高效有序、科学规范而形成的体制与机制等观念体系。从这个角度看,档案内容治理,就是用各种技术的人文的手段,对处于档案内容治理的物-事-人-规则四个体系中的对象进行协调治理,以实现最终的档案内容治理目标的活动与过程的总称。

档案内容治理之"物":实物体系。档案内容治理视域下,档案内容作为"物"是档案内容治理得以进行的起点,提供了档案内容治理之"源"。档案内容包含四重含义,以档案的内容为主要原料,以档案的内容-内容性质与内容形态-档案内容化-基于内容的四重含义为对象,经过治理产生各种各样"物"形态的档案内容治理产品或服务,(如以编研成品为典型代表的档案内容治理产品,以决策支持为主要代表的档案内容治理服务。)最终形成档案内容治理"实物体系"的逻辑闭环。

档案内容治理之"事":过程体系。档案内容治理之"事"主要指档案内容治理过程中各治理主体为达到治理目标所开展的一系列活动与过程,其主要表现为各种业务流程。所有这些业务流程,都可以看作一种"过程",具有明显的过程性,这些"过程"都需要加以管理控制,才能保证治理目标的实现,也都属于档案内容治理的对象。本研究将这些"过程"高度抽象为"事",构成档案内容治理对象中的过程体系,过程体系一共由三层子体系构成(图3-3)。

过程体系第一层:档案内容治理需要顶层设计,以掌控其发展方向、价值取向,包括管理政策、制度、规则制定的业务流程,等等。这些业务流程自上而下对档案内容治理的全过程产生重要影响,会对过程体系的微观-中观-宏观产生全方位

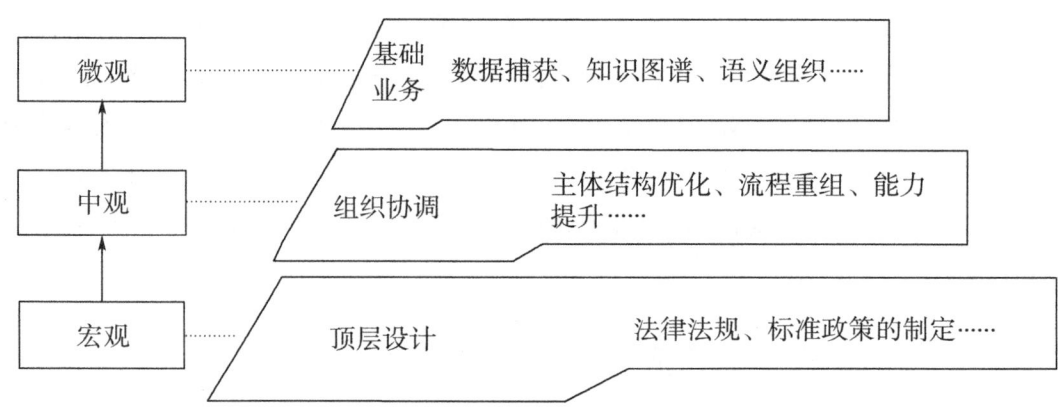

图3-3 过程体系的金字塔形示意

的影响,处于过程体系中宏观的第一层。

过程体系的第二层:档案内容治理还有主体结构优化、流程重组、能力提升的业务流程,这些业务流程对于保证档案内容治理效率与科学性起到重要作用,居于过程体系中观的第二层。

过程体系的第三层:档案内容治理除了"物"的原料外,还需对物进行加工处理,这些加工处理就是档案内容治理最基本的业务流程,位于过程体系微观的第三层。

档案内容治理之"人":主体体系。档案内容治理的主体既是档案内容治理活动的领导者与执行者,同时也是档案内容治理的关键对象。因为,治理主体结构与能力是否优良,是否适配于档案内容治理目标,对档案内容治理的目标的实现有着决定性的影响和作用。因此,在档案内容治理过程,也需要将多元主体作为对象,加以管控。治理主体的结构在"3.2.1节中已经详细阐述,此处不再赘述。

档案内容治理之"规则":观念体系。"规则"也就是档案内容治理的体制、机制等,作为档案内容治理的顶层设计,从宏观层面对档案内容治理有着全方位的统率作用,所以档案内容治理的"规则"治理尤为重要。对规则的治理,既是对规则本身的治理,也包括在治理过程中对档案内容治理的"物""事""人"三个体系中的治理对象进行治理。不难发现,观念体系中"规则"同"事"这一过程体系宏观层的第一层看作是结果与原因的关系,也就是说"事"过程体系中第三层的所有业务流程的结果形成档案内容治理的观念体系——"规则"。

(2)治理对象有主次之分

在档案内容治理的立体多维的治理对象体系中,各个治理对象的地位并不完全相同。戴大双等(2012)在《基于文本分析的治理内涵研究》一文中对1993—2010年学者们关于"治理"的定义进行文本分析后发现，治理内涵中出现频率最高的途径是"规则"，这说明治理活动都基于规则，规则设计是治理的首要途径。虽然该文中的"规则"和档案内容治理对象体系中的"规则"内涵并不完全一致，但仍足以看出规则、体制、机制等观念层面的规则对于治理和档案内容治理的重要性。

经过比对分析，在档案档案治理对象体系中，与"规则"密切相关的治理对象主要包括：①居于"事"过程体系第一层中制定、调整、执行政策、制度、体制、机制的业务流程；②"规则"观念体系中的治理对象。所以，在档案内容治理中与"规则"体制、机制相关的①和②居于主要地位。此前已经分析①与②是密不可分的原因与结果的关系，因此作为本研究的研究重点将会聚焦于①与②，在具体实践中，这两者集中表现为档案内容治理体系和治理能力。也正是如此，本研究也将研究重点聚焦于档案内容治理体系和治理能力的探究之上。

3.2.3 治理目标：内外联动

档案内容治理的目标就是档案内容治理需要达成的目的和结果。档案内容治理将"治理"引入档案内容空间，以"治理"的力量，实现了档案内容治理效益的量与质的提升，同时档案内容治理对"档案内容"在四重维度上的治理，实现了治理效益对"档案内容"本身这一单纯场域的突破。因此，以档案内容治理为考察坐标系，档案内容治理目标包含对内、对外两个向度的目标。对内就是指，以档案内容治理为范围，档案内容治理的目标是实现档案内容治理自身的"良治"与"善治"，这需要对档案内容治理治理主体-治理对象-治理路径的良好有序的协调。对外就是指，超越档案内容治理范围，档案内容治理要与相关事物建立有效的双向互动与促进关系，这包括档案内容治理与档案治理的促进与协调发展，档案内容治理对国家治理现代化的支持与促进目标的实现。

对内"良治"与"善治"的目标保证了档案内容治理质量，是档案内容治理对外目标实现的基础；对外"促进档案治理和国家治理现代化"的目标，进一步提升了档案内容治理的意义与重要性，为档案内容治理持续发展提供充足的动力。档案内容治理内外目标相互联动，共同促进档案内容治理实践不断发展。

（1）对内以"良治"和"善治"为基本目标

档案内容治理在遵循档案内容价值实现规律的基础上，构建出有利于档案内容价值实现的体制机制和环境氛围，实现档案内容的全面管理与开发，实现档案内容价值的增值。

档案内容治理以"良治"为目标，就要实现档案内容治理处于最佳状态。它指档案内容治理的各项治理资源与治理活动的安排与设计，围绕档案"内容"四重意蕴所具有的特性而进行与展开，力求治理手段、治理方法、治理工具的使用与档案内容治理主体、客体、目标、机制之间有较好的匹配、兼容与配合状态。以"良治"为目标，档案内容治理体系不断完善，档案内容治理格局不断健全，档案内容治理日渐成型，档案内容治理水平明显提高（庞金友，2020）。

档案内容治理以"善治"为目标，就是要实现档案内容治理利益最大化。档案内容治理是具有不同利益倾向的多元主体的协同治理过程，因此要最大限度地协调各治理主体之间的利益关系，就应实现"善治"，以在协调各方资源实现档案内容治理"良治"的基础上，实现档内容治理效益与利益的最大化，从而保证档案内容治理活动的内在动力。

（2）对外以促进档案治理和国家治理现代化为长远目标

实现"良治"与"善治"目标都是对档案内容治理而言，但是档案内容治理的作用与意义远远超出其本身。档案"内容"四重内涵的拓展，尤其是"基于内容"这一层含义加上"治理"的引入，使得档案内容治理对档案治理和国家治理都可以起到重要的支持作用。

档案内容治理是档案治理的重要组成部分和重要实践方案。通过档案内容治理的有效开展，能够促进档案治理目标、任务的完成，档案内容治理的经验也可以移植于档案治理的相关领域，为档案治理实践提供有益借鉴。从这个意义上来说，档案内容治理现代化与档案治理现代化可以实现协调发展，并对档案治理现代化产生促进作用。

档案内容治理为国家治理现代化提供重要的智力资源支持。国家治理现代化的实现必然依赖于各个具体社会治理领域现代化的实现，所以档案内容治理现代化诚然也是实现国家治理现代化的重要内容。除此之外，档案内容治理实践的开展与成果的取得，还能为国家治理现代化提供重要的档案资源支持，为国家治理现代化提供决策参考、信息支持等重要作用。

3.3 数字转型背景下档案内容治理的主要内容

仅仅对档案内容治理的定义与特征、概念对比进行阐释，对档案内容治理的理解与认识仍然停留在比较抽象的层次。以加深对档案内容治理的认识，本研究将对档案内容治理的概念阐释深入到具象层次。

对档案内容治理的主要内容进行澄清，可以发现，档案内容治理虽然强调"内容"，但其本质仍然是以"档案内容"为依托，借助各种方式与手段，围绕档案内容及其组织加工所得的资源进行的管理活动。这是一个不断迭代的过程。技术的发展是无穷尽的，因此档案内容治理也会有不同的演变阶段与不同的特点。在传统手工管理阶段，档案内容的管理依托的就是最为初级的序化与开发手段。在信息管理阶段，档案内容治理依赖的是信息系统，主要有信息管理系统，采用数据库等手段，开展档案内容治理实践。当下，处于数字转型这一背景下的档案内容治理实践，档案内容治理的对象的主体在形态上发生了重要改变，在社会实践的业务过程中直接伴生原生数字档案。因此可以在原有的技术的基础上，创新性地利用各种新兴技术，开展档案内容治理实践。

本研究从宏观-中观-微观三个层次去理解数字转型背景下档案内容治理的主要内容。

3.3.1 宏观层面：战略规划与规范建设的集合

档案内容治理宏观层次的内容是对档案内容治理的战略与目标规划，从整体上决定着档案内容治理的价值取向与实践范围。而战略与目标的实现依赖于严密高效的规范建立与执行。本研究的研究对象——档案内容治理体系和治理能力就是聚焦于档案内容治理宏观层次的研究：从顶层设计出发，对档案内容治理的内容与发展方向进行探讨。也就是档案内容治理定义中，"制度与程序的安排"。

总体来说，宏观层次的档案内容治理活动并不涉及具体的档案内容治理流程与活动，仅是从目标规划、方案设计、制度建设、能力提升等视角切入，对档案内容治理的整体规划起到总的规范与引导，其重要性也就不言而喻。例如，我国沿海省份依据技术的进步，展开了数字孪生城市建设，以此为基础，上海市进行了数字孪生档案馆建设的探索，以数字孪生技术作为重要驱动力，解决传统数字档案馆、智慧档案馆在顶层设计方面的不足，进而实现平台化、一体化的建设[1]。这一实例说明顶层设计的战略规划与规范建设对于新技术环境下档案管理创新的重要意义。同时，数字孪生档案馆的建设以数据为底座，亦是从内容角度进行档案管理创新的又一实证。

因其具体内容也是本研究后续的重点讨论内容，届时会详细阐释，此处暂不展开。

3.3.2 中观层面：治理活动与流程的集合

相比宏观层次的档案内容治理活动的宏观性、整体性与全局性，中观层次的档

---

[1] 参见网络文献《数字孪生档案馆，一屏观全馆，一屏知三网》，https://m.sohu.com/a/542336235_120221305/。

案内容治理则更为具体化,是档案内容治理定义中所指的,"在档案内容空间里以内容为主要对象和手段进行谋划、组织、协调、决策和执行等的活动与过程"。根据治理活动与流程面向的对象与目的不同,本研究将其分为数据层、内容层、服务层三个不同的层次来分别说明(图3-4)。

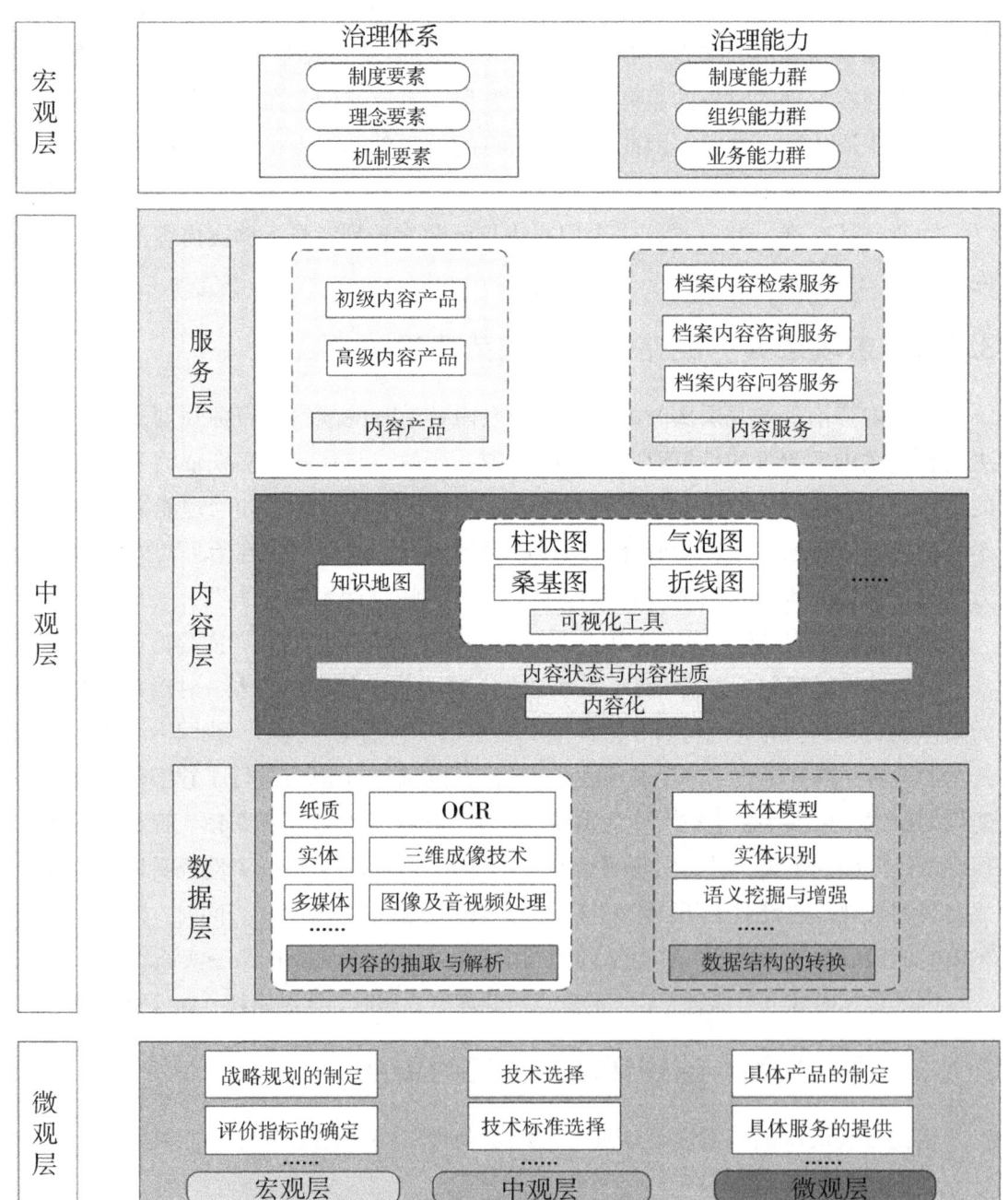

图3-4 数字转型期档案内容治理的内容构成示意

(1) 数据层：面向机器理解与操作

数据层在档案内容治理的中观层里居于基础性的地位。在数据层，对档案内容治理的"内容"进行采集、识别、抽取、组织等，实现无论处于模拟态还是数字态档案内容，都能够含义明确化、编码形式化、关系链接化，最终处于机器可读、可理解、可操作的状态（祁天娇 等，2021）。一言以蔽之，在数据层，一切档案内容治理活动是面向机器操作的，目的是借用各种手段与方案，使不能实现机器理解与操作的档案内容转换为可以为机器所理解与操作的状态，为后续的档案内容治理活动奠定数据基础或资源基础。

在数据层，档案内容治理活动主要以档案"内容 A"为原料与对象，采用诸如 OCR 识别、知识抽取、语义组织等技术与手段，最终实现从语义层面对其进行分析、序化、聚类和关联的目的（祁天娇 等，2021）。不同的载体类型，有着不同的处理思路与实践方案，如使用 OCR 光学识别技术、三维成像技术、图像及音视频处理技术分别处理纸质、实体与多媒体资源内容的抽取与解析；对于不同的结构的资源，采用本体模型、实体识别、语义挖掘与语义增强等工具进行数据结构间的转换（左丹 等，2019）。

目前，数据层的档案内容治理活动的研究与实践已经十分丰富。理论上，钱毅（2018）对从"数字化"到"数据化"的探讨，祁天娇等（2021）对数据化过程中的语义组织进行了原理与方案探讨，赵跃（2019）对大数据时代的档案数据化前景进行了展望，赵生辉等（2019）从概念到路径对档案文本结构化进行了探讨；实践方面，程璇等（2008）进行了医院科技档案数据化管理模式的探讨，万建第（2013）就城建档案的数据化应用进行了初步探讨。这些理论与实践无论是从何种角度切入，采用何种技术与手段，都是对档案内容进行层次不同、颗粒度不同的处理与组织，本质都是停留在机器可操作、机器可读上。

所以，这一层次，档案内容治理活动的重心在于使"内容"处于有效管理状态中，是从"内容"本身出发所进行的治理活动。

根据当前行业内技术发展与应用现状，在数据层的主要实践表现为数据治理。

(2) 内容层：面向人类理解与应用

档案内容层在档案内容治理活动中居于中间层，是一个过渡层。与档案利用与管理过程几乎是模拟态的手工管理阶段不同，现阶段的大部分的档案管理与利用过程都依赖于机器。但只能机器可理解和可操作并不是档案工作的最终目的。这也是为什么在讨论档案内容治理必要性与创新性时，本研究曾指出，档案内容治理的创新与突破在于将档案治理的层次从数据状态提升到内容状态这一层，因为数据是手段，是中间状态，不是目的，不应是最后的形态。档案工作的目的当然包括使档案及其相关的内容处于受控的管理状态，但这样的目的服务于档案及档案工作成果的利用。所以，档案工作的成果在机器可理解可操作的基础上，还应实现人类可理解与可应用。

对于人类来讲，档案工作的成果被人类理解与可应用，就是处于内容性质与内容状态。也就是之前在"内容"的四重阐释中提出的"内容性质与内容状态"，指经过一定的加工组织与处理，按照逻辑结合，具有一定的格式、结构与外观结构，具备特定应用意图与功能，更便于被人类阅读、利用、共享的性质与形态。因此，这其中必然经过一个"内容化"的过程，也就是使数据层的结果具备"内容状态"的过程。也就是说，在内容层，档案内容治理主要是通过"内容化"的方式方法、活动与过程，将档案内容治理数据层的主要面向机器理解与操作的治理成果转换为面向人类理解与应用的内容性质与内容状态中。

要实现这样的目的，就需要对数据层治理成果基于人类的阅读习惯、使用场景、利用需求进行有针对性的加工。在此过程中，可以利用的工具、手段与方案有许多，如知识地图、可视化工具等。

内容层的档案内容治理活动也并不鲜见，如有研究指出，起源于计算档案内容管理科学和人工智能领域的语义知识图谱，在体现外部特征的基础上，可以最大限度地展示文件中蕴含的知识内容，然后通过柱状图、折线图、桑基图、气泡图等可视化形式以及问答类等方式（刘慧琳 等，2021），直接提供人类用户可理解可利用的产品或服务。

（3）服务层：产品与服务的提供

档案内容治理除了使档案内容受控，便于人类理解与利用外，其另一大目的在于通过对档案内容及档案内容治理成果的利用，来实现档案内容治理的价值。而档案内容及档案内容治理成果集中体现为档案内容治理产品与服务的提供。当数据层的治理成果经过内容层治理活动的转换与升级后，就可以用产品与服务的形式进行提供。

档案内容治理的产品与服务在本质上与其他档案产品与服务并无不同。档案内容产品主要包括以档案内容 A 及其整合加工而形成的档案内容 B 为原料而产生的初级档案内容产品，主要形式有档案内容编研产品、档案内容文创产品；以档案内容治理成果再加工所形成的高级档案内容产品，主要形式有决策支持报告、咨询报告、行业动态报告等。档案内容服务主要包括档案内容检索服务、档案内容咨询服务、档案内容问答等服务，利用的主要技术与手段有检索技术、用户画像、推荐系统、信息管理平台等。档案内容服务的形式并不是档案内容治理创新与发展所在,而在于档案内容服务提供所依赖的档案内容治理成果来自于档案内容治理活动及其成果,与其他的档案服务提供不同。

3.3.3 微观层面:具体举措的集合

档案内容治理的微观层,就是各种档案内容治理活动具体举措的集合。如宏观层某一档案内容治理战略规划的制定、档案内容治理质量评价指标的确定;中观层不同技术的选择与实际应用、不同技术标准的选定与实际践行;服务层某一档案内容治理产品的设计与制作、某一档案内容治理服务服务方式的确定与具体实现等。

如果说宏观层与中观层的档案内容治理活动共同构成了档案内容治理的整体框架,则微观层的各项具体的治理活动填充起了整个档案内容治理活动的空间内部。

通过对数字转型背景下档案内容治理的具体内容的剖析可以发现,在数字转型趋势之下,档案内容治理主要活动的"技术密集性"更高,无论是单独的治理活动,还是治理活动的链接与复合都更为复杂。同时,由于数字转型的趋势是"全面数字化"的实现,在这样的背景下,档案内容治理与社会实践业务活动的衔接与镶嵌就显得格外重要。因此,数字转型期档案内容治理的推进中,如何解决其与社会实践的无缝耦合就成为重点之一。

3.3.4 案例介绍

(1) 政府数字转型策略案例分析,以英国为例①

数字化转型背景下档案内容治理的推进将关注点首先聚焦于宏观层面是有一定道理的。统览国际国内数字化转型背景下的治理实践,宏观层面的数字化转型战略规划与规范建设,都是工作要点。此处以英国为例,列举英国在政府数字化转型、数字英国建设过程中在宏观层面的规划,以加深读者对宏观层战略规划重要性的认识。

政府数字化转型在宏观层面主要表现为各国政府纷纷出台了数字政府相关的转型策略,包括英国、美国、韩国、澳大利亚、加拿大等国政府。据《2020 年联合国电子政务调查报告》显示,全球电子政务发展平均指数(EGDI)从 2018 年开始在

---

① 本案例中的信息与数据主要依据文献资料整理所得。

5年间实现了从0.55到0.60的增长（詹国彬，2021），这表明在全球范围内展开政府数字化转型实践的国家与政府的数量越来越多。

在全球政府数字化转型过程中，英国属于佼佼者。在联合国经济和社会事务部发布的《2016年联合国电子政务调查报告》中，英国电子政务排名第一，就足以说明英国在电子政务方面的发展成效喜人，超过了原有的澳大利亚、韩国、新加坡和荷兰等国①。所以本研究选取英国的数字政府转型作为典型案例，探究英国政府数字化转型在战略层面的措施与经验。

早在20世纪90年代，英国政府就已经敏锐意识到新一代信息技术在政府管理与政务服务中的强大潜力，并率先建设了中央政府网站"OPEN.GOV.UK"，一是便于发挥技术的在改进政府工作方面的作用，二是开启了历届英国政府在电子政务建设方面的持续性探索，也是进行政府数字转型实践的重要基础（詹国彬，2021）。

英国政府数字转型的历程从最开始的电子政务建设，到当前的数字政府转型，是一个漫长的带有明显阶段性的过程。

起步期（1994—2005）。1994年是英国电子政务建设的开端之年，也是英国政府数字化转型的起点。在开展"电子欧洲"计划的背景之下，当时作为欧盟成员国的英国政府也提出了"电子英国"计划，并开通了"英国政府信息中心"，并建立了中央政府网站"open.gov.uk"。随后的1996年，英国政府发布了"直通政府"白皮书，作为电子政务建设发展计划书。1999年，"现代化政府行动计划"提出要开辟一站式服务门户，并于2000年建立了"UKonline.gov.uk"一站式在线公共服务网站，随后发布电子政务行动方案，方案设定的目标是充分利用信息资源，实现对公民、企业的电子服务传递。在2005年，成立"首席信息官委员会"，提出"技术革新型政府"的新型电子政务战略。无论是"电子英国"计划还是"直通政府"白皮书，还是新型电子政务战略，可以看出来，英国政府的数字化转型在一开始也是走自上而下的道路，在转型初期，目光瞄准的就是以战略层为核心的规划建设。

整合期（2006—2012）。2007年起，为进一步提高电子政务质量，英国政府开始实话"电子政务瘦身计划"，陆续关闭了95%以上的政府网站，从最初的951个网站，精简到了26个，并主要集中在"Directgov"和"businesslink.gov.uk"两个门户网站上。2010年，英国政府发布了ICT战略，着重阐述了英国电子政务在未来十年如何运用科技改变政府运作方式，并确立了英国电子政务建设更智慧、更经

---

① 参见网络文献《英国电子政务的发展转型及经验启示》，https://www.163.com/dy/article/DF4LID6P0518KCLG.html。

济、更环保的三项基本原则。

发展期（2012至今）。2012年英国政府内阁办公室发布《数字政府战略》，并于2013年11月进行了进一步完善。这一战略的发布，意味着英国政府进入了数字政府建设的发展期，政府数字化转型步伐加快。《数字政府战略》共计13项要求，涵盖四个方面：一是数字能力建设，二是扩大在线服务覆盖范围，三是法律制度保障，四是技术支持。2017年，在"数字政府战略"基础上，英国进一步发布了《政府转型战略2017—2020》（Government Transformation Strategy 2017 to 2020），并首次提出了"政府即平台"（Government as Platform），希望"政府利用数字服务，改变和公民的关系"，同时"治理即服务"这一理念也在该文件中被正式提出。在《政府转型战略2017—2020》这一文件中，针对2020年之前英国政府转型需要达到的水平状态，制定了具体的工作计划措施，包括5个方面：一是推动跨政府部门业务的整体转型；二是培养数字人才、技能和文化氛围；三是优化数字工具、流程和治理体系；四是提升数据应用、分析和管理能力；五是创建共享平台、组件和业务复用能力。

数字化转型对战略的强调，不仅在政府数字化转型中体现得很充分。在整个英国数字化转型过程中，对数字化转型战略的强调这一原则也持续得到了贯彻。

2013年，英国首次提及脱欧公投，2016年英国全民公投决定"脱欧"，并最终于2019年3月正式"脱欧"。在漫长的脱欧历程中，英国为"脱欧"后自身如何发展，提前做好了一系列的准备。其中就包括《英国数字战略》（UK Digital Strategy）。《英国数字战略》是英国政府于2017年3月1日发布的，目的在于对英国脱欧后如何打造世界一流的数字经济，和未来如何推进数字转型进行全面部署。早在2009年国际金融危机之际，英国就曾发布《数字英国》战略，将数字化作为应对不确定性、重塑国家竞争力的重要举措。在这样的背景之下，英国的各大部门相继推出了相关战略，如《2010数字经济法》《数字宪章》《信息经济战略》等，这些共同构成了英国的数字战略体系，助力英国的数字化转型实践。

从英国的数字化转型相关的实践可以看出，无论是政府的数字化转型实践还是国家主体的数字化转型，战略层面规划不可或缺，在整个数字化转型实践中居于核心地位，起到重要的"掌舵"作用。

对英国数字化转型中各个阶段的战略内容进行分析，可以发现如下特点。

首先，注重对新兴技术的利用。在英国政府数字化转型各个阶段的战略、计划中，都充分注意到了新兴技术所具有的重要作用。诚然，在这个技术日新月异的新时代，技术与我们的生产、生活的联系也日益紧密，能否正确认识技术并利用技术，的确影响着效率与效益。本研究也从中得到启发。

其次，强调整合与协调。在数字化转型过程中，尤其是随着数字化转型的深入，部门与部门之间、平台与平台之间的整合与协调也越来越频繁与深入。这种整合与协调，表面上反映为各个门户网站的减少与统一，实际上深层反映的则是政府之间各部门的通力合作，以及数据与信息之间的高效共享。这种整合与协调也是数字化转型的重要趋势之一。在数字化转型背景下，关注并适应这种整合与协调趋势，也在一定程度上成为不可忽视的重要趋势，战略规划的制定也需要以此为重要观照。例如，在档案内容治理的治理体系和治理能力现代化的实施中，如何有效回应这种整合与协调趋势，也是重要的议题之一。

（2）"引得"数字人文平台[①]

平台简介。中文在线"引得"数字人文资源平台是由哈佛大学费正清中国研究中心、中国台湾"中央研究院"历史语言研究所、北京大学中国古代史研究中心及中文在线四方共同合作进行，中文在线将与哈佛大学、北京大学等 CBDB 项目组专家一起，共同打造中国古典数据的数字人文资源平台，重构古文献研究服务新脉络，同时运用人工智能技术，提高处理历史资料的效率和准确度，聚合更多主体并不断优化用户体验[②]。

平台构成。"引得"数字人文平台的主要特点是"两库"+"两工具"。"两库"指"中国历代人物传记资料库（CBDB）"和"中国通用古籍文库"，"两工具"指"数字人文文本处理基础工具系统"和"数字人文可视化挖掘系统"。其中，"中国历代人物传记资料库（CBDB）"目前收录的数据范围包括从先秦到晚清约 49 万人的传记、著作资料，规模达约 4 亿字，并且目前保持每年约 4 万人的传记人物增加，总 100 万条信息的更新数量与频率。

数据库特点。相对于传统的古籍文献资源库，CBDB 部分是完全结构化的关系型数据库，主要以人物为主线，以时间、地点、事件和社会关系等为辅助信息，对人物信息与关系进行揭示。中国历代人物传记资料库（CBDB）重要意义在于在对史料进行电子化的基础上，进一步实现了史料的"数据化"。数据化的成效在于不仅可以用于检索，还能在检索结果的基础上进行查询与分析。徐力恒（2017）曾撰文对 CBDB 数据库的数据化工作进行详细阐释，他在论文里以唐代人物资料的数据化为例，对唐代官员资料及其社会交往的数据化、唐代墓志史料和官名、地名的数据化两方面的工作进行了总结，揭示了 CBDB 数据库实现全文检索、查询等功能背

---

① 本案例中的主要数据和信息依据网络公开文献整理所得。
② 这一简介来源于网络公开文献。

后的数据准备和关系揭示工作。总体来说，中国历代人物传记资料库（CBDB）为每个人物的条目都设了多种数据栏目类别，尽可能详细地记录当中信息，并且以相互关联的表格保存，即按照人名、时间、地址、职官、入仕途径、著作、社会区分、亲属关系、社会关系、财产、事件等进行保存。

从CBDB的例子可以看出，对原始数据进行处理与加工，将数据各个维度的关系进行详尽揭示，是实现信息和数据价值增值的重要途径。原本单一的历代人物传记信息，在经过加工与挖掘之后，可以开发与延伸出多种利用与服务形式和手段，并为学术研究提供诸多助益。

档案内容治理与此也有相似性，在中微层和微观层，通过各种信息和数据处理手段，对档案内容的特征与关系进行揭示，并最终以数据库、检索服务、资讯分析等产品和服务手段来提供利用，实现对档案内容最大程度的开发与利用。与"引得"类似的平台的建设与运营也就成为档案内容治理可供参考的重要案例。

3.4 档案内容治理与档案内容管理的对比分析

档案内容管理是档案内容治理的重要组成部分，如图3-5所示。

图 3-5 档案治理、档案内容治理、档案内容管理关系

档案内容治理是复杂的新兴概念，如果只单纯靠对概念内涵的阐释来对它进行

理解是远远不够的，还需与邻近概念从多个维度去进行更具关联性与对比性的探究，以构成对档案内容治理的全景性的认识与理解。

由于"管理"与"治理"存在紧密的关系，讲治理时难逃二者的对比分析研究，档案内容管理与档案内容治理在构成上这种"形似"关系，也容易陷入"管理"与"治理"类似关系的误区，不仅成为档案内容治理理论研究中的难点，同时也容易在档案内容治理具体实践方面造成一定的困难，所以需对二者的相互关系进行辨析。

本研究认为，档案内容治理与档案内容管理不是简单的继承与发展的关系，也不是替代档案内容管理而出现的全新的档案工作模式的简单的否定关系，而是一种包含与被包含的关系。具体来讲，档案内容治理与档案内容管理是整体与部分的关系。

3.4.1 档案内容管理的概念内涵

关于档案内容管理，根据研究者研究切入视角与关注范围的不同，可以划分为"大内容管理派"和"小内容管理派"两种学派（嘎拉森，2020）。"大内容管理派"以金更达（2004）、郝琦等（2016）为代表，认为档案内容管理涉及到档案内容从形成到最后的开发利用整个生命周期内的一系列过程；而"小内容管理派"，有张会超（2007）；胡涛（2015）；赵志录（2017）等，主张将档案内容管理理解为对档案内容的管理，认为管理对象只是"内容"本身，不包括过程。也即是说，"大内容管理派"采用的拆分与组配方式是"档案+内容管理"，而"小内容管理派"采用的拆分与组配方式是"档案内容+管理"，明显可以看出不同的拆分与组配方式，体现出不同的理解入口与出口，自然也影响对概念本身的理解与发展。

虽然档案内容管理的内涵尚未达成共识，但主要分歧在于是否将管理过程涵盖在内，而对档案内容管理是对档案的内容进行的一系列的管理与开发并无异议。换言之，档案内容管理的管理对象是档案的内容，管理主体是档案管理人员（主要是来自各档案部门的档案工作人员），管理的流程与过程主要是对档案的内容进行创建、采集、组织、发布与利用，是内容管理及企业内容管理理念、技术、系统与平台在档案管理中应用的发展。

3.4.2 档案内容治理与档案内容管理的不同

一是对象范围的不同。档案内容治理的对象范围包含档案内容管理，对象主次不同。首先，档案内容治理中的"内容"含义远比档案内容管理中的"内容"含义丰富。档案内容管理的对象与档案内容治理的对象是部分与整体的关系。对档案管理对象进行加工处理，使之具有内容性质或内容形态，并主要提供内容形态的产品与服务的活动和过程可以称为档案内容化的过程。而以档案的内容化过程为管理重点的档案管理活动、过程或模式，则称为档案内容化管理。由此，结合档案内容管理的相关定义与理解，其实质就是档案内容化管理，其主要管理对象是档案的内容。而档案内容治理视域下内容具有丰富的四重释义，档案的内容与档案内容化只是其中的一部分。其次，对象的主次不同，档案内容管理的对象当然除了档案的内容外，还包括其中涉及的人员、活动、规则，但是其主要关键的管理对象是档案的内容。不同的是，档案内容固然是档案内容治理的治理对象，但在档案内容治理对象体系中并未处于主要关键的地位，观念体系层面的体系、机制与规则及其制定完善过程以及各治理主体关系的协调才是档案内容治理的主要对象。

二是主体的不同。档案内容治理主体包含档案内容管理主体。档案内容治理的主体具备治理活动的特征，其主体构成呈现出一主多元的形态，以档案主管部门为主导，由档案机构、档案组织、社会团体、个人多元主体共同构成。档案内容管理的主体则是档案部门与档案机构的档案工作者。相比较而言，档案内容管理的主体单一，呈现出静态封闭的状态。档案内容治理主体则呈现出多元动态的特征，这种结构更具优越性，一方面保障了强有力的领导中心；另一方面，能充分调动多方参与主体的积极性，有利于充分发挥各个主体的资源与才能。

三是协作范围的不同。档案内容治理的协作范围与程度远超档案内容管理。档案内容管理主要以组织/机构为依托，是在某一组织/机构内部进行档案内容管理，其管理成果主要是支撑与服务该组织/机构的发展。而档案内容治理具有明显的跨组织/机构特征，不仅涵盖组织/机构内部的档案内容治理，还包括以组织和机构间的协作为依托，组织/机构间的协同治理，治理成果的主要目的是面向档案事业现代化发展与国家治理现代化发展整体需要的。由此可以看出，与档案内容管理相比，档案内容治理具有更为明显的共治特征，协作范围与程度大大不同。

四是底层逻辑的不同。档案内容治理与档案内容管理的底层逻辑不同。档案内容治理的理念主要是对"内容"进行创新性理解，将原先单一的档案的"内容"延展至内容性质和内容形态、内容化与基于内容四个层面，对档案内容的理解更为全面深化，为治理活动开展在广度与深度的拓展上提供空间。同时，将"治理"视角与理念引入档案内容治理这一社会空间中，用"治理"的思维处理档案内容治理这一社会空间内的多方关系，是思维层面的突破。因此，"治理思维"是统摄整个档案内容治理的底层逻辑。而档案内容管理主要是将"内容管理"理念、技术、系统与平台等引入档案的内容这一相对档案内容更小的概念空间内,其底层逻辑仍然是"管理思维",在思维层面并无更新,更多的只是技术与手段层面的升级。档案内容管理的管理逻辑足够实现其既定目标,并以其管理成果为档案内容治理提供重要基础。但档案内容管理内部的这一逻辑却完全不能适用于档案内容治理,"管理思维"与"治理思维"在底层逻辑的不同,决定了档案内容管理与档案内容治理是两种不同的档案内容管理范式。

五是目标追求的不同。档案内容管理以最大程度地实现档案内容的开发利用为最终目标,档案内容治理以服务国家治理现代化为最终目标。档案内容管理并未突破档案管理领域界限,其管理的最终目标只是实现档案内容更有效的利用。档案内容治理不仅在档案内容空间里进行精耕,为档案内容治理的纵深发展带来可能,同时站位更高、更为广远,以与国家治理现代化同步的视野来布局与发展,决定了档案内容治理无论是其实践本身还是实践效用的发挥,都有了更大的施展空间与更重要的意义(表3-7)。

表3-7 档案内容治理相关概念对比一览

属性	类别			
	档案内容治理	档案内容管理	档案内容化管理	档案内容的管理
治理对象	四重内容+主体+关系	档案的内容+管理活动	档案的内容	档案的内容
主体范围	档案工作者、业务工作者	档案工作者	档案工作者	档案工作者
流程重点	管理体制与机制的建立	具体管理程序与流程的实现		
底层逻辑	治理思维	管理思维		
治理目标	突破档案内容治理本身,以档案内容治理为起点,与档案治理和国家治理积极互动	实现档案内容的有效开发与内容	档案内容的有效组织	以内容的有序开发为重点

因此,从上述各个方面来看,档案内容管理与档案内容治理是整体与部分的关系,档案内容管理是档案内容治理的构成部分,完全包含于档案内容治理中,各自具有不同的关系结构与运行逻辑。总的来说,档案内容治理的对象、主体、流程与过程、理念与技术方法等都远比档案内容管理体量更大、维度更丰富,因此无论是

概念的内涵、外延还是本质，都有极大的不同。因此，档案内容治理与档案内容管理之间是发展阶段上的继承与发展之说自然也就不再成立了。

3.4.3 档案内容治理与档案内容管理的联系

从档案内容管理与档案内容治理是部分与整体的关系来看，二者除了差异之外，必然还存在共性。二者存在的这些联系与共性，对于档案内容治理的研究与发展来讲具有重要意义。档案内容治理作为整体，档案内容管理作为部分，二者不可分割，相互影响。根据整体和部分关系原理，档案内容治理作为整体，其性能状态变化会影响到作为部分的档案内容管理的性能状态及其变化。具体而言，尤其是档案内容治理的目标取向、价值遵循会直接对档案内容管理的目标取向与价值遵循产生影响，进而改变档案内容管理的具体形态。另外，作为部分的档案内容管理也会反过来对作为整体的档案内容治理产生影响。档案内容管理在档案内容治理中居于比较核心的地位，档案内容管理成效直接制约着档案内容治理的成效。因此，要实现档案内容治理、保证档案内容治理效果，充分有效的档案内容管理是重要的基础。

3.4.4 档案内容治理对档案内容管理的超越

通过档案内容管理与档案内容治理在对象、主体、共治程度、底层逻辑、目标方面的对比分析，档案内容管理注重的是过程与流程的管理，是一种局部的、微观的视角。在当前人民群众的档案需求越发复杂、越发深入，国家治理现代化对档案事业的要求进一步提升的大背景下，档案内容管理表现出的管理视野的相对狭窄、管理主体的相对单一、共治程度的相对不足等局限，不仅无法实现档案内容管理对实际需求的充分满足，也制约着档案内容管理自身进一步发展，亟须一种全新思维与方案来加以应对。而档案内容治理破解和应对的正好是档案内容管理无法有效解决的那部分全局性、根本性的宏观层面的体制机制问题和体系性问题，因此极好地弥补了档案内容管理在全局性方面的不足。档案内容治理通过在更高和更具决定性的层面，意即机制、体制等规则层面对档案内容价值实现的诸要素条件及其发展变化进行优化调整，通过聚焦力量、配置资源、协调关系、管控过程，创造使档案内容价值得以充分实现的环境和条件。

因此，提出与发展档案内容治理是在当前时代背景下应对档案内容管理不足的及时雨。档案内容治理的提出，是在接受档案内容管理成果的基础上，对档案内容管理在管理深度、管理广度、宏观度不够等方面极大的超越。微观角度，对档案内容管理进行了阶段性的跃升；宏观层面，解决了档案内容管理在体系性、全局性方面的不足等问题，是一种全局性的突破。档案内容治理不仅不是由档案内容管理在发展阶段上的继承而来，档案内容治理还实现了对档案内容管理的发展与超越。

需要指出的是，即使档案内容治理是对档案内容管理的超越，但并不是说档案内容管理就不再重要或不再有存在的必要。相反，档案内容管理作为档案内容治理的组成部分，更好推进与践行档案内容治理，也离不开档案内容管理的发展与进步。

本小节对"档案内容治理是档案内容管理发展新阶段"的类似错误观点进行了澄清，在对档案内容管理的概念进行澄清的基础上，发现档案内容管理与档案内容治理在治理对象、治理主体、协调范围、底层逻辑、治理目标方面存在巨大差异，总体来说，档案内容管理的重点聚焦于档案的内容化过程中，是一种档案内容化管理模式，而档案内容化管理只是档案内容治理四重含义的一层，以此得出"档案内容治理与档案内容管理是部分与整体的关系"的重要结论。在这一结论的基础之上，进一步分析了档案内容管理与档案内容治理的联系，论证了档案内容治理虽然与档案内容管理不具备发展阶段上的继承与发展关系。

3.5 档案内容治理提出的重要意义

当对档案内容治理的定义、概念阐释、主要内容、概念对比进行了详细的分析与说明后，才能更好地回答为什么需要提出档案内容治理？

当前，社会转型背景下，给档案内容治理的研究与实践带来了发展机遇，但也提出了更高的挑战。人类正在走进数字时代，在这个时代，互联网+、大数据和人工智能成为最具代表性的技术特征。档案工作的管理对象更加复杂多样，管理对象的形态也不断增多，对档案管理对象的颗粒度不断细化，深入内容层级并不断前进。根据档案内容治理的定义与档案内容治理的分层解析，也可以清楚地认识到，无论是走入"治理"时代之后的档案工作，还是传统时代的档案工作，档案工作的理论探讨与实践探索中，都包含着对档案内容治理范畴中的治理对象、治理目标、治理手段的关注与思考，只是并未从专属概念体系这一视角对其进行认识与探索。但不能因学术概念的缺失，而否认档案内容治理现象的存在。

在这样的背景下，不能看到"档案内容治理"的客观存在，不承认"内容"

的治理需要专门的理论、方法来进行管理与规范,使得档案内容治理相关的管理现象作为一种专业性要求极高的客观存在而缺乏最具适用性、针对性的管理,从而限制其发展。因此,为了更好地规范档案内容治理现象,更好地实现档案内容治理价值,需要从理论和实践角度对档案内容治理规律进行认识,对其治理经验进行总结。因此,在数字转型背景下,看到档案内容治理现象的客观存在,认识档案内容治理的重要性,并对档案内容治理从理论范畴开展进行科学有效的探索,具有重要性与紧迫性。

3.6 本章小结

本章主要通过提出与分析档案内容治理的定义,分析其特征,并将其与邻近概念作对比,来实现正确认识与理解档案内容治理内涵与外延、充分界定本研究重要边界与正确确定研究重点的目标。本章高度总结了档案内容治理视域下"内容"与"治理"的全新含义,对档案内容治理的定义进行界定,对档案内容治理在主体结构、治理对象、治理目标方面呈现出的特征进行了具体阐释,以充分认识和理解档案内容治理内涵。档案内容治理的治理主体呈现出一主多元的结构,规定了档案内容治理的主要力量。治理对象由物–事–人–规则构成立体多维的体系状态。对内以"良治"和"善治"为基本目标,以充分发挥档案内容价值,确定了档案内容治理的重点领域与范围。对外以更好地支持与促进档案治理现代化为直接目标,以服务国家治理现代化为长远目标,决定了档案内容治理的重点发展方向。通过对档案内容治理在宏观、中观、微观三个不同层次具体内容的分析,构建出档案内容治理的内容层次模型,并进一步对主要内容进行解释与说明,以加深对档案内容治理内涵的揭示。

其一,对档案内容治理进行概念解构。对"档案""内容""治理"分而述之,充分解释各个术语的内涵溯源与档案内容治理视域下的特殊含义,为充分定义档案内容治理定义奠定了基础。在这一部分,主要是创新了对"内容"的理解,提出在档案内容治理视域下,"内容"具有对象论之档案的内容、状态论之内容性质与内容状态、过程论之档案内容化、手段论之基于内容四重含义。档案内容治理"内容"的全新理解拓展了档案内容治理的理论与实践空间。

其二,提出档案内容治理定义并对其治理主体、治理对象和治理目标的特征进行分析。档案内容治理的定义为:档案治理领域内各主体在一主多元的协调治理模式下，以民主、法治为原则，在档案内容空间里以内容为主要对象和手段进行谋划、组织、协调、决策和执行，以更好地实现档案内容价值，更好地支持与促进档案治理与国家治理现代化的活动与过程及其一系列制度和程序安排。档案内容治理的治理主体呈现出一主多元的结构，治理对象由物-事-人-规则构成立体多维的体系状态。治理目标对内以充分发挥档案内容价值为目标，对外以更好地支持与促进档案治理与国家治理现代化为目标。在这一部分，充分分析了档案内容治理的定义及特征，说明了档案内容治理的本质特征。

其三，对档案内容治理的内容进行分层分析，并构建了分层模型。通过对档案内容治理在宏观、中观、微观三个不同层次具体内容的分析，可以看出，虽然档案内容治理是本研究提出的一个新的概念，但是现有的诸多档案治理实践已然包含档案内容治理的理念与实践。本研究对档案内容治理概念在理论层面的提出与阐释，有利于从理论高度对档案内容治理现象的规律进行认识与把握、实践经验进行总结与归纳，并通过在理论层面的探讨，增强对档案治理中属于档案内容治理实践这一部分治理活动认识与实践的自觉性，通过理论研究提高对这一部分治理实践的有效指导与促进。

其四，分析档案内容治理与档案治理、档案内容管理的异同，并说明档案内容治理的必要性与迫切性。一是，档案内容治理是档案治理在档案内容空间的映射；二是，档案内容管理包含于档案内容治理，档案内容管理与档案内容治理是部分与整体的关系。在这一部分，厘清了档案内容治理与邻近的档案治理、档案内容管理的关系，通过分析发现档案内容治理成效直接影响档案治理现代化的实现，档案内容治理是对档案内容管理在管理全局性、根本性、体系性方面的超越，对档案内容治理理论研究与实践开展的必要性与紧迫性进行了说明。

总体来说，本章提出了档案内容治理这一概念，对档案内容治理的概念进行了界定，对档案内容治理的相近概念进行了对比，对档案内容治理理论研究与实践开展必要性进行了说明。本书后续对档案内容治理理论的阐述与探索，均将以此基础上进行展开与深入。

第 4 章

档案内容治理体系和治理能力现代化的提出缘由

在这一章中，主要回答为什么需要进行数字转型期档案内容治理体系和治理能力现代化这个问题。对这一问题的研究，实际暗含一系列重要的预设前提，比如，①档案内容治理具有优越性，档案内容治理的良好发展具有重要的现实意义；②档案内容治理在具有优越性的同时，也存在档案内容自身属性不良、档案内容治理主体协调不畅、档案内容治理机制不完善等问题，而导致一些不确定性的存在与风险的出现，并面临一些现实困境，这些风险与困境对档案内容治理重要意义的实现产生了影响；③治理体系和治理能力现代化的提出对于破解数字转型期档案内容治理面临的困局与风险，实现档案内容治理的重要意义具有关键性帮助作用。而为什么需要进行数字转型期档案内容治理体系和治理能力现代化这一问题的答案，则隐藏于对这些重要预设的分析与验证过程中。

4.1 档案内容治理的优越性

档案内容治理的本质仍然是一种管理活动，但它与一般的档案管理活动又存在显著的不同，这主要源于档案内容治理中"内容"与"治理"丰富的全新内涵的双重加持。"内容"突出了档案内容治理对象层次空间丰富，在挖掘动力与潜力无限等方面具有的优越性。"治理"体现了组织内部多元主体共同参与协商合作在管理模式与管理方式等方面具有的优越性。具体而言，档案内容治理的优越性主要体现在对象层面的精细性，手段层面的善治性，以及综合层面的赋能性。

4.1.1 对象层面：档案内容治理具有精细性

档案内容治理视域下，档案内容内涵从内容本身-内容性质与内容状态-内容化-基于内容，实现多维立体的拓展；在治理实践中，档案内容治理也从内容的上述四个维度进行展开，并以此为起点，实现治理对象"物-事-人-规则"四个体系[①]的层层推开：从实物体系与主体体系到过程体系，再到观念体系，实现治理深度与广度的不断加成。相比于大多数档案治理实践而言，档案内容治理对治理对象的治理程度具有显著的"立体多维"的特征，体现出明显的精细性。这种精细性既包括对档案内容治理实物体系精细性地开发与挖掘，也包括对治理过程所有要素的精细化管理。

---

① 参见本研究 3.2.2 治理对象：立体多维一节。

（1）精细性开发，挖掘档案内容的资源禀赋

如果将内容看作一种资源，传统的档案管理乃至档案内容管理，都是对档案内容本身的一种粗放式管理与开发，对档案内容潜力的挖掘处于非常初步的阶段。档案内容治理对档案内容"四重维度"的全方位治理，实际上是开启了精细化阶段。根据档案内容治理的内容层次模型的分析，在中观层，档案内容治理的治理活动与流程被划分为数据层、内容层、服务层三个层次，三个层次中通过对管理对象、管理技术、管理流程的全方位协调与运用，实现对治理对象从面向机器理解与操作到面向用户理解与应用的转换，将数据形态的档案内容加工转换为产品与服务形态的档案内容治理成果。

这种极为精细性的管理与开发，实现了对档案内容的全景式开发与治理，有利于充分挖掘档案内容的资源禀赋，也是档案内容治理优越性的重要来源与体现。

（2）精细化管理，保证档案内容治理的成效

档案内容治理除了对档案内容本身的精细性开发以外，还对档案内容治理过程中的其他要素进行精细化管理。这主要体现在从治理主体-治理过程-治理规则，对档案内容治理涉及的主体、流程、观念进行全方位且"不留死角"的体系化协同管理，这种管理的精细化程度，有助于保证档案内容治理的成效。而良好的治理成效，是档案内容治理充分实现自身效用价值的关键基础。

由此可见，档案内容治理对象层面精细性的优势主要体现在不仅保证了档案内容治理原料挖掘的充分性，赋予了档案内容治理丰富的实践空间；同时也体现在对全流程全要素的全方位体系化管理，有效地保证了档案内容治理的成效及其效用价值的发挥。

4.1.2 手段层面：档案内容治理体现善治性

档案内容治理的优越性，还体现在以善治为目标。善治这一社会管理过程以最大化地实现公共利益为目标，其实际是通过合作的方式实现对公共事务的管理（谭必勇 等，2020）。档案内容治理是在档案主管部门主导之下，各档案内容治理主体对档案内容治理进行合作治理的过程。由此可见，档案内容治理完全符合善治的本质特征。档案内容治理的善治性是档案内容治理的各个主体在协同治理的基础上，协调相互关系调动各方资源并借此实现档案内容治理利益最大化的过程。对于档案内容治理来说，其利益最大化无非体现在以下两个方面：一是对档案内容价值的最大实现与发挥，充分满足社会发展、人民生活对档案内容与档案工作的需求；二是实现档案内容治理效率与效果的提升，对档案治理现代化与国家治理现代化发挥最

大支持与促进作用。

档案内容治理的这种"善治性"将其优越性展现得十分具体（陈广胜，2007）。

（1）主体角度，档案内容治理的善治是"善者治理"

"善者治理"意味着让不同主体共同参与，充分在自身擅长的领域发挥各自的比较优势，使档案内容治理的各个环节都达到相对较优状态，从而实现整体优化。档案内容治理"一主多元"的主体结构有利于各个主体在同心圆（图4-1）的组织结构下，平等互利地发挥自身的比较优势，实现"善者治理"。比如，档案主管部门擅长宏观政策、方针的建立完善，其行政服务具有政策路线指引、资源调动作用，则充分发挥主导作用；公民对用户的档案内容治理需求了解详细，其从单纯的"利用者"向"参与者"身份的转换，有利于充分发挥公民在档案内容治理需求认识与了解的重要作用。

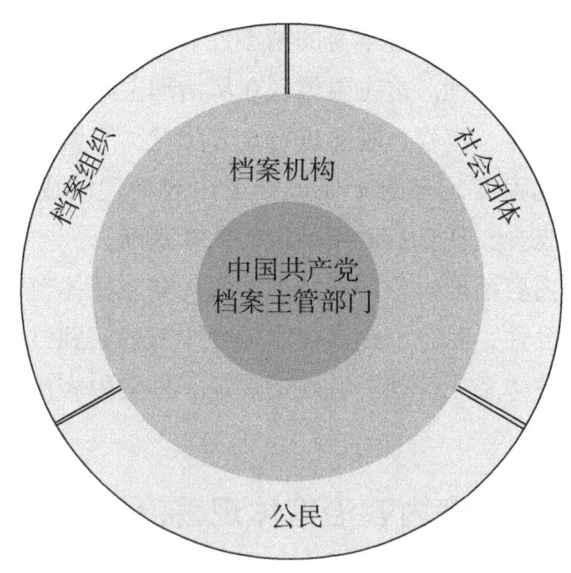

图4-1 档案内容治理主体的同心圆构成

档案内容治理的"善者治理"还闪耀着共治的光辉。共治，是善治的优势，也是善治的特色（李龙 等，2016）。共治性指多元主体共同参与。对于档案内容治理来说，是档案主管部门、档案机构、社会组织与社会团体、个人五位一体共同参与。虽然档案内容治理的主体结构为一主多元的同心圆结构，起主导作用的是档案主管部门，档案机构担任辅助者角色，社会组织、一般团体和个人是参与者。但这只是角色与职责分工的不同，并不存在"统治"与"被统治"之分，各个治理主体都能享有档案内容治理的成果，也都需要承担档案内容治理不当带来的后果。十九届四中全会提出建立社会治理共同体,以"人人有责、人人尽责、人人享有"为主要特征①。对于档案内容治理的共治性来说,也仍然如是,意指各个档案内容治理主体需要成为"人人有责、人人尽责、人人享有"的档案内容治理共同体。

共治的主要优势在于可以充分调动各个主体的积极性,有利于充分发挥各个主体的优势与潜力,使各档案内容治理主体的合力能得到充分发挥。总体来说,档案内容治理的主体结构有利于实现集思广益的效果,是实现善治的有利条件。

(2)目的角度,档案内容治理的善治是"善意治理"

治理是面向服务的,因此只有将"治理"的重点落脚于服务的治理才是"善意治理"。"为党管档、为国守史、为民服务"始终是档案工作不变的重要任务,以此为最高指南,档案内容治理的出发点,仍然是做好档案内容的管理工作,充分发挥档案内容的价值,让公众更充分地享有档案内容产品与服务,享有更高满足度的档案内容服务,从而实现社会公众需求的最大满足。最终,在实现上述目标的过程中,参与与助力档案治理现代化和国家治理现代化历程。档案内容治理的这种价值取向,符合档案事业发展的前进趋向,符合公共利益,符合绝大多数人、机构乃至整个社会的合理需要(刘佳,2015),是"善意治理"的集中体现。

(3)结果角度,档案内容治理的善治是"善态治理"

从结果来看,档案内容治理实现了善态治理。一些学者认为,善治也可以被称作"善态治理",这是社会治理的一种境界或者说是一种多元善治的常态。在善治状态下,矛盾与冲突仍然会在社会上频繁地出现,但由于社会制度与机制,矛盾与冲突能够最大限度地得到消解(陈广胜,2007)。对于善态治理来说,关键是打造出适用的治理格局。档案内容治理通过对治理对象、治理主体、治理手段与方式的改良,积极构建适宜的治理格局,能很好应对档案内容治理不断发展所面临的矛盾与冲突的改变,这些构成了取得"善态治理"这样的状态或结果的重要实现途径,同时也是"善态治理"得以实现的重要保障。

档案内容治理的善治性,使其处于多元治理、和谐治理的形态,能充分有效地调动主体、对象、目标之间的协作。此外,善治基本内涵规定的基本要素还为档案内容治理设定了框架。和关于善治理的基本概念不同的学者看法不一相似,关于善治的基本要素也有五要素说、六要素说、八要素说的不同理论(王建国 等,2019)(表4-1)。无论持何种观点,善治在合法、透明、责任、有效等方面的要求,对于促使档案内容治理沿着科学规范的路径发展,对于实现档案内容治理的目

---

① 全文见《中国共产党第十九届中央委员会第四次全体会议公报》。

的与效果都有重要意义。

表 4-1 善治的构成要素

要素	合法性	透明性	责任心	法治	回应	有效	参与	公正	稳定	廉洁
四要素说		✓	✓	✓		✓	✓			
六要素说	✓	✓	✓	✓	✓	✓				
八要素说		✓	✓	✓		✓	✓	✓	✓	✓

由此可以看出，善治既是追求的目标，是一种状态，也是一种手段，最后还是一种结果。关于善治的内涵讨论，从不同的着重点出发可以分为"目的主义善治"与"结果主义善治"，前者强调治理的出发点以实现公共的最大利益为目标，后者强调"善"的治理确实促使了公共利益的最大化（周安平，2015）。根据对档案内容治理从主体-目的-结果三个维度的讨论与分析，可以发现无论是"目的主义善治"还是"结果主义善治"出发，档案内容治理都十分契合善治的内涵与特征，体现出了充分的善治性。

4.1.3 综合层面：档案内容治理富有赋能性

档案内容治理在"内容"与"治理"方面的上述优越性的存在与强化，在当前的时代背景下，也赋予了各种理论与技术的发挥空间，档案内容治理的过程与结果因此也展现出明显的赋能优势。

（1）赋能性表现为能力的提升与竞争优势的增加

赋能（Empowerment）这一概念最早由心理学家 Rappaport 于 1984 年提出，并将其定义为个人、组织或团体获得能力并提升竞争优势的过程（赵柯然 等，2021）。目前，学界尚未就"赋能"的定义形成统一认识，学者们从结构赋能、领导赋能、心理赋能等角度认识赋能。赋能的含义可以简要理解为两层含义：一是赋能过程，是相关对象获得或提升某种能力的过程；二是赋能结果，是由赋能过程所带来的相关对象能力提升的客观结果。与赋能相近，使能（Enable）这一概念也正在被大范围地频繁使用中，其内涵主要是使组织建立起竞争优势。本研究认为无论是赋能还是使能，其要义都在于通过某一要素或行为赋予能力，是通过对该要素的应用或该行为提升组织竞争力的过程。因此，档案内容治理的赋能性，就体现在对内容的精细组织与挖掘中，体现在对治理流程的完善与加强中，体现在通过"消费"档案内容治理提供产品与服务的过程中，赋予人与团队、管理方式、技术、组织结构特定的能力,进而实现了提升组织竞争力、提升档案治理能力的效果。

(2) 赋能性在赋能范围上呈现超越性特征

档案内容治理的赋能性呈现出超越性特征是指档案内容治理的赋能性不仅仅局限于档案内容治理这一领域,其还能对更广阔的与档案内容治理相关的对象与组织具有赋能作用。对档案内容治理本身的赋能性主要来源于档案内容治理过程,对档案内容治理范围之外的赋能性主要基于档案内容治理结果与成效。

对档案内容治理本身的赋能性,体现在档案内容治理在流程完善与效率提高的过程中获得了能力与优势提升。档案内容治理在"内容"与"治理"层面内涵的丰富性,使档案内容治理在过程中具备了赋能的可能性。这主要体现在,档案内容治理的各个流程与环节更为科学规范,档案内容治理的效率与效果有了重要保障。这种赋能的来源,通过档案内容治理的精细性优势和档案内容治理的善治性优势已经得到充分地说明与阐释,此处不再一一说明。

对档案内容治理范围之外的赋能性主要基于档案内容治理结果与成效,这主要是指,主体或组织通过利用档案内容治理产品或服务,可以用来支撑自己的决策、运营与改进,从而实现能力获得或竞争优势的提升。档案内容治理由于对档案内容进行了全方位的挖掘与利用,治理手段、方式也更为科学完善,服务理念也更加主动,因此档案内容治理的产品与服务相较于档案领域其他类型的产品与服务在信息参考、决策支持等方面具有更为明显的优势,能起到更好的赋能效用。

4.1.4 档案内容治理的重要性得到彰显

档案内容治理在对象层面的精细性丰富了档案内容治理的施展空间,有利于挖掘档案内容的资源禀赋,保证了其治理成效;在手段层面的善治性进一步强化了档案内容治理成效的保障体系,促进档案内容治理价值的实现;综合层面的赋能性优势更是进一步体现了档案内容治理在促进档案事业发展,参与支持国家治理现代化进程中所具有的突出作用。

档案内容治理上述几个方面的优势层层递进,环环相扣,体现了档案内容治理在充分挖掘与发挥档案内容价值,实现档案事业对国家与经济社会发展方面的重要作用。档案内容治理所具有的这些优势,充分说明了在当前环境下,如何开展以及如何提高档案内容治理是值得关注与思考的重要议题。

同时,档案内容治理的上述优越性与档案内容治理的科学性、规范性、法治性密切相关。可以说,正是档案内容治理坚持强调科学性、规范性、法治性,才使档案内容治理展现出上述优势并得以持续。这说明,发挥与保持档案内容治理的优越性中，坚持科学、规范、法治也是十分重要的原则。

4.2 数字转型期档案内容治理的风险与成因识别

风险主要是"预期的不良后果"（杜钟浩，2018），其基本含义是"损失的不确定性"（李丕仕 等，2016）。基于这个基础，本研究把档案内容治理风险的内涵理解为：由于档案内容治理主客观因素的不确定性而可能导致的档案内容治理实际效果与预期效果之间的偏差。对档案内容治理风险与成因的识别，有助于对档案内容治理效果影响因素的探究，从而可以提出有针对性的应对策略与措施，对于保证档案内容治理的成效，找到档案内容治理发展路径，具有重要的现实意义。

档案内容治理的风险依据其发生维度，可以分为内生性风险和外源性风险两种。"内生"意指内在生成与自我生成，其实质是富有始源性与内源性（夏锋，2018）。内生性风险呈现出整体性的特征，从最根本上威胁着档案内容治理的良性发展与效能的发挥；外源性风险则表现为局部性的特征，此处的局部性并不是指这些风险只会对档案内容治理局部领域或环节产生风险，而是指其相对于内生性风险从根基与全局对档案内容治理产生影响而言，外源性风险主要是从细节处影响着档案内容治理的健康发展。

档案内容治理的内生性风险主要表现为碎片化风险，外源性风险表现为资源风险、技术风险、运行风险、经济风险、决策风险等。

4.2.1 根本上：碎片化风险影响治理成效

（1）档案内容治理碎片化风险的内涵

"碎片化"的本意是指研究领域存在研究问题分散、治理有效性低、割裂等现象（周毅，2020）。也泛指在某一治理过程中，随着主体的多元化，治理主体之间的利益偏好不同也越来越显著，加之治理主体的多元使得主体内部与相互之间功能与部门分散现象也加剧，加大了沟通与合作难度，难以行动一致地进行公共服务的提供，导致公共服务的提供质量与效率都无法得到有效保证的状态（张贤明 等，2015）。对于档案内容治理而言，其主体的协同管理、治理活动的组织、向用户提供产品与服务的过程也是提供公共服务的过程等，符合可能产生碎片化风险的重要条件。

本研究认为，档案内容治理"碎片化"是指在档案内容从被加工组织处理到成为各种产品和服务并被供给和消费的过程中，由于缺少整体规划、系统的制度设计和对公共信息需求的科学判断，多元主体内部缺乏有效沟通与协调合作，因而无法以共同行动与目标为公众提供档案内容产品或服务，导致档案内容组织处理过程不够科学、质量与效率不高，档案内容产品与服务供给和消费难以实现优化与平衡等状态的出现。例如，受技术影响，档案内容被不同的系统加以处理在不同的平台进行提供利用，各个系统与平台缺乏畅通的连接与共享机制，就是档案内容治理碎片化客观存在的一种表现。在既有的档案实践中，档案生成、处理、利用的系统与平台不一致是一种普遍现象。再如，受我国长期以来档案事业管理"条块分割"的影响，档案内容的分布与利用分散特点明显。当然档案内容治理的碎片化还有更多的体现，实际上，如果不对分散的制度设计进行完善，不对多元主体的共治过程加以改进等，档案内容治理的碎片化不仅会继续存在于档案内容治理的各个环节，并且存在碎片化风险进一步扩大与加剧的可能。

(2) 档案内容治理碎片化的表现与影响

纵向上，档案内容治理各类主体之间合作难度大，难以形成合力，导致碎片化风险的出现。档案内容治理一主多元的主体结构意味着档案内容治理的多元主体可以在中国共产党的领导下、在档案主管部门的主导下开展档案内容治理，这能一定程度上保证各个治理主体有着共有的目标。但是不同的治理主体在参与档案内容治理的过程中在原始动机与具体目标方面却不可避免地存在着不同。这是因为不同的治理主体在档案内容治理过程中有不同的诉求与不同的职责。比如，对于档案主管部门来说，其原始动机是促进档案事业的良好发展、更好地完成档案工作"为党管党、为国守史、为民服务"工作任务；对于公众来说，其参与档案内容治理更多的则是为了更好地获取档案内容产品或服务。这些原始动机与具体目标的不同，决定了各个参与主体在档案内容治理过程中有自己的决策与行动偏好。一方面是主体类别与数量的增多，加大了合作难度；另一面是主体间动机与目标之间的差异，进一步加剧合作难度。此外，不同的主体在档案内容治理过程中还有不同的利益需求，这也导致了各方秉持不同的治理理念，这必然导致治理目标、模式等不同的出现。因此，分化而非合作才是必然趋势，这与档案内容治理要求各主体协调联动相矛盾。从现实来看，目前在档案领域各治理主体尚未有协调参与的合作机制的形成，各治理主体之间在档案内容治理过程中形成合力的可能性较小，档案内容治理碎片化风险较大。

需要澄清的是，有人可能提出治理主体多元化导致了治理动机与治理目标的不一致，导致各主体出现治理决策和行动的多样性，从而出现分散、割裂的碎片化风险。但这种观点具有片面性，从本质上看，档案内容治理主体多元化并不是碎片化的根源，碎片化的主要原因在于多元治理主体之间在组织、功能和平台等方面处于分散状态，没有建立起高效、一致的治理共同体（周毅，2020；张贤明 等，2015）。因为，一旦能形成治理共同体，不同的治理动机、治理目标、治理禀赋，都将有一个可能的途径来得到协调与消解。

横向上，不同主体之间缺乏合作与共享，"各自为政"，整合性差，加剧档案内容治理碎片化风险。档案内容治理除了不同层级之间难以形成合力以外，同级主体在横向上也存在缺乏沟通合作、缺乏信息共享的问题。各主体之间本位利益思想严重，按照自己的利益需求开展档案内容治理工作，这种狭隘、块状、碎片化的治理手段与方式与档案内容治理的整体性与公共性格格不入，不利于档案内容治理总体目标的实现。主体利益表达与协调机制不完善、档案内容治理参与渠道不健全，各类主体的治理意见缺乏有效的交流与互动，可能进一步加剧档案内容治理碎片化现象（李政道 等，2021）。

档案内容治理主体横向上的碎片化表面上表现为不同主体之间治理行为的碎片化，同时，内里其实还反映着治理对象之间的碎片化。总体来讲，横向上主体之间与治理内容之间的碎片化主要有以下四种类型。

一是跨地域档案内容治理碎片化，即区域划分切割档案内容治理，导致档案内容治理碎片化的出现。档案内容治理的开展与实现必然涉及到不同区域之间的档案内容治理的各自开展。区域之间由于自身经济发展水平、政策导向的不同，本身存在档案内容治理的差异性，再加上国内区域间目前并无良好的沟通协同机制，以致档案内容治理碎片化的出现。

二是跨行业档案内容治理碎片化，即不同行业之间未能建立起有效的合作共享机制。行业对档案内容治理的"烙印"是独特的，所以行业间档案内容治理差异较为明显，也正是如此，使行业之间档案内容治理的交流与合作的难度加大了。跨行业档案内容治理合作与共享的不足，是档案内容治理碎片化的另一重要表现与成因。

三是跨组织档案内容治理碎片化，即不同组织之间档案内容治理协同不畅。档案内容治理涉及到不同组织之间档案内容治理的开展，但不同组织包括不同组织类别之间、同一类别的不同组织个体之间合作与共享不力的问题时有发生，比如档案机构与企业之间、社会组织与个人之间、档案主管部门与个人之间，合作频率不高、合作力度不够。这种合作的不足与不够，也会导致档案内容治理碎片化的出现。

四是跨部门档案内容治理碎片化，即不同部门之间合作与共享不够。在国内现有的组织机构架构框架中，各档案内容治理的职能主要通过档案内容治理的部门来实现。因此，档案内容治理根据主要功能不同设有若干职能部门，这有利于满足治理专业化的要求。另外，在面对档案内容治理的整体推进过程中，不同部门之间彼此之间因为缺乏应有的协同管理，就容易出现各自为政的现象，进而表现档案内容治理碎片化。

（3）档案内容治理碎片化风险的归因

关于治理碎片化的成因，既有研究从缺乏科学的理念、落后的手段和破碎的流程、治理结构难以衔接、治理能力弱化低效等方面进行了总结（李政道 等，2021）。这些原因也适用于档案内容治理的成因分析。

治理理念碎片化是档案内容治理碎片化的最主要原因。现有的档案内容治理理论与实践远未达到成熟水平，甚至处于发展初期，因而无论是理论指导还是实践经验，都很难对档案内容治理从理念上进行强有力的指引，各个主体与各个领域的档案内容治理实践也都在尝试摸索中开展，治理的碎片化呈现就成为一个必经阶段。

治理机制碎片化是档案内容治理碎片化的另一成因。针对档案内容治理目前还未有针对性的治理体制与机制的建成，更遑论逻辑与目标一致的治理体制与机制的存在。这些彼此间缺乏联动、甚至冲突的治理体制与机制加剧了档案内容治理碎片化的出现。常大伟（2020）在借鉴新制度主义的相关论点从制度角度对我国档案治理能力建设现实挑战进行分析时曾总结出条块分割的档案管理体制、强国家弱社会的档案权力分配模式、以单位制为核心的档案制度设计、内卷化的档案工作运行机制、基于理性的档案政策选择的五大原因。目前这些现状仍然存在，档案内容治理作为档案工作的一部分，也无法逃脱这些底层基础的影响，面临机制碎片化带来的挑战与影响。

治理技术的碎片化直接导致了档案内容治理碎片化。技术的长足进步提升了档案内容治理的可能性与效率，同时也意味着治理主体在技术方面选择的多样性。这种技术选择的多样性，提高了技术选择与使用实现标准统一的难度，反过来导致了档案内容治理技术标准化程度较低，从系统、平台到格式，彼此之间的兼容、适配难度提升了，"信息孤岛""信息茧房""信息烟囱"不断形成，结果就是出现档案内容治理碎片化。

4.2.2 细节处：外源性风险影响治理成效

（1）外源性风险的分类阐释

外源性风险的出现与内生性风险的存在有着密切关联，由于内生性风险的存在，外源性风险的出现概率提升，规避难度加大；外源性风险又可能使内生性风险进一步加剧。内生性风险从基础与根本上对档案内容治理造成影响与危害，外源性风险则从具体的细节之处直接影响着档案内容治理成效的高低。

具体来说，外源性风险可以包括资源风险、技术风险、运行风险、决策风险等。每一种又可按照不同的属性进行进一步划分。因为这些风险数量庞大，种类繁多，难以穷尽，此处只列举一些典型风险（表4-2），以例证外源性风险及其危害的存在。

表4-2 档案内容治理外源性风险类别

分类	列举与阐释	
	具体风险	主要危害
风险类别		
资源风险	泄露风险	威胁档案内容安全
	侵权风险	影响档案权益的实现
	实体安全	危害档案实体安全
技术风险	兼容性风险	影响跨平台、跨系统、跨应用的管理与使用
	可读性风险	影响利用
	共享风险	影响利用效果
	标准风险	降低档案内容治理的标准化程度
	长期保存问题	影响档案内容治理的长期性
运行风险	盈利风险	损害档案内容治理经济效益
	法律风险	带来法律合规风险
经济风险	成本风险	影响档案内容治理经济效益
决策风险	重复建设风险	影响档案内容治理效率
	冲突风险	影响档案内容治理效率

（2）外源性风险的影响

如表4-2所示，外源性风险呈现零碎、复杂、交叉的特点，因此外源性风险的影响与危害也表现出多且杂的特征。通过分析可以发现，这些危害背后存在一些共性，依据各自的共同点，可以将这些危害与影响分为三个大类。

一是影响资源安全。在国家档案局2016年印发的《关于进一步加强档案安全工作的意见》中，从资源安全、实体安全、信息安全、保密开放四个角度对资源安全相关的风险治理进行分类,分别从收集归档源头、实体安全保管、信息安全策略、保密管理方面对档案资源安全风险治理提出了要求。在档案内容治理中,也需要充分考虑上述四类风险及其治理,尤其是体现在对档案内容治理对象体系中的实物体系中实体与内容层面的安全风险①。档案内容资源从本质上还是一类特殊的档案资源,保证内容与实体安全仍然是最为基础的任务。

二是影响治理效果。技术层面的一些漏洞或不足,或恐对档案内容治理的成效带来灾难性的影响。比如,能否对档案内容进行语义层级标引、组织与利用,对档案内容治理能实现的效果有着重要影响;再如,决策上的导向,对档案内容治理的开展广度与深度有重要的影响,极大地影响着档案内容治理的良性开展。

三是影响利用效果。档案内容治理的最终目的是在实现档案内容资源、产品、服务最大化地共享与利用中发挥档案内容治理的效用价值。外源性风险还会在用户的利用与共享环节造成不良影响,比如,共享平台的兼容问题会影响利用效率;再如,利用成本高或利用收益低会降低利用积极性。这些风险的存在会影响档案内容治理利用效果,会对档案内容治理带来不良影响也就不言而喻。

(3) 外源性风险的归因

对档案内容治理外源性风险出现的原因进行梳理,大致可以归类为技术、机制、标准三个方面的原因。

一是技术角度,技术应用能力限制档案内容治理能力与成效。技术角度而言,档案内容治理的技术重点落在档案内容化管理的环节与流程,包括档案内容的语义组织、知识图谱的构建、专题数据库的建设等。目前从技术水平角度来说,实现以上各项并非难事。主要的难点一是在于档案内容治理主体的对技术的理解与应用能力的欠缺,使得各项技术尤其是数据与信息组织处理技术与档案内容治理的结合有所短板;二是在于一些固有技术缺陷短时间难以有效攻克,如数字档案内容的长期保存、自然语言处理等。

二是机制角度,缺乏协调高效的体制机制影响决策科学性。机制角度而言,档案内容治理缺乏协调高效的体制机制,会造成决策协调性、统一性欠缺,治理的重复性与分散性问题难以避免,而治理政策、方针、决定之间的重复甚至冲突无法避免,就难以保证档案内容治理的科学性。

三是标准角度,标准的完善程度与更新速度有所欠缺。档案内容治理在标准化程度方面的欠缺主要受档案内容治理相关领域标准的完善程度与更新速度的影响。

---

① 详见国家档案局印发的《关于进一步加强档案安全工作的意见》,https://www.saac.gov.cn/daj/gfxwj/201910/55d8388520734b2ab270bbd49b7b61d2.shtml。

标准角度，首要问题是标准的建立并不完善，档案内容治理某些关键领域或环节，还未有成熟规范的标准可用。同时，现有的一些标准也未能根据实践的发展变化而进行相应的更新，实际可用性差。

4.2.3 档案内容治理规避风险的思路

无论是内生性的碎片化风险还是局部层面的外源性风险（表4-3），都会对档案内容治理成效产生重要影响，对档案内容治理优越性的发挥产生限制。

表4-3 档案内容治理风险归因

风险类别	具体风险	成因	总结
内生性	碎片化	理念碎片化	理念、机制、技术
		机制碎片化	
		技术碎片化	
外源性	资源风险、技术风险、运行风险、经济风险、决策风险	技术限制	
		机制限制	
		标准限制	

重复建设与分散建设导致档案内容治理的无序状态的出现，是档案内容治理碎片化风险带来最主要的影响。档案内容治理碎片化风险的存在及进一步扩大，会造成档案内容治理上述无序状态的反复与持续存在，出现政策制定与执行缺乏整体性、全局性，资源配置优化不足，导致档案内容治理整体效应降低，难以对国家、社会、公民的需求进行整体性回应，最终结果是档案内容治理效率的低下与档案治理资源的浪费。对档案内容治理内生性碎片化风险而言，治理理念的碎片化、治理机制碎片化、治理技术的碎片化是主要原因。

外源性风险虽然只是局部性的，但也会影响档案内容治理的资源安全、治理效果与利用效果，并且呈现出多且杂的特点，对档案内容治理的现代化产生重要影响。通过对档案内容治理外源性风险的归因可以发现，技术、机制、标准方面的不健全直接导致了"外源性"风险出现。

对这些风险的产生原因进行分析并对症下药是有效规避风险的重要途径。因此，如何从理念、机制、技术角度着手进行改变，是档案内容治理风险规避的主要突破点。

4.3 档案内容治理的困境分析

档案内容治理除了面临上述风险之外，还存在一些现实的困境。如果风险意味着档案内容治理面临着一些不确定性因素，这些因素可能会对档案内容治理成效带来影响；那么，现实困境就是指档案内容治理面对的已然存在且会阻碍档案内容治理顺利开展或会使档案内容治理大打折扣，同时还具有克服难度的不足或困难。档案内容治理风险与治理困境出现形态对比见表 4-4。

表 4-4 档案内容治理风险与治理困境出现形态对比

类别	出现形态	影响
档案内容治理风险	可能存在	削弱档案内容治理的科学性与效率
档案内容治理困难	已然存在	影响档案内容治理整体水平

在数字转型背景下，档案内容治理的目标与档案内容治理的现状之间严重对立，档案内容治理显得困难重重。根据档案内容治理的定义可以看出，档案内容治理并非由技术而催生出的新事物，但在数字转型期这样宏大的时代背景与行业趋势下，档案内容治理不可避免地加上了数字转型的烙印。这些烙印的积极作用体现在，技术的进步给档案内容治理带来了技术的便利，档案内容治理的便利性、可行性都大幅提升，可以说，技术进步尤其是数字技术的进步，是促使档案内容治理由理论走向实践的最为重要的推动力量。另外，这些烙印也给档案内容治理提出更高的要求，如技术的理解与驾驭能力，对新冲突、新矛盾的理解与调解能力。更为关键的就是对新冲突、新矛盾的理解与调解能力，因为，新冲突、新矛盾的理解与调解直接影响档案内容治理这一新事物的发展壮大。

档案内容治理是一种理念、是一种思维、是一种方案，总之，是一个复杂的体系。所以，数字转型期档案内容治理面临的新冲突、新矛盾是全方位的，但概括而言，这些新冲突与新矛盾产生的根源在于原有档案工作基础与档案内容治理新需求之间存在差距，这些差距的存在导致了冲突与矛盾不断，并持续影响冲突与矛盾的解决。

档案工作的原有基础是，即使档案内容治理面对全新的治理需求与治理目标，需要更新档案工作理念或工作模式，但其赖以开始的资源基础和主体基础，并未因此而发生改变。档案内容治理困境出现原因见图 4-2。资源基础，是指档案内容，无论是档案治理还是档案内容管理或档案内容治理，它们共同作用的客体对象只有广度与深度的变化，但客体本身并未发生改变，这些物质基础不因意识的改变而转移。比如，它们三者依赖的馆藏基础、技术基础、库房条件，并未发生本质变化。主体基础是指档案内容治理的主体仍然是原来档案领域存在的主体，档案内容治理的出现只是主体结构的改变，而主体结构改变的只是主体间的相互关系，职责与地位发生了改变，这些主体本身并未有实质改变，它们的管理理念、能力甚至管理意愿，并未因此而发生改变，或者更严谨地说，难以有太大的改变。与档案治理工作依赖的资源基础与主体基础相对不变的事实相对应的，是档案内容治理在治理目标、治理趋向、治理效能方面要求的极大提高。正是这二者之间的"变"与"不变"就导致了冲突、矛盾的存在与发展。

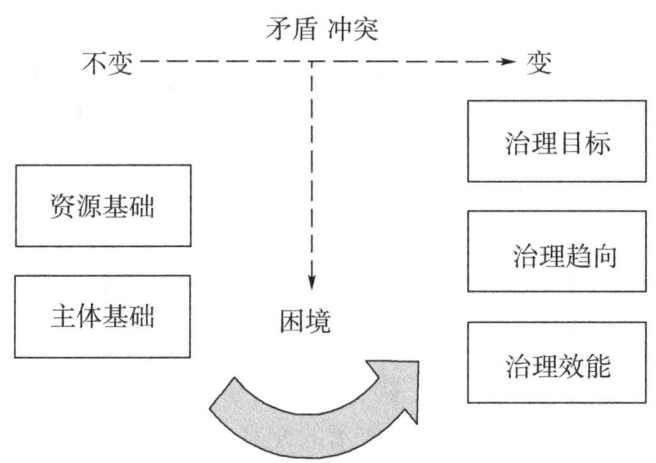

图 4-2　档案内容治理困境出现原因

4.3.1　意识困境：治理意识与治理需求不匹配

档案内容治理面临的第一困境，就来自于档案内容治理意识层面的不足。

（1）对治理对象的认知较粗糙

档案内容治理的治理对象由"物-事-人-规则"四个体系构成，对治理对象的认知粗糙主要体现在两个方面。

不能全面认识与把握治理对象，存在部分治理对象被遗漏的可能。受惯性思维的限制，"物"意即是档案内容往往会被作为治理的重点，而无意识地忽略或对档案内容治理对象体系中其他三大体系关注不足。对治理对象关照不充分，直接导致了档案内容治理陷入治理活动展开片面、难以达到预期效果的困境中。

第4章 档案内容治理体系和治理能力现代化的提出缘由

对各个治理对象的认识不够正确,对治理对象的特征认识不足。对治理对象认识不正确。比如,不能正确认识治理主体这一对象的结构与作用。档案内容主体不能正确认识"一主多元"的档案内容治理主体,并对其同心圆的构成结构认识不到位,也就无法清晰认识到各治理主体的职责与角色分工的不同。对治理对象的特征认识不足,是指对治理对象的特征不能做到全面认识,如对于档案内容治理来说,"内容"的内涵具有四个维度,在治理过程中没有做到对四个维度都进行充分关注。例如,只关注"内容"的档案的内容或内容性质与内容状态,则实际的治理活动的开展与档案内容管理并无二致了。如此一来,不仅限制了档案内容治理的施展空间,还容易使档案内容治理陷入治理出现偏差、治理成效难以满足实际需求的困境。

(2) 对治理目标的认识不清晰

意识层面的另一大困境是外界环境变化之大、之迅速,治理目标也会随之不断调整变换,因此对目标的调整速度一旦落后就会出现对治理目标认识不清晰。在档案内容治理产生之初,档案内容治理的目标可能仅停留在实现对档案内容本身的治理,以使档案内容更便于管理、更便于利用。随着档案内容治理与外界需求的发展,档案内容治理的目标也在不断发生变化,档案内容治理的目标开始与档案治理现代化与国家治理现代化密切关联起来。受限于长期从档案工作本身出发的思维惯性,对档案内容治理上述维度目标的认识往往并不十分清晰,直接陷入因对治理目标认识不清晰从而实际治理工作视野局限、应用局促的困境。

(3) 存在认知惯性与认知偏差

治理理念引入档案内容治理的一大改变是形成了"一主多元"的主体结构。这首先了改变了治理主体的构成,最大的变化是社会组织与个人不再是被动的利用者,而是同样也成为治理主体;另外,各个治理主体的地位与职责也发生了改变。这两大改变在带来积极效应的同时,也存在的一些"弊端"。首先,相对于治理主体为了实现自身利益所寻求的主动变化而言,因为档案内容治理模式而带来的职责与地位的改变,具有一定的被动性。这种变化的被动性,就导致各治理主体很难超越认知惯性,往往难以突破原有职责与地位的"烙印",这些不符合现有治理主体结构的认知惯性一大后果就是带来认知偏差。然后,认知偏差一旦出现,就容易使档案内容治理陷入歧途困境。例如,难以充分调动多元主体积极主动参与治理,社会团体、公民等容易在档案内容治理的前端环节,如内容的组织、挖掘环节中出现缺位现象,而档案主管部门、档案机构则容易在档案内容治理的后端环节,如档案内容产品与服务的主动消费中不够积极。

档案内容治理主体意识困境的存在，会导致对档案内容治理价值、重要意义、主要特征等方面认知不足，将会导致档案内容治理进展缓慢，掣肘档案内容治理的健康发展。

4.3.2 能力困境：治理能力与治理趋向不同步

此处说的能力主要是指各治理主体所具备的档案内容治理相关能力，根据针对治理对象、治理流程与环节等的不同，可以对这些能力进行进一步细分，如针对治理主体的包括人员配备、人员培训等能力；针对规则体系的有制度制定能力；针对档案内容的有内容采集、内容组织、内容发布等应用、平台和系统方面的能力等。能力困境主要有能力更新滞后与能力出现缺失两种。

（1）能力更新滞后

能力更新滞后是指档案治理主体已经具备某些相关能力，但是能力的更新与升级却滞后于实际需要，从而出现了能力缺口。如原有的档案工作模式，也涉及档案利用服务能力，一般采用查询、检索、编研产品提供等途径就可以实现，但是档案内容治理则对利用服务提出了新的要求，需要及时进行更新。一旦能力更新未能与需求更新同步，就容易出现能力更新的滞后[①]。

这种能力更新滞后可能存在两种情形：一种是能力的更新速度赶不上能力变化速度，主要是指能力更新时间上的滞后性，在能力满足现实需要上存在时间差，这会整体影响档案内容治理的进度；另一种是能力的更新质量不能满足能力需求，意即是档案内容治理即使有了更新意识与更新行动，但由于理念、资金、技术等主客观方面的原因，能力更新的质量不能完全符合现实的需要，出现能力缺口。无论是哪一种，其结果都是由于能力更新滞后而导致能力水平难以支撑档案内容治理的现实需求。

（2）能力出现缺失

能力出现缺失则主要是指档案内容治理由于环境、需求等外部因素的改变，出现了一些新的问题与需求，而这些问题与需求无法靠现有的能力去进行解决。简言之，就是出现了能力的缺失。如对档案内容治理的开展来说，在内容化过程中需要具备强大的数据治理技术与能力，这对于大型组织机构来说可能并非难事，但一些小型社会团体可能在人才与设备方面确实难以满足。对于能力缺失的状况，有些能力可以很快地获得或习得，这种能力缺失对档案内容治理的开展影响较少；而有些

---

① 当然能力更新也可能快于需求更新，但此种情况下并不会对档案内容治理产生不利影响，所以不在此处的讨论范围里。

能力，或者短时间内无法获得，或者获得与提升难度较大，这样的能力缺失则会对档案内容治理造成较大的影响，如可能直接导致某一类需求无法被满足。

4.3.3 组织困境：治理机制与治理效能不平衡

组织困境是目前档案内容治理面临的困境中较为严重的一类。组织困境不仅对档案内容治理的成效有着根本性的影响，同时还存在改变难度大、见效缓慢的问题。

（1）缺少治理共同体

党的十九届五中全会会议公报提出，新发展阶段社会治理共同体是需要发动所有社会力量共同建设的共同体（潘琳，2021）。相关学者提出，治理共同体是指党委、政府、群团组织、自治组织、社会组织、企事业单位、公众等是社会治理的参与主体，为回应社会治理需求以及解决问题的共同目标，以社会治理场域中协商议事平台为抓手，基于互动协商、权责对等的原则，共同建设、共同参与治理、共同享有治理成果，从而形成彼此关联与促进且关系稳定的群体（郁建兴，2019）。对于档案内容治理来说，其治理共同体也基本符合上述特征，多元主体为了实现档案内容治理的直接目标与间接目标，共同参与治理过程、共同享有治理成果，从而形成的相互关联、相互促进且关系稳定的群体。

但从现有情况来看，档案内容治理的多元主体之间的联动与协同还不足，档案内容治理的共同参与性还不高，治理主体相互之间的格局也只有雏形，相较于需要实现的治理目标而言，远远不够，尚未形成稳定的档案内容治理共同体。缺乏档案内容治理共同体，难以实现多元主体的有效、有序协同参与，不利于激发多元主体的责任意识与积极性（潘琳，2021）。这既不能发挥档案内容治理应有的共治优势，档案内容治理善治性这一优越性也遭到限制。

（2）缺少协同联动机制

档案内容治理除了尚未形成稳定的治理共同体之外，还缺乏协同联动机制。协同联动机制的缺乏导致档案内容治理各个主体之间没有有效的沟通联系机制，沟通不畅。如此一来，难以形成各治理主体共同参与的治理格局。这就会导致档案内容治理陷入治理理念、行为、方案、策略难以保持一致性与稳定性的困境中，档案内容治理实践也就难以协调一致地进行开展，极有可能出现"九龙治水，久治无功"的现象，倾注了大量的治理投入，但却无法取得预期的治理效果。

治理共同体和协同联动机制的缺乏互相影响，恶性循环。缺乏协同联动机制，就难以提供稳定畅通的协作机制与渠道，不利于档案内容治理共同体的形成。而没有稳定的档案内容治理共同体,则难以促进协同联动机制的建立。因此,这一现实困境必须同步进行解决,才能促成问题的真正解决。

(3) 职能定位不清

档案治理主体职能定位不清也是档案内容治理困境出现的重要原因。一方面,因"局馆合一"的体制所带来的长期影响,各档案部门在职能分工与职能承担方面有交叉与重叠等不合理现象;而新一轮档案机构改革后,档案部门与数据管理部门出现的相互分割局面,又可能导致"信息孤岛"的形成(徐拥军,2017;徐拥军等,2019),产生职能分工定位不清的现象。

职能定位不清会给档案内容治理带来不良影响,原因在于:一是会陷入分工不明确、治理边界不明确的困境,分工不明既会导致档案内容治理实践重复、分散、冲突状况的出现,同时也会出现责任规避或者责任转移的现象,导致追责困难,难以监管;二是出现主体参与困境,如果主体无法准确了解自身在档案内容治理中的角色与职责,各主体在寻找与把握参与环节与时机时就会面对不好判断无从下手的困难。

因此,档案内容治理主体职能不清,带来的就是权责不明与角色不清,不利于监管,不利于主动治理,是档案内容治理现实发展的障碍。

4.3.4 标准困境:治理规范与治理实际不适应

此处所讲的标准困境,并不是指狭义层面的标准,而是泛指档案内容治理在标准化层面还有待加强。针对档案内容治理而言,这种标准化体现在法律、标准、规范三个维度。

(1) 立法欠缺,法律参差不齐

档案管理的法治建设正处于一个不断完善的过程中。2020 年 6 月 20 日,新《档案法》的审议通过[①],为新时代档案事业高质量发展提供坚强法治保障。新《档案法》在诸多方面都实现了重大突破。但是作为部门法,新《档案法》在着重宏观的同时,微观的细节性之处就不可避免地有无法覆盖的地方,对档案内容治理的一些关键领域,如档案内容的所有权、档案内容治理过程的权责分工等方面有所缺失,难以起到直接的规范引导作用。

档案领域之外,法治建设的发展也为档案内容治理提供了重要的法律依据与保障,同时也是档案内容治理必须遵守的法规要求。2021 年 6 月 10 日审议通过

---

① 全文见《新修订的〈中华人民共和国档案法〉解读》,https://www.saac.gov.cn/daj/yaow/202007/bd61bfb7b1404b2ca3c12f1652b2c915.shtml。

的《中华人民共和国数据安全法》（以下简称《数据安全法》），已于同年9月1日正式实施。依据《数据安全法》的要求，档案内容治理也需要将数据安全技术融入数据处理的每一个环节，让档案内容在合法合规的前提下发挥最大价值。与我国2017年施行的《中华人民共和国网络安全法》，2021施行的《中华人民共和国个人信息保护法》一起，共同构成了我国数据安全保护的一体化法律体系。而法律的落地需要具体的支撑举措，相对来说，档案领域的立法工作稍显迟滞与不足，档案内容治理相关立法工作质量的参差不齐，是档案内容治理有序发展的一大阻碍。2021年中共中央办公厅、国务院办公厅联合印发的《"十四五"全国档案事业发展规划》中明确指出要做好完善法规制度和标准规范的工作，通过做好配套法规的制定，加快制度和政策供给，实施"档案制度规范建设工程"等措施来推动。

（2）标准不足，规范不够，不统一时有发生

2016年国家档案局印发的《关于进一步加强档案安全工作的意见》，在关于制度安全风险管理中提出："各级档案行政管理部门要不断完善和细化涵盖各个重点领域、各种形式载体、各个管理流程的档案标准规范和技术要求，做到标准统一、要求明确、制度之间协调一致。"[①] 档案内容治理目前的发展并不成熟，经验也不充分，所以无论是在政策层面还是标准与规范层面，仍然还有许多值得期待与完善的地方。目前，档案领域还未有专门地针对档案内容这一微观层次的政策规范、法律制度等，无法对档案内容治理进行有效的调控。现有的一些政策、制度只是涉及档案内容治理的部分内容，整体性、协调性、深入度都不足。

在标准与规范层面，还表现为相关标准的制定、出台与实施不够到位，在实际的指导与规范中作用不强。另外，标准与规范之间，一致性较差，条文之间难以配套甚至相互冲突的现象时有发生，对标准与规范的实际应用也产生了一定的不良影响。这既是档案领域整体的标准、规范建设现状，也是档案内容治理所处的标准、规范建设大环境。

4.3.5 综合能力的不足以致现实困境的出现

对档案内容治理面临的上述困境进行总结（图4-3），可以发现，这些困境存在综合作用，最终的后果是直接影响到档案内容治理的整体能力水平。与能力困境中的能力主要指治理主体的能力不同，此处的能力强调的是档案内容治理作为一个

---

① 原文见《国家档案局印发关于进一步加强档案安全工作的意见》，https://www.saac.gov.cn/daj/gfxwj/201910/55d8388520734b2ab270bbd49b7b61d2.shtml。

整体所具备的综合能力。

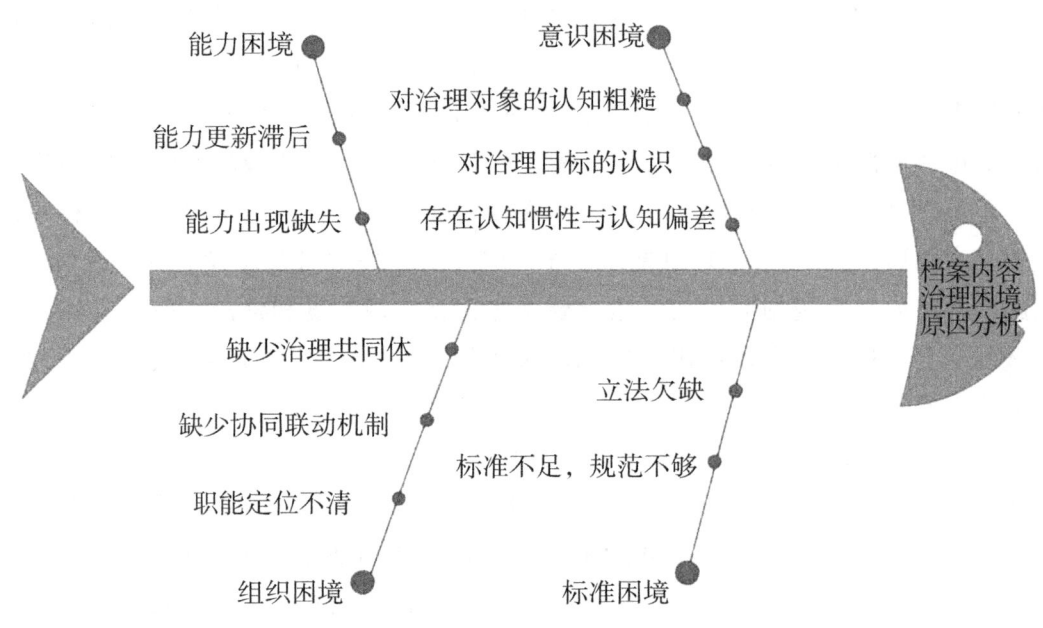

图 4-3 档案内容治理现实困境原因分析

因此，档案内容治理的现实困境会对档案内容治理产生更为综合与根本的影响，这些困境最后会通过"由谁治理-如何治理-治理得怎么样"三个环节得到具体体现，从而对档案内容治理产生影响。

治理主体：主体结构、主体能力、主体协作方面的困境。

治理过程：治理对象、治理方式、治理手段、治理流程方面的困境。

治理成效：价值取向、标准衡量、实现路径方面的困境。

如何提高档案内容治理的整体能力，消解上述困境，以保证档案内容治理的成效，发挥其作用，也是档案内容治理需要解决的一大关键问题。

结合档案内容治理风险归因与现实困境归因分析，发现二者在一定层面上出现了重合与交叉，部分治理困境正是档案内容治理风险的成因（图 4-4）。这并不矛盾，反倒充分说明，现实困境的出现掣肘着档案内容治理的进展速率与治理成效，带来了一定的治理风险。与档案内容治理风险制约档案内容治理优越性的发挥相似，档案内容治理存在的上述困境也限制了档案内容治理在精细性、善治性、赋能性方面的优越性发挥。因此，对档案内容治理困境的改变是重要且急迫的。

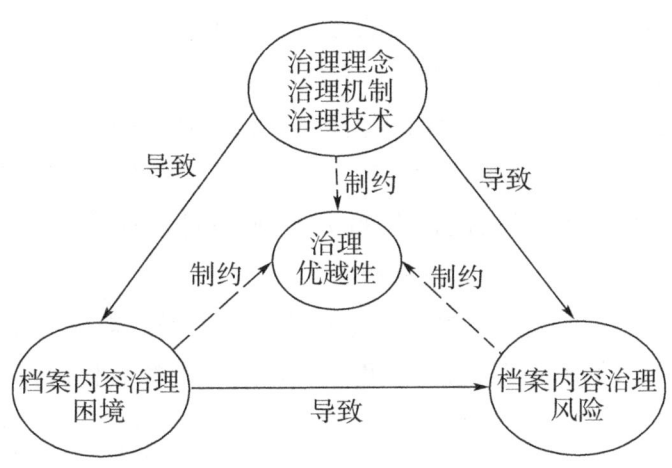

图 4-4　档案内容治理风险与困境对治理优越性的影响关系

4.4　档案内容治理体系和治理能力现代化是破局之道

通过对档案内容治理优越性的分析，可以看出档案内容治理是档案治理现代化取得良好效果的重要途径，值得大力推行与开展。另外，档案内容治理又具有风险性，在开展过程中容易适得其反，需要采取强有力的措施加以防范。与此同时，档案内容治理还面临着来自意识、能力、组织、标准方面的现实困境，与治理风险的出现和加剧有着密切关系，限制档案内容治理优越性的发挥。基于这样的实际情况，比较理想的策略就是找到一条路径，既能最大程度地发挥档案内容治理的优越性，又能很好地对档案内容治理的风险性加以防范，同时还能有效地消解档案内容治理面临的现实困境，将档案内容治理的无序、失序、失效等情况控制在最小范围与最小概率。

如何找到这样的一条路径呢？对档案内容治理的优越性、风险性与现实困境的来源即成因进行同质分析，也许有助于找到突破口。

4.4.1　档案内容治理现代性不足要求加强现代化

无论是从档案内容治理的优越性发挥，还是档案内容治理风险性的有效规避，以及档案内容治理现实困境的有效消解，背后一个共同的重要原因就是档案内容治理的现代性不足。现代性要求档案内容的治理方式是现代化的，主要以制度化、民主化、法治化、科学化、规范、有效等为特征。现代化强调的是实现现代化的过程，现代性则在于现代化的结果，是指现代化过程中所展现出来的特征、属性与结果等，是现代化的结晶（陈嘉明，2003）。

根据本研究在绪论中对现代化的内涵与特征的阐释，现代性的不足主要指制度化、民主化、法治化、科学化、规范性、有效性等重要特征程度不够或缺失。而以上在档案内容治理中则表现为档案内容治理的制度不够完善，法律法规建设不完善，还未有有效的治理方案与治理手段等。其实，不管档案内容治理不足的体现如何多变，不变的本质依然是档案内容治理的现代性不足。而现代性的不足正是源于现代化程度的不够，还处于现代化的初级阶段。

如果对症下药，解决思路就在于通过促进档案内容治理现代化程度的不断提升，来提高档案内容治理的现代性，进而最大限度地发挥其优越性，规避其风险，消解其困境。

4.4.2 档案内容治理突破口在于确立规则

对档案内容治理的优越性、风险性与现实困境的成因进行分析，可以发现，档案内容治理的优越性、风险性与现实困境都主要与"内容"和"治理"这两个关键要素密切相关。"内容"治理这一关键要素所具有的优点也好缺点也罢，是无论何种管理模式与手段，均会面临的。也就是说，任何管理策略，其实都是尽量挖掘与利用"内容"的优点，同时尽量避免其"缺点"带来的影响与阻碍。简言之，只要将范围限制于档案内容空间，出路在于如何管理与利用内容上，而不在内容这一要素本身。因此，突破口在于管理模式和手段之中，对于档案内容治理来说，也就是"治理"这一要素。

对档案内容治理"治理"这一要素来说，治理带来的优越性主要体现在治理主体的多元、治理目标的普适性、治理理念的优越性等方面；而风险性也同样存在于缺乏统一的目标、政策、话语体系带来的多元主体、途径之间的难以匹配与平衡。因此，最便捷高效的方法，是找到一种策略，一种可以有效调动所有因素、配置所有资源、协调所有力量的策略。分析至此，答案呼之欲出。因为能达到这样效果的，只能从宏观的规则层面入手。而这也与档案内容治理内涵解析中，"规则"是档案内容治理的研究重点完全契合。因此本研究将从"规则"层面寻找解决途径作为主要突破口。

4.4.3 治理体系与治理能力现代化契合档案内容治理的现实需求

（1）档案内容治理现代化核心要素是上层建筑的现代化

一方面，档案内容治理呼唤现代化；另一方面解决路径存在于"规则"中，这

第4章 档案内容治理体系和治理能力现代化的提出缘由

二者看似毫无关联，但只要稍加分析，就可以看出二者之间关联密切。

因为，现代化的过程是一个复杂的系统过程，不同领域的现代化过程中核心因素与重要表现有所不同。马克思关于历史唯物主义有三条重要的原理：一是生产力层次的"生产力决定生产关系"；二是经济基础层次的"经济基础决定上层建筑和思想文化意识形态"；三是上层建筑和思想文化意识形态层面的"生产关系对于生产力、上层建筑和思想文化意识形态也具有反作用"。对现代化的典型"11化"过程进行剖析，就会发现其大致与三个层次相对应（表4-5）：①生产力的现代化对应机械化、信息化、科技化；②经济基础的现代化对应市场化、社会化、国际化、城镇化；③上层建筑和思想意识形态的现代化，则对应民主化、法治化、制度化、多元化。

表4-5 现代化"11化"的层次分析

层次	类别	"11化"的内容
第一层	生产力	机械化、信息化、科技化
第二层	经济基础	市场化、社会化、国际化、城镇化
第三层	上层建筑和思想意识形态	民主化、法治化、制度化、多元化

由此可以看出，并不是所有的现代化过程都与上述三个层次密切相关，有些领域的现代化与第一个层次密切相关，如生产领域；有些领域的现代化则与第三层次密切相关，如公共服务的现代化。对本研究讨论的档案内容治理来说，其虽然与生产力层次的信息化、科技化也密切相关，但相比而言，民主化、法治化、制度化、多元化在其中起着更为关键的作用。换言之，就算是档案内容治理的现代化可能与三个层次中的信息化过程都有关联，但其需要考虑的核心因素也仍然是上层建筑层面的规则、体系、制度因素。

（2）档案内容治理体系和治理能力现代化是有效应对

通过对档案内容治理的优越性、风险性的来源分析，发现档案内容治理需要从"规则"这一宏观层面来进行解决。而档案内容治理现代性的不足又急切需要档案内容治理提高现代化程度，同时上层建筑层面的民主化、法治化、制度化、多元化是核心要素；另外，档案内容治理的现实困境又将矛头直指档案内容治理的宏观协调不力与实际能力不足。因此，面临档案内容治理内外风险与困境的存在与持续发展，在优越性、风险性、现实困境三重夹击之下，要求实现档案内容治理现代化，最关键的是找到一条能较好有效应对上述三重夹击的路径。因此，就需要找到一条涵盖最多相同因素的路径，也就是本研究提出的档案内容治理体系和治理能力现代化。

档案内容治理体系和治理能力是本研究首次提出，但治理体系和治理能力现代化已有大量研究与实践。从 2013 年党的十八届三中全会，提出了"推进国家治理体系和治理能力现代化"这一重要课题后（许海清，2013）。此后各个领域，如教育领域、企业领域等，都展开了"治理体系与治理能力现代化"的理论研究与实践尝试。2017 年，党的十九大将"推进国家治理体系和治理能力现代化"纳入新时代中国特色社会主义基本方略。无论是从解决自身发展需要，还是为了契合国家治理体系和治理能力现代化建设的需要，都亟须对档案内容治理体系和治理能力现代化进行探索与研究。

（3）档案内容治理体系和治理能力现代化的重要意义

在治理体系层面，档案内容治理体系直接涉及档案内容治理的根本性与全局性、稳定性与长期性的问题。档案内容治理体系的现代化是以高度协同科学的制度架构统摄档案内容治理的全局，落实到档案内容治理各领域与各环节，实现档案内容治理的民主化、法治化、制度化、多元化。在治理能力层面，档案内容治理现代化的制度效用直接涉及档案内容治理能力。对于治理规则的实施而言，要求制度效能实现制度化、程序化与规范化；在治理主体的实践中，则要求档案内容治理对象具有自主意识与能力。

由此可见，档案内容治理体系和治理能力现代化，有利于进一步强化对象层面、手段层面、综合层面通过精细性、善治性、赋能性带来的优越性，并通过现代化过程，对优越性的进一步扩大与充分发挥进行加强。同时档案内容治理体系和治理能力现代化对理念、机制、技术存在的不利因素的清除，也能很大程度上规避碎片化风险，对于消解困境也有良好的助力作用。档案内容治理破局的需要，触发了档案内容治理体系和治理能力现代化，档案内容治理体系和治理能力现代化是实现档案内容治理现代化的重要动力。档案内容治理需要一个有效的途径来破局，并抓住可能的机遇。受国家治理体系和治理能力现代化的启发，档案内容治理也可以沿着这样的路径，探索一个可能的存在。

所以，本研究提出档案内容治理体系和治理能力现代化这一理念与行动方案，以最大限度地发挥档案内容治理在挖掘档案内容的资源禀赋、强化治理成效促进价值实现、助力档案内容治理参与支持档案与国家治理现代化进行方面的优越性，以规避碎片化风险与外源性风险，消除因综合能力弱而导致的在意识困境、能力困境、组织困境、标准困境方面的问题，以促进档案内容治理的发展，发挥档案内容在数字转型趋势下对国家治理现代化与档案治理现代化的独特作用。

对于档案治理来说,档案治理体系和治理能力现代化既是实现档案治理的目标,也是途径(李宗富 等,2021)。档案内容治理若要想突破重围,其首要路径就是实现治理体系和治理能力的现代化,利用治理体系和治理能力现代化来力争消解其现实困境,最大限度实现其优越性,同时对其风险性加以规避。

4.5 本章小结

本章从对象、手段、综合三个层面,分析了档案内容治理具有的精细性、善治性、赋能性三大优越性,对档案内容治理的重要价值进行充分论证;对档案内容治理的内生性风险与外源性风险进行了归纳总结,同时探寻出在治理理念、机制、技术方面的成因,为风险规避找到了重要的规避路径;进一步对档案内容治理面临的意识、能力、组织与标准困境进行了分析,得出档案内容治理综合能力的欠缺导致了诸多治理困境的出现。优势的获得与保持直指档案内容治理综合成效的取得,风险的规避与困境的消解又与档案综合治理能力密切相关,治理瓶颈的关键问题在于低效治理能力与高效治理需求之间的不匹配不适应,以及治理效能不能满足人们对档案内容治理的期待与需求。档案内容治理体系和治理能力现代化,作为一个框架性概念,极好地囊括了与上述优势、风险、困境都密切相关的意识、体制、机制、能力等问题。基于此,本研究提出以"档案内容治理体系和治理能力现代化"作为档案内容风险规避、困境消解、能力提升的现实对策。

在"档案内容治理体系和治理能力现代化"这一命题中,落脚点和归宿放在"现代化"上才能切中要害,因此,对于"档案内容治理体系和治理能力现代化"简洁表述,就是"档案内容治理现代化"。"档案内容治理现代化"是将其中的"档案内容治理体系"和"档案内容治理能力"简约化,通过二者相同的"档案内容治理"并加上"现代化"而形成的,只有以现代化为旨向依归,才能认识、把握和解决档案内容治理的问题,才能更好地实现档案内容治理的价值(许耀桐,2020)。

尽管档案内容治理体系和治理能力现代化在实践中已有零散实践,在理论上仍是一个新生事物,同时档案内容治理体系和治理能力相关的现象之庞杂,加大了认识与了解难度。但档案内容治理体系和治理能力现代化同其他任何领域的治理现代化一样,并非杂乱无章、捉摸不定。依据马克思主义的历史唯物论,上述现代化过程的结构层次是清楚的、井然有序的,可以认识与掌握的;贯穿其间的规律,也是稳定的,足资遵循的(许耀桐,2020)。所以,对档案内容治理体系和治理能力进行探究,必然掌握其规律,对档案内容治理困境的消解、风险的规避、优势的发挥,必将起到关键性作用。本研究将在后续章节,对这些规律尝试进行总结与阐释。

第 5 章

档案内容治理体系和治理能力关系模型

在第3章与第4章中，分别对档案内容治理的内涵与特征、优越性与风险性、现实困境进行了阐述与分析，论证了开展档案内容治理的重要性与必要性，并针对档案内容治理的风险、现实困境提出了档案内容治理体系和治理能力现代化这一解决方案。而要践行与优化档案内容治理体系和治理能力现代化这一条档案内容治理之路，了解与认识档案内容治理体系和治理能力的内涵、相互关系及其互动形态是重要基础。因此，本研究尝试构建档案内容治理体系和治理能力关系模型，其内容包括档案内容治理体系和治理能力的内涵与现代化的内容、档案内容治理体系和治理能力二者之间的相互关系及其互动形态、关系模型的演化机制。对档案内容治理体系和治理能力的关系模型的构成要素及其现代化内涵与演化机制进行分析与说明，就是本章需要重点解决的问题。

5.1 档案内容治理体系的内涵

如何分析并得出定义，既是本章研究的重要内容，也是寻找本章其他问题答案的起点。

从系统论角度来看，档案内容治理体系和治理能力是国家治理体系与治理能力以及档案治理体系和治理能力的不可或缺的组成部分，这三组概念之间是一种上位概念与下位概念的关系，在概念的内涵上存在一些共通性。因此，可以从国家治理体系和治理能力以及档案治理体系和治理能力的概念内涵出发来理解与定义档案内容治理体系和治理能力的概念内涵（陈金圣，2014）。

5.1.1 档案内容治理体系是档案治理体系的进一步细化

基于本研究前述研究结论，认为档案内容治理是档案治理在内容空间的映射，是档案治理在内容空间的实践，因此档案内容治理是档案内容治理的组成部分。正是如此，关于档案治理体系和治理能力与档案内容治理体系和治理能力的比较，似乎不需要烦琐的思考与论证就能得出初步但最核心的结论，那就是档案内容治理体系和治理能力是档案治理体系和治理能力不可或缺的组成部分。但是笼统的结论并不助益理解与认识档案内容治理体系和治理能力的具体内涵与特征。至少在本研究这一框架之下，还需要对二者之间的比较，尤其是在相同的基础上，对不同进行更为细致全面的发展与扩充。

在理解与认识档案内容治理体系和治理能力内涵与特征时，需要申明的前提有:一是档案治理体系和治理能力的基本内涵与特征仍然适用于档案内容治理体系和治理能力。二是档案内容治理体系和治理能力应在此基础上有面向档案内容治理需求的细节性改造。

(1) 档案治理体系的内涵与特征及其启发

根据文献述评的结果,目前关于档案治理体系内涵的研究仍然处于不断完善、不断发展的阶段。徐拥军等(2019)在结合系统论与制度论的基础上,认为档案治理体系需要回答"由谁治理、治理什么、治理的趋向、治理原则以及治理目标"五个问题,也就是说,档案治理体系是由档案治理的主体与客体、方向与原则、目标等众多要素构成的协调配合的一整套体系。

虽然关于档案治理体系的定义不尽相同(表5-1),但也都是对档案治理体系的五大关键要素的不同回应,区别在于各个要素的关键程度略有不同。档案治理体系的研究成果给本研究界定档案内容治理体系的内涵提供了思路。档案内容治理涉及三个基本问题:谁来治理、用什么手段治理、治理的效果如何。这三个问题的答案实际是对档案内容治理体系三大主要构成要素的回答,即档案内容治理的主体、档案内容治理的机制和档案内容治理的工具。因此,在对档案内容治理体系进行界定时,上述三个要素就成为必不可少的关键要素,需要包含在内并被阐释清楚。

表5-1 档案治理体系概念一览①

派别	提出者	内容
主体说		档案治理体系是指不同治理主体的治理角色、责任和活动
制度说	常大伟	档案治理涉及治理的形式、治理的机制、治理的规则等内容,档案治理的相关主体围绕着这些内容形成各种正式或非正式的制度关系,这些制度关系的集合就是档案治理体系
	张帆	档案治理体系是指围绕档案治理事务形成的制度体系,即围绕全社会范畴档案事业形成的制度体系
结构说	徐拥军	档案治理体系应该是由档案治理主体、治理客体、治理方向、治理原则、治理目标等众多要素构成的一整套协调配合的完整体系
	吴雁平	档案治理体系建设是一个多层次、多角度、全方位的建设,档案治理体系建设既涉及档案工作者,也涉及档案机构(包括档案行政管理机构、档案管理机构等),既涉及国家层面上对档案工作机制的顶层设计,也涉及中国档案工作在国际档案工作中的地位和作用等

① 笔者根据文献整理。

(2) 以档案治理体系为蓝本进行细节性改造

档案内容治理体系是档案治理体系在档案内容空间的具体呈现，是档案治理体系的重要组成部分。因此，可以根据档案治理体系分析出，档案内容治理体系包括档案内容治理的政策制度、体制机制、法律法规等，包括规范档案内容治理管理行为、操作流程和共享利用行为的一系列制度和程序（俞可平，2014）。相比档案治理体系，如果档案治理体系是一种更宏观的调控，那么档案内容治理体系则带有更多的微观实践性，需要处理的问题也更为具体与实际，因此对档案内容治理体系的可操作性、细化程度有更高的要求。档案内容治理是档案治理中以档案内容为核心治理内容所开展的档案治理活动，因此档案内容治理体系需要在这一方面进行更多细节性的添加，以实现能为档案内容治理实践的开展提供切实的操作指导。这就要求档案内容治理体系要在以档案治理体系为蓝本的基础上，进行细节性的改造，包括对构成要素进行细分，添加更多操作性的指引等等。

5.1.2 档案内容治理体系受国家治理体系的启发增加整体性思维

文献研究结果表明，现有关于档案治理体系包括本研究提出的档案内容治理体系和治理能力的研究，一大关键的话语来源是国家话语层面的"国家治理体系和治理能力现代化"议题的提出和推进。然而，档案治理体系和治理能力现代化在实际的研究与实践中由于未能准确地把握自身与国家治理体系和治理能力现代化这一命题的相互关系，出现了概念界定不清晰、目标把握不到位等问题。因此，要想对档案治理体系和治理能力现代化的内涵与特征进行界定与识别，需要让国家治理体系这一话语来源与参照重新归位。

(1) 国家治理体系的内涵与特征

关于国家治理体系的内涵，目前主要存在以下观点。

一是制度论的视角，将国家治理体系理解为一系列的制度和程序，目的是规范社会权力的运行以及维护公共秩序的开展；二是工具论的角度，将国家治理体系理解为对不同层次、不同领域、不同范围等方面实施国家治理的一系列方法、方式和手段；三是系统论视角，认为国家治理体系是由一系列要素及其相互关系所组成的完整系统，这种系统主要包括国家治理目标、国家治理主体、国家治理客体以及国家治理方式等要素；四是机制体制角度，把国家治理体系描述为以一定的治理理念为依据确立起来的，能够使国家顺利运行的一系列机制体制。

虽然关于国家治理体系内涵有不同的理解，但对这些定义进行概括总结，可以提炼出系统性、工具性、目的性等共性特征。因此，在认识与理解档案内容治理体系时系统性、工具性、目的性也是需要关注的重要特征属性。

（2）国家治理体系与档案内容治理体系的相互关系及其启发

档案内容治理体系是国家治理体系的组成部分，也是国家治理体系在档案治理范畴里的具体呈现与应用，是国家治理体系在档案领域从宏观向中观、从顶层设计向底层实践的拓展延伸。

在国家治理现代化视角下也需要明确档案内容治理作为一种治理实践在国家治理现代化中的角色及职能定位，即档案内容治理在国家治理中的社会分工、所承担的社会责任以及所做出的社会贡献（赵发珍，2021）。

档案治理体系和治理能力现代化课题研究的不足主要在于未能跳出档案工作本位思想带来的局限，对档案治理的考虑仅从档案工作本身出发。这种就档案论档案的思维局限，不利于充分把握档案内容治理的本质特征与打开档案内容治理的格局。加入国家这一整体视角，可以很好地弥补不足思维局限。从国家治理体系和治理能力的定义，可以看出档案内容治理体系和治理能力的界定，应该站位高远，从档案内容治理实践的整体性出发，及其在档案工作和国家工作中所扮演的角色出发，强调档案内容治理体系和治理能力的宏观性和普适性。

认识、理解与构建档案内容治理体系时，需要充分考虑档案内容治理与国家治理的相互关系，以发挥档案内容治理对国家治理的促进与支持作用为重要目标与动力，以此为起点，开展档案内容治理。因此，档案内容治理体系的制度要素、政策要素、目标要素等都需要相应增加更多整体性视角。

5.1.3 档案内容治理体系的本质是制度框架

（1）档案内容治理体系的定义

以国家治理体系和档案治理体系内涵为基础，结合档案内容治理的特性，在此本研究将"档案内容治理体系"界定为：在中国共产党的领导下，档案内容治理的制度、体制与机制的集合，是规范档案内容治理流程、确保档案内容价值发挥的一系列制度和程序。

由此来看，档案内容治理体系的本质是制度框架，以相对规定性、固定性和稳定性作为基本特征。

（2）档案内容治理体系的四个系统

仅仅提出并界定档案内容治理体系的内涵，局限于从定义视角对档案内容治理体系进行认识，对于档案内容治理体系及其现代化的推进来说是不足以提供足够的理论支撑的。要加深对档案内容治理体系的理解，还需要进一步分析档案内容治理体系的内容构成。

对于国家治理体系来说，认可度较高的一个观点是，国家治理体系由市场经济、政府机构、宪法法律、思想文化、社会组织、生态文明建设、国防和军队建设、执政党建设共计八大系统构成（许耀桐 等，2014）。这主要是从国家治理涉及的领域来进行划分的。也有从国家制度体系的构成（如我国主要的 13 个制度体系）、治理的组织机构（包括治理的组织者、参与者）、治理的方法和运行机制、治理的技术支撑（技术类的基础设施以及技术手段）等方面来进行分析的。概言之，国家治理体系就是对治理过程中所涉及的制度、方法、机制等的综合集成，主要回答国家治理的主体、治理的手段等关键性问题。而档案治理体系的构成，有学者将其划分为档案自治建设、档案法治建设、档案共治建设三个系统（沈洋 等，2020）。也有研究根据档案治理体系构成要素，将其理解为由档案治理主体、档案治理客体、档案治理方向、档案治理原则、档案治理目标五个系统构成（徐拥军 等，2019）。

可以看出，从关注的领域、治理过程等视角分析治理体系的内容构成是学术界比较主流的做法，这为认识档案内容治理体系的内容构成提供了参考。因此，本研究认为从关注领域、构成要素等视角来分析档案内容治理体系的内容构成具有一定的合理性。

与上述划分不太一样的地方是，本研究在结合档案内容治理内涵的基础上，从档案内容治理对象入手，认为档案内容治理体系包括档案内容治理实物系统、档案内容治理过程系统、档案内容治理主体系统、档案内容治理观念系统四个系统。

5.2 档案内容治理体系的结构要素与特点

对档案内容治理体系构成分析如果仅停留在系统层面，则不足以对其构成内容与特征进行充分说明，所以本研究在将档案内容治理体系划分为四个系统的基础上，进一步从结构与层次两个视角来渐次展开档案内容治理结构要素分析（许耀桐，2020）。

构成档案内容治理体系的各个系统，本身也都具有结构的性质。结构是指在系统内部，不同构成要素之间的相互关系与形态，反映为要素及要素相互之间的顺序、关系。意即是档案内容治理体系的各构成系统还由各自的结构所组成。从档案内容治理的对象角度分析档案内容治理体系的构成可以较为完整地覆盖档案内容治理涉及的领域，再进一步地分析各系统的结构，则能较好地兼顾档案内容治理过程方面的要素，包括治理的主体、客体、方向、目标等。如此一来，本研究对档案内容治理体系的探索的全面性与细致性都得到了保证。

本研究从各系统的共同构成要素出发分析档案内容治理体系系统的结构，它们分别是理念要素、制度要素、规则要素，综合回答档案内容治理由谁治理、治理目标是什么、如何治理的问题。不仅反映了档案内容治理体系的构成，也间接体现了档案内容治理体系是如何发挥作用的，为后续如何完善档案内容治理体系，如何更好地发挥档案内容治理体系对档案内容治理实践的规范、引导与协调作用提供理论分析。

5.2.1 理念要素是档案内容治理体系的灵魂

对于档案内容治理体系来说，其理念要素高度反映为档案内容治理的价值形态。就档案内容治理的价值取向来说，是一个不断发展的过程，不同的发展时期，其居于核心地位的价值取向呈现出明显的更迭发展状态。根据档案内容治理的治理特征、中心任务、主要目标的不同，本研究将档案内容治理的发展阶段划分为档案内容管理前阶段、档案内容管理阶段与档案内容治理阶段。这些不同阶段的不同价值取向所具有的不同作用与影响，一定程度上形塑了现有的档案内容治理形态与未来发展方向，是档案内容治理体系中不可忽略的重要构成要素。

需要说明的是，本研究在分析档案内容治理与档案内容管理的相互关系时，曾得出档案内容治理与档案内容管理不是发展阶段上的相互继承关系，而是相互包容的关系。此处所说的发展的三个不同阶段，主要是从时序角度而言，不同的历史阶段主要以某种档案内容管理模式为主来进行讨论与分析，而不是指这三个阶段之间存在先后相继的关系。

（1）档案内容管理前阶段：保护原件，扩大利用

在档案内容管理前阶段，这一阶段档案内容的管理工作以"保护原件，扩大利用"为核心价值理念。档案内容管理前阶段主要发生在以手工管理手段为主的传统档案管理阶段，由于受档案工作理论与实践基础仍然较为初级、技术水平发展有限等因素限制，这一阶段以"手工管理"为主要特征。在这个阶段，根据档案内容特征进行档案管理的工作主要包括分类、编研与利用，档案管理并未实际深入档案内容这一层次，最深度的应用也止步于"档案编研"。而在这个阶段，档案编研的实质也停留在围绕某一专题，对档案内容进汇集与初步加工。无论是哪一环节，其核心价值理念为"保护原件，扩大利用"，尽管管理层次尚未深入到"内容级"，但

这一阶段对档案内容的初步管理与应用奠定了档案内容管理与档案内容治理的重要基础。

（2）档案内容管理阶段：注重开发，促进增值

档案内容管理阶段，这一阶段档案内容的管理工作以"注重开发，促进增值"为核心价值理念。在档案管理工作基础薄弱的情况下，档案内容的管理工作以"保护原件，扩大利用"为核心价值理念，但当随着社会尤其是科技手段的进步，基础薄弱这一现实得到较大改善之后，档案内容的管理就在充分利用技术优势的情况下，实现了档案管理从实体到内容的突破；与此同时，社会发展对档案内容信息的需求不断提升，也亟须加大对档案内容的开发与利用程度。在从手工管理手段向信息化手段阶段迈进的过程中，针对档案内容的档案管理工作以档案内容管理范式为主。在这一过程中，档案内容管理工作的核心价值就发生了位移——更多地从流程角度入手，加强档案内容的开发与利用，促进档案内容的增值成为这一过程中的核心价值取向。这种价值取向极大地促进了在技术优势不断累积的背景下，档案内容管理工作实现质的飞跃。但是"注重开发，促进增值"的核心价值理念在档案内容管理工作的持续进步过程中，也展现出一定的不适应性，比如档案内容的开发维度不够全面、开发粒度不够细致、主体资源的调用不够充分、工作视野与站位过于局限。

（3）档案内容治理阶段：多元治理，融合服务

档案内容治理阶段，这一阶段档案内容的管理工作以"多元治理，融合服务"为核心价值理念。全球化的不断深入发展，国际国内环境持续变化，治理理念与实践蓬勃发展。在步入这一阶段之后，人们开始更加关注人、注重和谐的社会关系，构建服务型政府，实现社会的公平正义成为人们的主要关心点。"治理"热潮也给档案领域带来新的改变。档案内容管理的社会环境发生了巨大变化之后，社会的发展提升了档案内容管理的潜力与期许，档案行政管理机构一方面失去了一部分权力的同时，也承担了更大的责任，与此相适应的档案内容管理模式也逐渐改变。档案内容管理阶段"注重开发，促进增值"这一局限于档案工作流程、囿于档案工作本身的核心价值理念也开始被——"多元治理、融合服务"的价值理念所取代。档案内容治理树立"多元治理，融合服务"的核心价值取向，不仅是对档案工作发展诉求的回应，也是档案内容管理工作转型的重要标志。"多元治理，融合服务"不仅是一种理念、一种模式，同时也是一种行为准则，是档案内容管理工作在国家治理与档案治理双重环境下的一种重要改变与选择。

总而言之，不同的价值支配着不同的档案内容的管理实践，从"保护原件，扩

大利用"到"注重开发，促进增值"，最后到"多元治理，融合服务"，既是档案内容管理工作不断进步的体现，也是档案内容治理范式出现与成熟的过程，更是档案内容管理从"管理"向"服务"的转变，体现了档案内容的管理工作不断深入发展的趋势。

5.2.2 制度要素是档案内容治理体系的核心

任何现代化都建立在一定的制度基础上，现代化本身就是各种制度的产物之一，制度成为现代化的"起点或根本"，成为支撑和巩固治理现代化实践的"基石"（杜玉华 等，2020）。治理体系和治理能力现代化是治理现代化的集中体现，因此制度要素在治理体系中是最核心、最重要的要素。所以，虽然各个领域关于治理体系的内涵界定不尽相同，但从制度视角来进行理解是比较普遍的一个做法。本研究也主要从制度要素这一视角来理解档案内容治理体系的构成。

在中国语境下，制度一般除了国家立法部门制定发布的正式制度，也包含政策、文件等相关制度。结合档案工作实际来看，本研究也将正式制度、政策、文件等相关规定一并看作制度。从广义角度来说，档案制度要素的具体形式包括档案工作相关的法律、部门规章、标准规范等。根据国家档案局网站公布的信息统计，截至 2020 年 5 月，我国构建起了完善的档案制度，包括现行法律 1 部，行政法规 3 部、部门规章 31 部、规范性文件 59 部、地方性法规 66 部、档案标准 97 部，以及其他未计数的大量地方政府规章（孟月 等，2021）（表 5-2）。

表 5-2 档案制度构成①

档案制度	具体内容	实例
档案法律	全国人大及其常委会制度的档案制度文件	《中华人民共和国档案法》
档案行政法规	国务院制定颁布的档案制度文件	《机关档案工作条例》
档案部门规章	国务院各部门、各委员会等根据法律和行政法规和国务院的决定，在权限范围内制定和发布的关于档案事业的规范性文件	《机关档案管理规定》
档案地方性法规	省市级人大及其常委会制定，并报省级人大常委会批准，报全国人大常委会备案的档案制度文件	北京市实施《中华人民共和国档案法》办法

---

① 根据《档案制度建设与档案治理现代化关系辨析》整理。

(续表)

档案制度	具体内容	实例
地方政府档案规章	省市级人民政府，根据档案法律、行政法规制定的档案制度文件	《北京市城市建设档案管理办法》
档案标准	包括国家标准和行业标准	GB/T 15418—2009《档案分类标引规则》
档案规范性文件	国家档案局发布的或各类社会组织形成的有关档案工作的一般性指导文件	《企业数字档案馆（室）建设指南》

在这些级别与效力范围不一的各级各类档案制度中，虽然没有特别直接明确的与档案内容治理相关的规定，但是在不少制度条文中都对档案内容治理的内容有所体现与涉及，详见表5-3。这些条文内容，为我国档案内容治理提供了规范性依据，为促进档案内容治理的规范性发展，发挥了关键作用。

表5-3 档案制度中档案内容治理相关条文列举

层次	名称	条文内容	相关性
法律	《中华人民共和国档案法》	第三十五条 各级人民政府应当将档案信息化纳入信息化发展规划，保障电子档案、传统载体档案数字化成果等档案数字资源的安全保存和有效利用 第四十一条 国家推进档案信息资源共享服务平台建设，推动档案数字资源跨区域、跨部门共享利用	强调档案数字资源开发利用，而档案内容治理是实现数字资源开发利用的重要途径
政策	《"十四五"全国档案事业发展规划》	二、总体要求（一）指导思想"……全面推进档案治理体系和档案资源体系、档案利用体系、档案安全体系建设，深化档案信息化战略转型，强化科技和人才支撑，着力推动档案工作走向依法治理、走向开放，走向现代化"。（三）发展目标"……档案管理数字化、智能化水平得到提升，档案工作基本实现数字转型。" 三、主要任务11."……积极探索知识管理、人工智能、数字人文等技术在档案信息深层加工和利用中的应用。"等	充分体现了对档案深层开发利用的强调，而这一目标的实现离不开对档案内容的治理

(续表)

层次	名称	条文内容	相关性
地方法规	《上海市档案条例》	第八条 鼓励社会力量通过捐赠、资助、志愿服务等方式，参与和支持档案事业的发展 第四十八条 档案馆应当按照数字档案馆建设标准，运用现代信息技术对档案资源进行收集、整理、保存和提供利用，加强数字档案馆建设	体现了对社会力量的重视与引入，是档案事业主体多元化的体现；强调运用信息技术对档案资源进行管理与开发利用

说明：本表并未穷尽所有相关条文内容，只是列举了一些典型条文加以说明。

5.2.3 机制要素是档案内容治理体系的主体

机制，是指利用规律对关系进行调整并达到目标的过程（李松林，2019）。对于档案内容治理体系来说，机制是治理体系运转的关键，因为机制是保障政策落地、实现制度优势转换的重要规则基础。规则要素是档案内容治理体系的主体构成部分，主要回答"如何治理"的问题。这一层面由哪些要素构成、相互之间如何作用与互动，一定程度上决定了档案内容治理体系如何对档案内容治理实践产生影响。一般来说，整个治理体系无论哪个系统还是哪个要素中，都贯穿着机制要素。机制要素带有一种全程性的特征。从这一思路出发，本研究从物资、行为、组织三个层面去进行分析与阐述（鲍静 等，2019），以力求要素划分的全面性。

（1）物资层面：基础设施的治理规则

物资层面主要指基础设施层面的治理规则。档案内容治理的发展变化是以一定的技术相关基础设施为基础的，物资层面的机制要素主要涉及资源、技术、基础设施三个维度（表5-4）。

表5-4 物资层面机制要素的构成

维度	类别	要素
资源要素	狭义	档案内容资源
	广义	硬件资源
		软件资源
技术要素	—	信息技术
	—	管理技术

（续表）

维度	类别	要素
基础设施要素	—	信息基础设施
	—	融合基础设施
	—	创新基础设施

资源要素在此处有两个层面的含义：一是以狭义的档案内容资源，主要指以"档案内容"为核心的资源体系。档案内容治理面对的资源对象是一种特殊类型的资源，资源的可公开范围、可公开对象、治理层级、治理技术的选用等都有复杂的情况。二是广义层面的治理资源，泛指档案内容治理赖以进行的各种资源的总称，包括硬件层面（如资金资源、技术资源等）和软件层面（如人员技术水平、能力水平、治理意识等）。档案内容治理的治理过程本质上也是各种资源要素的调用与配置过程。

技术要素也是档案内容治理需要协调解决的关键因素。对于档案内容治理来说，技术也可以分为两大类：一类是在档案内容治理具体实践中需要的技术，主要包括档案内容资源处理与组织、共享与利用相关的信息技术；另一类是档案内容治理管理活动中需要的技术，包括沟通、协调相关的管理技术。如何更好地利用技术以获得更好的档案内容治理效率是效果，也是档案内容治理体系的关键任务之一。

基础设施要素是档案内容治理在技术层面需要考虑的另一因素。档案内容治理并非脱离档案工作而单独存在的，所以通用的基础设施是可以与组织内部的基础设施共用的，主要是用于传统、存储、处理的设施，如通信网络、业务系统。新技术浪潮之下，档案内容治理对新型信息基础设施的依赖加强。新型信息基础设施包括5G物联网、AI、智能计算中心等通信、算力相关的基础设施（曾铮 等，2021）。同时，对部分基础设施存在更高的需求，主要表现在系统与平台方面，要求系统与平台在内容的组织与产品和服务的提供方面能有更优质的表现。

（2）组织层面：治理过程关系的规则

调整不同组织间的关系、平衡不同主体间的关系与利益的需求则构成了档案治理体系在组织层面的关键内容。组织层面主要调整的是不同主体的组织内及组织间的关系，旨在通过稳定的制度体制以对各方利益与关系进行协调，进而支撑档案内容治理的良性发展。在这一过程中，档案内容治理体系需要通过规则要素，对各主体间的角色与地位进行规定与调整，通过形成组织间的良好关系，来充分发挥组织及组织中个体的作用，协调各组织间的利益分配问题。因此，组织层面的规则要素就表现为档案内容治理实践中的组织架构、角色与地位分配、职责确定等。

（3）行为层面：治理主体行为的规则

一方面，档案内容治理是以各主体的行为来实现的，档案内容治理的实现必须依赖主体行为才能得以实现。另一方面，主体行为也会引发一定的治理挑战，如主体间利益冲突影响档案内容治理、档案内容泄露等。因此，如何构建治理规则以引导、规范各主体行为，成为档案内容治理体系在行为层面需要进行关注的议题。相对于其他档案治理体系而言，档案内容治理有其特殊性，主要因为主体治理对象"档案内容"主要的存在形态是"比特"形态的"数字态""数据态""内容态"，围绕"数字态""数据态""内容态"制定与完善档案内容治理的行为规则成为档案内容治理体系，尤其是数字转型趋势下的档案内容治理体系行为层面规则制定的主要特点。在行为层，各种规则要素主要表现为具体的规范、标准等，通过统一规范的各项细节对档案内容治理的具体行为进行约束与引导，以保证档案内容治理行为的规范性和有效性。

行为层和组织层的区别是，行为层调整的是个体的治理行为，侧重于行为；而组织层调整的是集体行为与组织间的关系，侧重于关系。技术层、行为层、组织层的治理规则共同构成了档案内容治理体系机制层面的基本框架，技术层奠定运转的基础，组织层承上启下，行为层是实际治理规则的落地与实现。

5.2.4 档案内容治理体系的流程性层次特点

层次是系统结构在组成方面的等级秩序和运行过程。本研究从档案内容治理的治理过程作为突破口分析档案内容治理体系的层次。实际上，档案内容治理作为治理的细分领域，与大多数治理流程并无二致，大致可以分为：治理顶层设计-治理的组织-治理的实施-治理的技术保障四个流程。与这四个流程一一对应，就形成了档案内容治理体系结构的四个层次。

一是顶层设计对应档案内容治理体系的制度。制度是实现档案内容治理的核心。

二是治理组织对应档案内容治理的组织机构。此处主要指为了使档案内容治理顺利运转实施而存在的组织机构，包括组织者与参与者。

三是治理的实施对应治理方法和运行机制。意指档案内容治理的手段、方式、方法及依赖的标准、规范等机制。

四是治理的技术保障对应档案内容治理的支撑技术。数字转型期背景下，技术在档案内容治理中的重要性日益凸显，技术成为档案内容治理的重要保障性力量。

其实，在认识档案内容治理体系时，除了本研究目前采用的这种思路，还有其他思路，比如根据治理体系层次的不同分为国家治理体系、社会治理体系、个人治理体系三大体系。无论从哪个视角切入，对档案内容治理体系的构成作何分析，都不改变档案内容治理体系的本质是对档案内容治理实践进行规范、引导与调节的制度与程序的总和，要素的构成与完善过程就是档案内容治理体系的形成与完善过程；要素间相互关系的协调互动与实现机制，则是档案内容治理体系的作用发挥机制。因此，档案内容治理体系的形成、完善与实施，主要通过档案内容治理体系要素筛选、组合与关系构建来实现。这一结论将是本研究在后续研究中对档案内容治理体系进行完善的重要依据。

5.3 档案内容治理体系现代化的内容

确立现代化的标准，有利于判断档案内容治理体系是否达到了现代化的水平，当档案内容治理体系达到了现代化标准水平以后，会有一些典型特征表明其实现了现代化，这些典型特征就是档案内容治理体系实现了现代化的标志。

明确档案内容治理体系现代化的内涵，是探讨档案内容治理体系现代化标准的前提条件。结合现代化的概念，档案内容治理体系现代化也应是一个具备现代化特征的过程，会有一些显著的标志来表征档案内容治理体系已经具备现代化内涵与特征。根据第3章，对现代化内涵的分析，从档案内容治理角度而言，就是要求以上各个阶段的各个环节都要实现规范化、制度化以及科学化，以最大限度地保证档案内容治理体系系统完备、科学规范、运行有效。

要实现档案内容治理体系和治理能力现代化，一个基础性问题就是确定什么样的档案内容治理体系和治理能力是现代化的，也就是需要确定二者现代化的标准（杜飞进，2014）。但是现代化并没有一个完全固定的标准，因为对不同的领域来说，现代化具有并不完全一致的内容，每一领域都只是现代化"11化"的局部呈现，在本质相似的基础上延伸出具有领域特色的相应内涵。比如，从社会进程整体来看，在西方，现代化起始于启蒙运动，是一个理性化或祛魅化的过程；而在中国语境下，现代化则是一个追赶西方先进国家的过程，核心在于实现科学技术现代化的过程（张志伟，2015；王洪才，2020）。再如，对于国家治理体系是否现代化，有研究认为，至少有制度化、规范化、民主化、法治化、效率、协调六个方面的内容（俞可平，2014）。中共中央总书记习近平将其高度概括为"各方面制度更加成熟更加定型更加巩固,优越性得到充分展现"。对于档案内容治理而言,本研究结合档案领域及档案内容治理的特点将其现代化的内涵总结为"规范化、制度化、科学化"。但档案内容治理体系的"规范化、制度化、科学化"到底有何内涵与标准如何认定还需要进一步的厘定。

本研究将档案内容治理体系的现代化概括为充分的制度理性、协调的体系结构、良好的转化潜能三个方面,分别与治理体系的内部属性、结构-功能与运行机制三个要素一一对应。这三个要素完整对应了档案内容治理体系从建立到应用的完整阶段,保证了覆盖范围的全面性。其中,制度理性考察与审视治理体系本身,体系结构考察与审视治理体系的运转机制,转化潜能则对治理体系的应用结果进行考察与审视。

5.3.1 充分的制度理性

尽管为了充分理解档案内容治理体系的内容和特征,本研究在结构这一视角将其分解为制度要素、政策要素、机制要素三个层次;但是根据档案内容治理体系的定义可知,档案内容治理体系本质上是"制度框架",是"制度和程序的总和"。因此,从这一点来说,在对档案内容治理体系是否现代化进行讨论时,制度是一个合理的视角。

在政治学、公共管理领域,主要用"制度理性"来评价与分析制度科学合理与否。所以,本研究引入"制度理性"这一概念,来衡量档案内容治理体系的建设成效。制度理性是合理性在制度设计与执行过程中实现其意图的体现(赵浩华,2018;徐邦友,2020)。对制度理性的理解,不是单一的一维的理解,而是一种多维的视角,按照韦伯对"理性"的理解,任何制度实际上都是由工具理性和价值理性共同构成,具有双重的价值取向(文军,2010)。工具理性与价值理性也成为理解制度理性的两个重要维度。

(1)决定档案内容治理体系实践方向的是价值理性

简单来说,档案内容治理体系的价值理性是指以何种价值观来指导与调适档案内容治理活动,回答档案内容治理体系实践方向的问题。对于档案内容治理来说,治理体系的价值理性可以高度概括为对档案内容治理活动进行组织与管理,实现档案内容治理的科学有序发展,实现档案内容治理对档案治理现代化与国家治理现代化的有效参与和支持。档案内容治理的价值理性对档案内容治理的发展方向、核心内容、基本原则都有重要的影响。

首先，这种影响表现在档案内容治理体系的发展方向上。当把档案内容治理体系的制度理性置于档案治理现代化与国家治理现代化进程中去进行考察时，档案治理现代化与国家治理现代化的方向规定性就自然承担起对档案内容治理现代化的方向规定作用。所以，档案内容治理体系的制度理性在发展方向首先体现为对档案治理效率与科学性的追求，对人民对档案内容需求的满足。

其次，还会对档案内容治理体系的核心内容产生影响。档案内容治理体系的制度要合乎价值理性必然要以为人民服务为宗旨，以促进档案治理现代化和国家治理现代化为目标。因此，档案内容治理体系的制度理性还体现为将实现对档案内容的充分组织与挖掘，以尽量满足人民对档案内容的需求作为档案内容治理的核心内容与任务。

最后，档案内容治理体系的基本原则也会受到影响。制度相对于标准、规范来说，一个很大的不同就在于制度极强的规范功能，将治理过程中可能出现的"偏差行为"纠正至有序的制度轨道，以便更好地实现制度所追求的价值理性。档案内容治理在坚持"挖掘与开发档案内容价值，提供档案内容产品和服务"这一价值理性的过程中，必须依靠一整套规则体系，在这些规则体系与价值理性的张力中来体现档案内容治理需要坚持的基本原则。

（2）解决档案内容治理体系实践问题的是工具理性

档案内容治理体系的工具理性主要回答治理体系如何实践的问题。与价值理性与治理理念密切相关不同，工具理性主要解决治理体系由谁制定、如何制定以及如何施行等具体的操作问题，关注的是制度从生成到落地实践所涉及的程序和过程（文军，2010）。在研究制度的工具理性与价值理性在治理现代化的协同时，有研究指出，制度的工具理性的立足点是工具合理，操作方式要求实现程序化与规范化，主要途径是对治理方式和技术进行创新，不断提高治理科学化水平，最终达到效率最大化的目标（杜威，2020）。由此可以看出，制度理性关注制度能否有利于实现目标。因此，档案内容治理体系对工具理性的追求主要在于能够确保档案内容治理秩序的有序建立和治理成果的有效获得。

（3）充分的制度理性要求实现价值理性与工具理性的协调

充分的制度理性要求实现价值理性与工具理性的协调。以价值理性是体，指引工具理性的方向，工具理性为用，二者相辅相成。在实践中，工具理性与价值理性不可偏废（石义华 等，2002），需要实现工具理性与价值理性的协调。制度的工具理性与价值理性协同的目标十分具体与立体：一是加强对工具理性的应用，发挥其基础作用；二是强化与弘扬价值理性，展现其对实践方向的把控；三是要以理性光辉为指引，实现二者在协调彼此的基础上，充分发挥对治理实践的积极作用（杜威，2020）。

档案内容治理体系的价值理性是工具理性的基础，工具理性反过来又成为档案内容治理体系价值理性实现的支撑（赵红艳 等，2016），档案内容治理要具备充分的制度理性就要求实现制度理性与工具理性的协调。而实际的档案实践，因为受社会工具理性膨胀大环境、利用实践中的工具性导向等影响，出现了过分追求工具理性而价值理性缺失的二者失衡现象（赵红艳 等，2016）。这种工具理性对价值理性进行倾轧的失衡现象在档案领域具有普遍性，所以档案内容治理体系要想获得充分的制度理性，需要注意档案内容治理体系价值理性和工具理性的协同与平衡。

5.3.2 协调的体系结构

制度及其体系是复杂的综合体，体系的合理性，不仅表现在制度理性这一维度，还深受治理体系结构和功能的影响。从结构功能理论视野来看，要强化系统的功能，就必须优化系统的组织结构。换言之，只有治理体系内部各要素之间相互配合、相互支持，才能不断提升制度效率，发挥出最大的治理效能。为此，就要不断增强制度结构的系统性，努力推动治理体系内部各要素有序衔接和有机整合，形成制度整体合力，进而更全方位地展现制度优势，提升治理效能（吴增礼 等，2021）。档案内容治理体系内部结构的协调性表现为，不同层级制度的纵向衔接得当与不同领域制度的横向组合冲突解除。档案内容治理体系具有协调的体系结构时，才能结构合理和运转流畅，这有利于档案治理体系优势顺利转化。因此，协调的体系结构成为档案内容治理体系现代化的重要标志。

（1）纵向上衔接得当

从纵向上看，档案内容治理体系由各个层级的制度和程序组合而成。各项制度和程序由于在档案内容治理中功能地位的不同，而处于不同的分级中。如新《档案法》《数据安全法》、各区域与各领域制定的档案开发规划等，这些在纵向上属于不同层级的各类制度与程序，分别对档案治理活动起到对应的指导、规范等作用。要提高档案内容治理体系的内部协调性，这些处于不同层级的制度与程序就要衔接得当。上级制度能够精准地为下级所理解并得以执行，下级制度与程序在上级制度的框架之内，并且不存在较大冲突与偏差。

（2）横向上解除冲突

从横向上看，不同部门、领域和区域在制定和实施政策过程中形成了众多的制度安排（吴龙虎，2020）。这些制度由于各自价值追求、利益驱动、业务侧重点、政策理解的不同等原因，容易出现制度的冲突现象。随着档案内容治理体系现代化程度的提高，治理体系制度间横向上的冲突就会逐渐减少，治理体系内部系统集成和协同程度不断提高。因此，横向上冲突的减少与解除成为衡量治理体系结构是否协调，治理体系是否现代化的重要标志之一。

5.3.3 顺畅的运行机制

静态的档案内容治理体系要想获得治理动能，转变为具有能动性的治理体系，还需要推动治理体系运转并切实转换为具体的档案内容治理能力。所以，衡量档案内容治理体系是否现代化还需要考虑档案内容治理体系向治理能力转化的高低，而这其中关键的就是档案内容治理体系和档案内容治理能力中起到中介作用的档案内容治理体系运行机制。

档案内容治理体系运行机制发挥作用的主体是相互联系、相互作用、相互影响的过程，具体表现为治理主体制定、执行制度体系的过程，以各类治理活动发生的方式或模式为表征。

具体分解来看，主要涉及治理体系的执行者、治理体系的执行过程和治理体系的执行监督反馈。但因为讨论的是档案内容治理体系的现代化问题，因此此处只讨论制度执行过程和制度执行监督反馈中可能产生的要素与原因。

（1）档案内容治理体系具备可执行性与可操作性

档案内容治理体系的可执行性、可操作性也影响档案内容治理体系运行机制的流畅度。制度文本是否科学合理，有无重大缺陷，是否缺少具体实施细则，极大地影响着制度的可执行性与可操作性。此外，制度制定时是否考虑执行主体与执行过程的特性，如果执行主体或执行过程不具备执行制度的环境、资源、资金等相关支撑条件，也可能造成制度的无法真正落地，从而影响制度内容的有效执行。

从这个角度而言，档案内容治理体系要具备可执行性和可操作性，要提高制度决策、制定等过程中的科学性。一是要从文本语言入手，确保简明规范；二是要从文本内容入手，有具体的执行细则，内容不过于宏观和抽象；考虑制度执行的客观需要，避免因支撑条件的缺少而导致制度无法执行。

（2）档案内容治理体系运行机制的要素齐全完备

档案内容治理体系能否转化为高效的档案内容治理能力主要与治理体系理解力和执行力相关。所以运行机制是否流畅首先与档案内容治理体系执行主体的能力以及能力能否最大限度地得到利用有关。治理体系的执行是涉及多个主体、多个部门、多个流程的系统性过程，所以制度执行过程中的协调机制直接影响执行行为的落地。良好的制度运行机制依赖于具有有效的协调机制，有利于多元主体在复杂多变的执行过程有效落实档案内容治理体系中各项制度与程序。

制度的运行还需要监督机制。制度的执行除了取决于主体的执行力以外，还取决于主体的执行意愿。如果没有强有力的监督机制，就只能听凭治理主体的执行自觉性，这显然并不可取。因此，档案内容治理体系的现代化，还表现在有完善的监督机制，对制度的执行过程、执行成果进行监督、考核，从而保证档案内容治理体系的有效运行。

5.4 档案内容治理能力的内涵、构成与现代化标志

本研究在综合吸收理解国家治理能力和档案治理能力多种定义的基础上，沿用治理体系和治理能力相互关系的分析框架，将档案内容治理能力定义为：档案内容治理能力即是指档案内容治理主体运用一系列政策工具和治理资源管理档案内容治理事务的能力。从纵向来看，包括体系运用的综合能力和流程掌控的具体能力两个层次；从横向来看，档案内容治理能力是由宏观层次、中观层次、微观层次三个层次的能力群所构成的综合能力体系。宏观层次的能力群由制度构建能力、制度实施能力、制度更新能力、制度导向与选择能力四种能力构成，中观层次的能力群由目标统筹能力、资源配置能力、关系协调能力、技术支撑能力四种能力构成，微观能力群由内容处理能力、价值增值能力、价值保障能力、产品和服务提供能力四种能力构成。

本研究提供的能力划分只是一个特别初级的划分，有一些关键能力由于处于思考逻辑的"末梢"加上受限于篇幅，虽然并未在此处分析中得以进行具体体现，但仍然包含在档案内容治理能力中，并且发挥着重要作用。比如，主体的业务能力、培训能力，利用者的意识与能力等，都是十分重要且需要关注的领域。

5.4.1 档案内容治理能力的内涵

（1）国家治理能力视角的分析

根据中共中央总书记习近平的观点，"国家治理体系和国家治理能力是一个国家制度和制度执行力的集中体现"。"国家治理能力则是运用国家制度管理社会各方面事务的能力，包括改革发展稳定、内政外交国防、治党治军等各个方面。"[①] 有学

---

① 原文是习近平同志 2013 年 11 月 12 日在党的十八届三中全会第二次全体会议上讲话的内容。以《切实把思想统一到党的十八届三中全会精神上来》为题，载于《人民日报》2014 年 1 月 1 日。

者进一步对国家治理能力进行了阐发与细化，认为国家治理能力包括两个层面：一是指制度体系所蕴含和展现出的能力；二是指治理体系中的各类主体所具有的能力（徐邦友，2020）。受此启发，本研究认为，档案内容治理能力除了包括档案内容治理体系所展现出的制度能力外，也应包括档案内容治理主体运用档案内容治理体系管理档案内容治理活动的能力。

（2）档案治理能力视角的分析

徐拥军等（2019）在受国家治理能力有关论述的影响下，认为档案治理能力的本质是反映档案治理多元主体运用法律法规、规章制度来管理档案事务的能力，是将治理体系中转化为治理能力的过程。这种观点与国家治理能力内涵对本研究理解档案内容治理能力的启发极其相似，将治理能力与治理体系的运用落地关联起来。

此外，常大伟（2020）在综合目标实现维度、管理过程维度、资源组织维度三个维度对治理能力进行界定的基础上，将目标驱动、过程管理和资源应用等治理要素统一到一个分析框架内，最后从能力过程的角度出发，将档案治理能力界定为，档案事业利益相关者通过协作方式，实现档案治理目标的能力。

档案治理能力的界定体现了档案学领域在理解与认识治理视阈下档案能力时，充分考虑到档案治理能力不能脱离档案治理实践中体制体系而单独存在，同时还应从档案内容治理目标的实现角度来认识与理解档案治理能力。总体来说，对档案内容治理能力内涵的认识与理解，也应在基于档案内容治理体系面向治理目标实现的框架中来进行。

（3）档案内容治理能力的定义

沿用上述认识框架，本研究提出：档案内容治理能力即是指档案内容治理主体运用一系列政策工具和治理资源管理档案内容治理事务的能力。因此，档案内容治理能力是将档案内容治理体系转化为档案内容治理效能的一种综合性能力体系，其实质是对档案内容治理活动与关系的控制协调为核心，在综合运用各种治理措施与手段的过程中实现档案内容治理目标的能力。

从定义的内涵可以看出，一方面，档案内容治理能力与档案内容治理体系关系密切，是档案内容治理体系运用能力的切实体现；另一方面，档案内容治理能力面向档案内容治理目标的实现，是档案内容治理目标实现可能性大小的综合体现。

所以，总体来说，档案内容治理能力是一个应该从多维度去进行理解的综合能力体系，本研究认为可以从两个层次去进行理解：

第一层，综合能力。档案内容治理能力总的反映为档案内容治理体系的运用能力，也就是各个档案内容治理主体运用档案内容治理体系管理档案内容治理各项具体事务的综合能力。

第二层，具体能力。档案内容治理能力还包括档案治理主体在开展档案内容治理事务在各流程与环节中所具备和展现出的具体能力，包括制度运用能力、技术运用能力、流程掌控能力等。

第一层次的能力从整体上决定着档案内容治理开展的整体性、协调性与规范性，第二层次的能力则从细节上决定了档案内容治理流程的开展的效率性与科学性。

5.4.2 档案内容治理能力由宏观-中观-微观三个层次构成

常大伟（2020）提出，我国档案治理能力建设的内容包括档案制度能力建设、档案公共服务能力建设、档案业务能力建设、统筹组织能力建设、社会参与能力建设、监督与管理能力建设、回应能力建设七个方面。张卫东等（2021）构建的我国档案治理能力评价体系包括三个层级的指标：一级指标是我国档案治理能力；二级指标包括档案主管部门的治理能力、组织机构和公众的治理能力、各主体协同参与的能力三个层次；三级指标则细分为包括统筹组织能力、制度构建能力、综合保障能力等在内的12种具体能力。

以上研究讨论的是档案治理能力建设或评估的内容，直接反映的是关于档案治理能力构成要素的相关思考与探索。档案内容治理能力与档案治理能力的构成有一定的共性，所以这样的分析思路给本研究分析档案内容治理能力的构成提供了有益借鉴。但是与档案治理能力的构成相比而言，档案内容治理能力的构成分析需要下沉到更为微观的细节处，因为档案内容治理实践本身更为具体化。如何更为细致地分析档案内容治理能力，但又不破坏档案内容能力内涵上的能力体系的综合性特点，是突破可能所在。

通过文献调研，有学者曾从"政府能力的群结构"和"政府综合治理能力"的概念入手理解国家治理能力，认为国家治理能力并非政府各项能力的简单加和，而是具有内在联系的多项能力群构成的一个有机整体（施雪华，2001）。本研究也尝试用同样的思路理解档案内容治理能力，既然档案内容治理能力包含不同层次的不同能力，可以将这些能力根据共同特点，划分为不同的能力群去进行整体区分与认识。据此，本研究将档案内容治理能力划分为宏观层面、中观层面与微观层面三个不同维度的能力群。

在论述档案内容治理能力内涵时，本研究从纵向角度将其分为综合能力和具体能力两个层次。现将其划分为宏观—中观—微观三大能力群则可以看作是横向角度的一种探究（图5-1）。

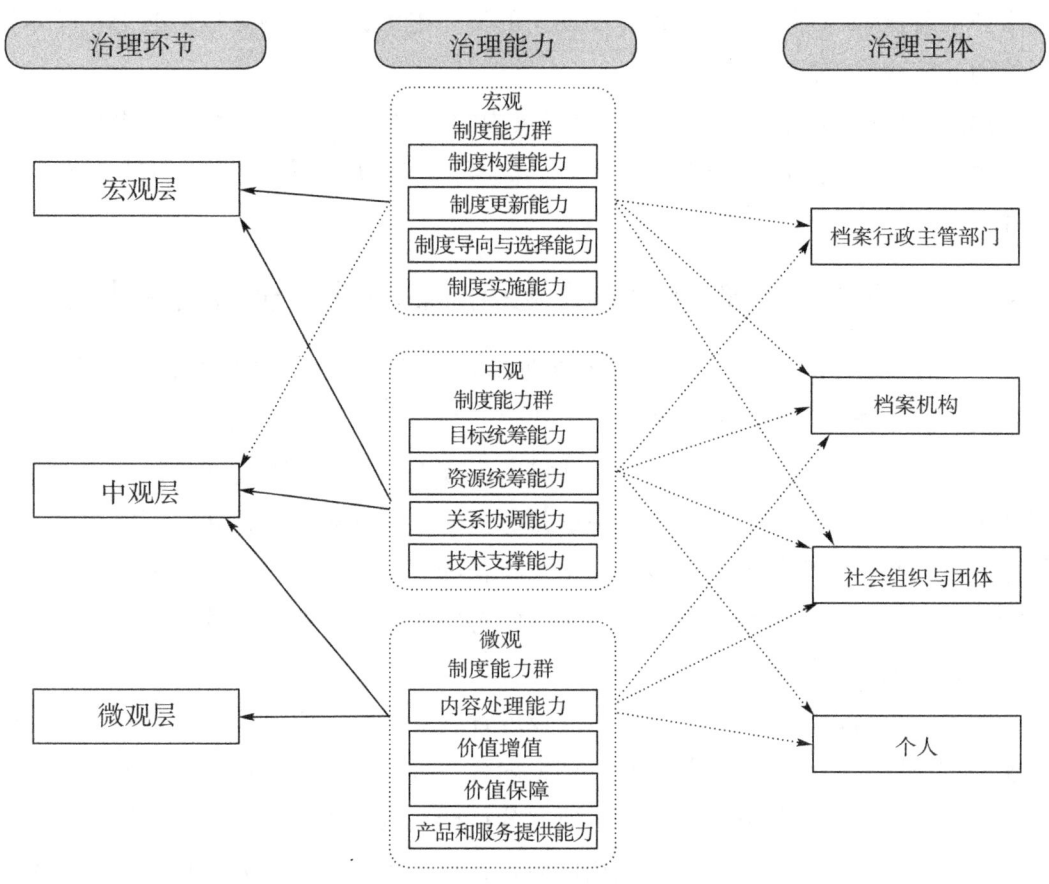

图 5-1　档案内容治理能力构成

（1）宏观层面的制度能力群

制度是主体的行动依据，规范着社会主体的互动边界、形式和程序（曹海军等，2021）。所以，档案内容治理能力体系在宏观层面首先由制度能力群构成。档案内容治理宏观层面的系统能力群指从体系、机制、制度角度而言，档案内容治理具备的宏观决策、制度制定与优化、路径选择方面的能力，主要有以下四种：制度构建能力、制度更新能力、制度导向与选择能力和制度实施能力。

根据诺斯的制度理论框架，其用正式约束和非正式约束来区分不同的制度，可以等同于将制度区分为正式制度与非正式制度。各种政策法规构成了正式制度的主体，如法律法规、政策等；非正式制度则对应非正式规范，包括价值信念、伦理规范等（袁洪英，2016）。对于档案内容治理的制度能力群来说，从正式制度角度而言，主要体现为制度构建、更新与实施能力，包括与档案内容治理密切相关的法律法规、政策规章的制定、实施与更新；而非正式制度角度的能力则主要指制度的导向与选择能力，具体到档案内容治理实践则体现为档案内容治理价值理念的选择与更迭，档案内容治理文化的塑造等。制度制定的有效性和实施过程的正确性，是其他一切能力要素发挥作用的基础，所以制度构建能力、制度更新能力、制度实施能力居于更为主要的位置。

制度能力群中各能力要素的主体主要是档案内容治理多元主体中的主导者，但这并不是说档案内容治理多元主体中的其他主体不需要具备上述能力。恰恰相反，正是因为档案内容治理主体的多元、档案内容治理的多元协作，除了在制度的制定、完善、更新中历来承担主要责任的档案主管部门外，其他档案内容治理主体在如此背景下更是亟须在制度能力群方面有所突破，以充分地发挥自身在档案内容治理如此关键领域中的应有作用。

由此可以看出，档案内容治理制度能力群主要与档案内容治理体系的构建与完善密切相关，档案内容治理能力群的实质是保证档案内容治理决策与制度、发展路径正确性与有效实施的能力。

（2）中观层面的组织能力群

从档案内容治理宏观制度体系的建立完善与实施到档案内容治理实践最终具有成效，需要的是档案内容治理主体调动各种政策工具与治理资源来协调档案内容治理实践的发生。在这个过程中，起关键作用的就是中观层面的各种组织能力。本研究认为档案内容治理中观层面的组织能力群主要由目标统筹能力、资源配置能力、关系协调能力、技术支撑能力构成。

目标统筹能力是保证档案内容治理既定目标实现的重要前提。档案内容治理包含一个多层次多维度的目标体系，例如既有档案内容治理不同时间期限的目标规划，也有档案内容治理主体的不同目标。不同目标之间的区分与协调，需要目标统筹能力将这些不同层次、不同维度、不同主体的目标统筹协调于一个统一的档案内容治理目标中，以保证档案内容治理实践的效果。目标统筹也直接决定了档案内容治理政策工具与治理资源的最终安排与配置，因此居于组织能力群首位。从主体角度来说，这一结论也仍然成立，因为任何档案内容治理主体都需要一定的目标统筹能力，关于工具与资源的分配，是无论任何治理主体在任何治理环节与流程中都需要考虑的问题。

资源统筹能力的重要性主要体现在治理资源是保证档案内容治理顺利开展的基础条件。对于档案内容治理来说，其治理资源具有极大的丰富性，从人力资源、技术资源，到档案内容资源、资金资源等，不一而足。所以可以看出，本研究所说的治理资源，是涵盖能够服务于档案内容治理实践的所有要素，不仅包括"硬件"层面的资源，还包括"软件"层面的资源。对于某一时期的档案内容治理实践来说，其所调用的各种资源的总量是既定的，如何利用有限的资源最好地实现档案内容治理目标，就需要充分应用资源统筹能力。具体来讲，资源统筹能力体现在相同资源以及不同资源间的资源筹集、资源配置、资源流动和资源更替等。

关系协调能力是档案内容治理平稳有序开展的支撑能力。档案内容治理是一个包含多种治理主体、治理对象、治理目标、治理流程等在内的复杂体系，如何协调不同要素之间的协调关系，是档案内容治理能否成功的关键（郑建明 等，2017）。对于档案内容治理来说，需要协调的关系大致包括治理活动之间的关系、治理利益相关者之间的关系、治理领域之间的关系。关系协调的重点是疏解不同要素之间可能的矛盾、冲突关系，或是促进关系的进化，使相互之间更为协同、稳定。总之，最终保证档案内容治理的健康稳定开展。

技术支撑能力是档案内容治理顺利开展的重要保障。布莱恩·阿瑟在（2014）《技术的本质：技术是什么，它是如何进化的》一书中提出，"技术已经演化成为创造经济结构与功能的开放性语言"，技术在社会进程中的重要作用不言而喻。对于档案内容治理来说，尤其如此，档案内容治理这种管理范式的关键性突破不仅依赖于多元主体治理模式的应用，还在于技术的长足发展为档案内容的深层次多维度开发与服务利用提供了可能。细分下来，档案内容治理的技术支撑能力主要包括技术理解能力、技术应用能力、技术创新能力、技术应用监管能力。技术理解能力是指对所用技术的特点、用途等特性的了解与掌握能力的高低，这项能力决定了档案内容治理能在多大程度上利用技术。技术应用能力是指档案内容治理在理解技术的基础上，将技术应用于档案内容治理实践的能力，能否在特定的治理活动中恰当地应用技术，影响着治理活动的开展效果。技术创新能力则主要指档案内容治理对技术的创新发展能力，其展示了档案内容治理的创新发展潜力，是档案内容治理不断取得重要突破的关键原因。技术应用监管能力是指对技术应用的合法合规性进行监管、规避风险的能力。技术是一把"双刃剑"，技术带来便利的同时，也存在诸多的问题，如内容安全问题（是否泄露、长期保存、长期可读可用等问题）、法律问题（知识产权问题、可公开范围等问题）、道德伦理问题（个人隐私问题、知情权等问题）。要想最大限度地利用技术的带来的便利，而规避潜在的问题与风险，需要有极强的技术应用监管能力作为保障。

组织能力群的实质是能够保证档案内容治理政策工具和治理资源的合理有效备

置。档案内容治理的复杂性与系统性，需要目标协调、合作共治，凸显了组织能力群的重要性。为此，需要从档案治理的目标统筹协调、资源配置协调、关系统筹协调和技术支撑四个方面，来推动档案治理统筹协调的实施和发展（常大伟，2020）。由此看来，组织能力群深厚与否直接影响着档案内容治理体系的执行，与档案内容治理体系的运行机制关联密切。

（3）微观层面的业务能力群

业务能力群主要作用是确保各种政策工具和治理资源能得到高效地实际应用。微观层面的业务能力群主要围绕档案内容从采集到提供给用户利用这一过程中所涉及的各项具体环节所需要的多种能力所构成的能力群。根据能力所聚焦的档案内容治理环节的不同，可以划分为内容处理能力、价值增值能力、价值保障能力、产品和服务提供能力四种能力（张瑞丽，2021）。

内容处理能力主要指对档案内容的基础处理，包括档案内容的采集、档案内容的组织、档案内容的发布、档案内容流转等。

价值增值能力则是在档案内容资源基础处理的基础上，对档案内容资源的整合与发现、统计与分析能力，这是对档案内容进行组织处理后实现价值增值的关键能力。

价值保障能力主要指与数据质量、数据安全、数据合规等方面密切相关的能力，旨在保障档案内容资源的安全可靠可读可用、合法合规。

产品和服务提供能力，指档案内容治理主体通过检索、查询、发布产品、提供咨询等各种途径与方式，将档案内容治理产品和服务传达至用户的能力。"服务"深植档案内容治理的价值理念之中，产品和服务提供能力直接关系到档案内容治理的成果能否提供给目标用户，能否满足用户需求。

5.4.3 档案治理能力现代化以增强执行力为标志

本研究在对档案内容治理能力的内涵与构成进行论述时，将档案内容治理能力分为宏观-中观-微观三个能力群共计 12 种具体能力，并对其进行了详细的阐释与说明。从了解与分析档案内容治理的内涵与构成这一目的来看，对各种能力的划分与解释自然再详细也不为过，但若是要分析档案内容治理能力的现代化，则需要更换一个更具概括性的切入视角。对档案内容治理的三个层面的能力群进行综合分析，发现可以高度总结为动态与静态两种能力，方便对档案内容治理能力现代化的内涵进行分析。

静态层面的档案内容治理能力，主要是指客观性的治理能力，蕴含在治理体系的架构之中，是治理体系所具备的制度潜能的总和；动态层面的档案内容治理能力，则主要是主观性的治理能力，表现为治理主体在制度的构建与应用中所具备能力的总和。二者之间的关系表现为静态层面的客观性治理能力通过动态的体系运行，在与动态层面的主观性治理能力的交互融合中转化为现实的档案内容治理力。静态的档案内容治理能力直指档案内容治理体系的运行潜能，动态的档案内容治理能力则体现为档案内容治理体系的执行能力。

因此，从科学化、规范化、法治化等现代化的既有框架来分析，档案内容治理能力的现代化就是要实现档案内容治理体系具有良好的运行潜能、档案内容治理主体具有极强的制度执行能力。而档案内容治理体系良好的运行潜能主要是通过档案内容治理体系自身的构成要素、内部结构和运行机制所决定，实际上主要通过档案内容治理体系是否健全来体现。这也与档案内容治理体系是档案内容治理能力的基础这一关系相吻合。

所以，除档案内容治理体系本身在静态层面具备的档案内容治理能力外，对档案内容治理能力的考察应集中在动态层面上，也就是说档案内容治理体系的执行能力。因此，档案内容治理能力现代化主要是指增强档案内容治理体系执行能力，将档案内容治理体系更好地转化为档案内容治理效能。

5.5　档案内容治理体系和治理能力是一体两面的相互关系

从一般意义上来看，治理体系和治理能力相关而有别（徐邦友，2020）。中共中央总书记习近平（2014）从国家治理层面对二者的相同与区别进行了论述，"国家治理体系和治理能力是一个国家制度和制度执行能力的集中体现，两者相辅相成，单靠哪一个治理国家都不行"。学界也有关于治理体系和治理能力的关系是结构与功能的关系、硬件与软件关系的相关论述。总体来说，关于二者是相互依存、相互作用的关系并不存在疑虑（陈金圣，2014）。本研究以之为研究基础，进一步探讨档案内容治理体系和治理能力之间的相互关系。其实，档案领域自从提出档案治理现代化之后，也对档案治理体系和治理能力的相互关系进行了探讨，其结论与国家治理体系和治理能力之间的相互关系并无太大差别，认为档案治理体系和治理能力二者相辅相成。这是因为，国家治理体系和治理能力与档案治理体系和治理能力本就是整体与部分的关系，部分与整体之间的相互关系也具有极大的相关性与相似性。

第5章 档案内容治理体系和治理能力关系模型

在确定档案内容治理是档案治理的构成部分,档案内容治理体系和治理能力也是档案治理体系和治理能力的构成部分这样关系的前提下,对档案内容治理体系和治理能力现代化有关概念进行解构与分析后,也可以得出档案内容治理体系和治理能力的相互关系也如国家治理体系和治理能力、档案治理体系和治理能力的相互关系类似的初步结论。也即是档案内容治理体系和档案内容治理能力二者内涵不同、相互区别,但又联系紧密,档案内容治理体系和治理能力是一个有机的整体,二者相辅相成,是档案内容治理实践的集中体现,二者有机地统一于档案内容治理现代化总目标之中。档案内容治理体系和治理能力相互区别又相互联系以及这些同与不同背后的深层原因,共同构成了二者之间的相互关系,本研究将其高度总结为"一体两面"的相互关系。

以上述初步结论为基础,本研究将对档案内容治理体系和治理能力"一体两面"相互关系的具体表现进行进一步阐释与说明。

5.5.1 档案内容治理体系是档案内容治理能力的基础与依据

(1) 从内涵维度看,档案内容治理体系是档案内容治理能力的基础

根据本研究的界定,档案内容治理体系是指中国共产党的领导下档案内容治理的制度、体制与机制的集合,是规范档案内容治理流程和维护档案内容价值发挥的一系列制度和程序。而档案内容治理能力即是指档案内容治理主体运用档案内容治理体系管理档案内容治理事务的能力。所以,档案内容治理能力首先就表现为档案内容治理体系的运用能力,档案内容治理体系的构建始终先于档案内容治理能力建设,系统完善的档案内容治理体系是提升档案内容治理能力的前提。从这个角度来说,档案内容治理体系是档案内容治理能力的基础,因为档案内容治理体系是档案内容治理的制度性框架,一切档案内容治理活动与流程都要求充分实现治理体系的功能和作用,档案内容治理体系构成了档案内容治理效能存在与变化的基础。

(2) 从结构-功能角度看,档案内容治理体系决定档案内容治理能力

系统是由相互联系、相互作用的诸元素组成的综合体(苗东升,2006)。档案内容治理体系和档案内容治理能力因此也可以看成一个综合系统。系统论中"结构功能相关律"的基本观点认为结构与功能是系统的基础属性(魏宏森 等,1995)。根据孔德和斯宾塞提出的"结构—功能主义"理论,认为只要是组织就一定会表现出相应的结构,该结构存在是功能的发挥的前提,而组织得以存在与运转又依赖于功能的发挥(黄晓京,1982),"组织的结构,决定了其具有的功能,组织的功能影响组织结构的设计,两者的互相影响最终达到了组织结构的平衡"(路长明 等,

2020）。结构与功能是一个相互作用的共同体，而且彼此之间的影响具有双向性，即系统的结构决定系统功能，系统功能反作用于系统结构。

归结起来，档案内容治理体系和档案内容治理能力，共同构成档案内容治理的两个维度：结构与功能。档案内容治理体系关涉的是档案内容治理的结构，主要表现为档案内容治理体系基础性的制度体系问题。治理能力则主要与档案内容治理的功能密切相关，是档案内容治理体系作用发挥的关键。这两者是档案内容治理"一体两面"的关系，不可分割。档案内容治理体系决定了档案内容治理能力，通过档案内容治理能力的具体发挥，表现为一定的档案内容治理职责与功能；反过来，档案内容治理能力又对档案内容治理体系产生影响，促使档案内容治理体系动态变化。也就是说有什么样的档案内容体系结构，才能形成什么样的档案内容治理能力特征，反之亦然。

治理体系是结构与基础，是相对静态的，相对稳定不变；治理能力是功能与产出，是相对动态的，是体系有效运转的结果。二者相互依赖，相互影响。

（3）从作用维度看，档案内容治理能力的有效发挥要依靠档案内容治理体系

档案内容治理能力的有效发挥要依靠档案内容治理体系。档案内容治理得以开展，治理目标得以实现，单靠各治理主体的分散进行是不现实的，需要依靠组织化的手段，而治理体系则是现实档案内容治理过程与目的所依赖的各种手段中的基础和保障，档案内容治理能力源于档案内容治理体系的建立与作用的有效发挥（赵汝泽，2021）。档案内容治理能力之所以源于档案内容治理体系，是因为档案内容治理活动由哪些主体参与、如何治理、治理效果如何评价等都由档案内容治理体系所决定，并且这些档案内容治理能力要得到切实地施展也依赖于包含于档案内容治理体系之中的程序与流程。也就是说，档案内容治理体系是档案内容治理能力发挥的重要保障，档案内容治理能力作用的发挥，背后是档案内容治理体系的支撑。

5.5.2 档案内容治理能力是档案内容治理体系的目标与归宿

建立与完善档案内容治理体系的目标是将其转化为档案内容治理能力，同时无论多么健全的档案内容治理体系都无法直接脱离档案内容治理能力而发挥作用。

档案内容治理体系能否产生有利作用，发挥既定效果，当然与档案内容治理体系是否健全完善、是否适应当前档案内容治理实践规律和实际情况密切相关。但档案内容治理体系本身的完善与否、科学与否，并不能决定实际效果的具体产生，因为从治理体系到治理效果的取得，还有一个关键环节，那就是体系优势或者说体系潜能的转化。这个转化过程的关键就在于体系的执行、更新与调适，而体系的执

行、更新与调适又和档案内容治理能力直接相关。

档案内容治理能力的强弱很大程度上影响着档案内容治理效能的提升，也只有不断提高档案内容治理能力才能充分发挥档案内容治理体系的效能，最终形成一个治理体系不断优化、治理环节不断深化、治理能力不断强化的动态演进框架。

档案内容治理能力是档案内容治理体系所具备效用与效果的主要表现与呈现。档案内容治理能力的强弱决定着档案内容治理体系能具备多大的实践张力，这种实践张力是档案内容治理体系在档案内容治理实践中运转发挥作用的生动表现。所以，档案内容治理体系作用发挥的顺畅程度、实际效用的有效度、实际的治理效果，就成为衡量档案内容治理能力的重要指标。档案治理体系是否现代化可以通过档案内容治理能力是否现代化来得以体现，因此，档案内容治理能力现代化也成为推动档案内容治理体系现代化的重要驱动力。另外，档案内容治理体系的有效运行与效能的实际发挥，也需要依赖高效的档案内容治理能力。档案内容治理能力的现代化也成为档案内容治理体系现代化的重要保障，也能成为档案内容治理体系不断健全与完善提高自身实践张力的内在动力（吕朝辉，2020）。

5.6 档案内容治理体系和治理能力呈现出动态正相关的互动形态

档案内容治理体系和治理能力结构与功能、硬件与软件的"一体两面"的相互关系主要通过动态正相关的互动形态得以具体体现：只有适应档案内容治理环境与诉求的不断变迁，建立健全完备良好的档案内容治理体系，档案内容治理功能才能充分发挥出来，档案内容治理能力才能得到提高；而只有档案内容治理能力不断增强，才能充分展示档案内容治理体系的优势和效能（上官酒瑞，2019）。总之，健全的治理体系，决定高效的治理能力；有效的治理能力，才能充分发挥治理体系作用。

5.6.1 档案内容治理体系和治理能力相互作用

（1）高效的档案内容治理能力的重要基础是健全的档案内容治理体系

治理体系从根本上决定了档案内容治理能力，规定了治理能力的内容、要素、结构和治理能力所能达到的水平（杜飞进，2014）。档案内容治理体系在档案内容治理现代化发展中起着根本性、决定性、全局性、长远性的作用。健全的治理体系，决定高效的治理能力（徐邦友，2020）。而如何评价档案内容治理体系是否健全呢？就体现在作为制度与程序合集的档案内容治理体系，能否有效达成遵循制度与程序的人所预期的目的（徐邦友，2020）。而这主要取决于两个方面：一是可执行性，二是合目的性。

治理体系具有可执行性，主要从是否具有可操作性、可实施性和可实现性角度来说。这主要体现在治理体系构成内容是否具体明确容易宣贯执行、是否符合档案内容治理实际具有可行性等方面。档案内容治理体系的合目的性，主要是指档案内容治理体系具有价值导向，具有一定的目的性。马克思指出，人类社会领域存在的活动都是有意识的，任何事情都具备一定的意图与目的。档案内容治理体系的合目的性就体现在旨在促进档案内容治理目标的顺利实现的价值导向。

（2）充分发挥档案内容治理体系作用的必要前提是档案内容治理能力的有效性

有效的治理能力，才能充分发挥治理体系作用（娄成武 等，2020）。正所谓，"好米"也需"巧妇"烹。档案内容治理效能就是档案内容治理体系运行所产生的所有正向效应的总和，这种正向效应能否产生当然离不开档案内容治理体系是否健全完善、是否符合档案内容治理客观规律、是否满足我国档案内容治理现实需要，但还取决于是否能将档案内容治理体系的优势转化为档案内容治理效能。而这取决于什么？档案内容治理能力的有效性。如果档案内容治理能力有效性不强，再好的档案内容治理体系也不能得到有效运行，更不能发挥出既定效用。因此，要发挥档案内容治理体系的作用，切实地将档案内容治理体系的优势转换与治理成效，实现档案内容治理效能的最大化，需要不断提高档案内容治理能力。

5.6.2 档案内容治理体系健全性与档案内容治理能力深厚度动态正相关

档案内容治理能力来源于档案内容治理体系，因此，档案治理能力越高效、越深厚，反映的是档案内容治理体系的正确性与坚实性。而档案内容治理体系的正确性与坚实性来自档案内容治理体系的健全性。因为彼此相互影响、相互作用，所以二者呈现动态变化的互动形态，并且是一种正相关关系。

档案内容治理体系所处的政策环境、技术环境、时代要求等内外环境始终处于不断的变化发展中，为了维持档案内容治理体系的可执行性和合目的性，档案内容治理体系也因此始终处于一个不断调整与优化的过程中。当档案内容治理体系调整优化越来越健全，由其决定的档案内容治理能力也不断提升，表现出的是档案内容治理体系健全性和治理能力深厚度同向提升的状态。

从内涵和作用维度来看,档案内容治理体系是档案内容治理能力的基础和依凭;从档案内容治理体系的目标来看,档案内容治理能力是档案内容治理体系的目标和归宿,二者是结构与功能、硬件与软件"一体两面"的相互关系。这种相互关系,呈现动态正相关的演化形态:健全的治理体系,决定高效的治理能力;有效的治理能力,才能充分发挥档案治理体系作用。对档案内容治理体系和治理能力这种"一体两面"的相互关系与"动态正相关"的互动形态的提炼与总结,有助于找到档案内容治理体系和治理能力现代化的路径。

5.7 档案内容治理体系和治理能力关系模型四维联动的演化机制

虽然可以明确,档案内容治理体系和档案内容治理能力二者是"一体两面"的相互关系,并且呈现出动态正相关的互动形态。也就是说,深厚高效的档案内容治理能力必须建立在完善、健全的档案内容治理体系的基础上,健全的档案内容体系作用的发挥也以强大的档案内容治理能力为根本基础。但是,二者之间存在一种难以忽视的张力,也正是这种张力为档案内容治理体系和治理能力现代化如何实现提出了更高的要求。这种张力就是,并非存在档案内容治理体系就一定能带来深厚高效的档案内容治理能力,二者之间其路漫长,从档案内容治理体系的健全完善到档案内容治理能力的深厚高效需要精细审慎的现实规划(张小劲等,2014)。本研究据此提出档案内容治理与治理能力二者关系模型的演化机制,以探讨二者之间如何实现有效转化,为档案内容治理体系和治理能力现代化路径的构建提供理论依据。

可以看出,档案内容治理体系和治理能力之间相互关系及其互动形态只是表现形式,档案内容治理体系最终能否转化为实际的档案内容治理能力与成效,真正起决定作用的是档案内容治理体系和档案内容治理能力相互关系的内部结构及其动态演化机制。再加上这种演化机制还决定了档案内容治理体系和治理能力的关系并不是一成不变的静态关系,而是处于不断变化发展过程中。因此,二者之间相互关系的良性演化,对于档案内容治理体系不断完善和档案内容治理能力不断提升都非常重要,直接关系着档案内容治理的成效。要弄清档案内容治理体系和治理能力之间相互关系的演化形态,要想掌握和利用这种演化规律,就应该从分析其演化的机制入手。这种演化机制以二者之间的相互关系及互动形态为依托得以实现,主要包括关系演化的实践起点、动力内核、演化逻辑和发展趋向四个层面。

5.7.1 实践起点——体系的运转是根本

档案内容治理体系的运转是档案内容治理体系和治理能力相互关系演化的实践起点，也成为二者相互关系演化的根本原因。档案内容治理体系里包含了档案内容治理的主体因素、制度因素、组织因素、机制因素等，在档案内容治理中处于基础地位。因此，档案内容治理实践要步入规范发展、体系发展的轨道上，只能从建立健全档案内容治理体系开始，是档案内容治理各项具体实践活动发生的源头，一切都以之为原点而开展。后续无论是档案内容治理能力的提升，档案内容治理效能的获得，还是档案内容治理目标的追求，都是档案内容治理体系运转的实践结果。

5.7.2 动力内核——能力的提升是支撑

促进档案内容治理体系应用的转化效能不断提高，实现档案内容治理能力不断提升，是档案内容治理体系和治理能力相互关系演化的动力内核，是二者相互关系演化的重要支撑。

矛盾是推动事物变化的源泉，随着档案内容治理实践的变化，不同的内外部环境滋生不同的矛盾与需求，对档案内容治理体系转化效能、档案内容治理能力提升的要求也因应而变，推动着档案内容治理体系不断变化，因为档案内容治理能力是档案内容治理体系的"表"，因此成为档案内容治理变化内核的主要外在表现。

档案内容治理体系的生命力在于执行，而执行的动力来源于执行效果的不断获得与加强，而要保证执行效果的不断获得并不断加强，关键在于档案内容治理体系执行力的提升，也就是档案内容治理能力的提升。若档案内容治理能力的提升难以为继，始终无法满足现实需求，就需要向更为根本的方向去进行回溯，以期解决问题，也就是说会回到档案内容治理体系的变革中。因此，档案内容治理体系和治理能力相互间关系在某一框架或某一路径上持续演化的重要支撑是档案内容治理能力提升的实现。

5.7.3 演化逻辑——技术与效能是关键

（1）治理技术是关系模型演化的中介

治理技术并非指统治的术或道，此处所讲的治理技术，是指现代治理所使用的工具、方法和方案的统称①。张晓劲等（2014）在《推进国家治理体系和治理能力现代化六讲》中将治理技术定义为："聚焦于政治学在最为具体、最具应用性的层次上所积淀的诸多有关制度安排、实践技能和操作技术的知识总和。同时也包括科学新成果在治理过程中的转化与应用。"该书进一步从治理活动关注实际效果的视角入手，指出相对于宏观制度架构，治理活动更看重能使治理事务的有效运作起来的微观规则和程序。换言之，治理活动更关注于过程而非结构（张小劲 等，2014）。从定义可以看出，治理技术虽然是一个政治学概念，但其对于指导档案内容治理，尤其是档案内容治理体系和治理能力现代化的实践具有很强的适用性与借鉴性。

在本研究中，将治理技术理解为，"在档案内容治理实践中的不同层面所涉及与积淀的方法、工具与技能相关的特定知识的总和"。这些知识与技术的应用、制度的安排等密切相关。即使这样说，仍然带有一定的模糊性，为了便于理解，不妨直接简单地将治理技术理解为促进档案内容治理各种程序和规则充分落实为行动和完满实现为成果的那些有用因素。首先，治理技术关注微观制度安排与程序设置，这部分内容明显属于微观视角的档案内容治理体系。其次，提高对技术与技能的把控能力确保档案内容治理成效，又是治理技术所承担的基本职责，这一部分又与档案内容治理主体的自身能力的高低密切相关，属于档案内容治理能力的范畴。

所以，治理技术实际扣于档案内容治理体系和治理能力关系模型的两端，处于档案内容治理体系和档案内容治理能力的边界，它既有档案内容治理体系的成分，也有档案内容治理能力的部分。结合先前章节中档案内容治理体系和治理能力的内涵构成的分析，治理技术贯穿于档案内容治理全过程。有效提高治理技术，高效运用治理技术，是发挥档案内容治理体系的作用和运用档案内容治理能力完成所设立的档案内容治理目标的重要前提。正因如此，治理技术的居中会通就显得特别必要与重要，成为档案内容治理体系和治理能力相互关系演化的重要中介。

（2）治理效能是关系模型演化的纽带

关于治理效能的内涵探讨，目前并无一致结论，但都从治理体系的综合运行的结果与表现这一视角切入。总体来说，治理的效果和能力，构成了治理效能（方琼 等，2021）。

在论述国家治理效能时，有研究提出，国家治理效能就是国家治理所产生的一系列有利作用或积极效果，表现为国家制度和国家治理体系所指向的治理目标的实

---

① 此说法来源于张小劲和苏鹏飞的网络文献《提升治理水平要有治理技术支撑》，http://www.rmlt.com.cn/2014/0312/242875_2.shtml。

现程度（吕普生，2020）。当然，治理效能并非凭空获得，而是来源于健全的治理体系的科学运转。健全的治理体系对体系的要素构成以及要素之间的相互关系与相互配合都有要求，而科学运转则要求治理过程中，治理主体、治理资源等能形成合力实现治理活动的协同推进（李浩，2019；李浩 等，2021）。有研究进一步揭示了治理体系和治理能力转化为治理效能的过程：治理体系的运行体现为治理能力，治理能力的有效发挥获得治理效能（杜楠 等，2021）。治理体系的健全完备是制度优势转化为治理效能的基础，治理效能是运用治理能力转化治理体系的枢纽，治理能力越深厚运行转换越有效，实际产生与获得的治理效能也就越好。因此，治理效能体现着制度优势，形成"制度-能力""能力-效能""效能-制度"之间的三次层层转化，以此实现对治理体系优势的保持与增加、治理能力的提升、治理效能的获得与增效。档案内容治理体系和治理能力关系演化机制见图5-2。

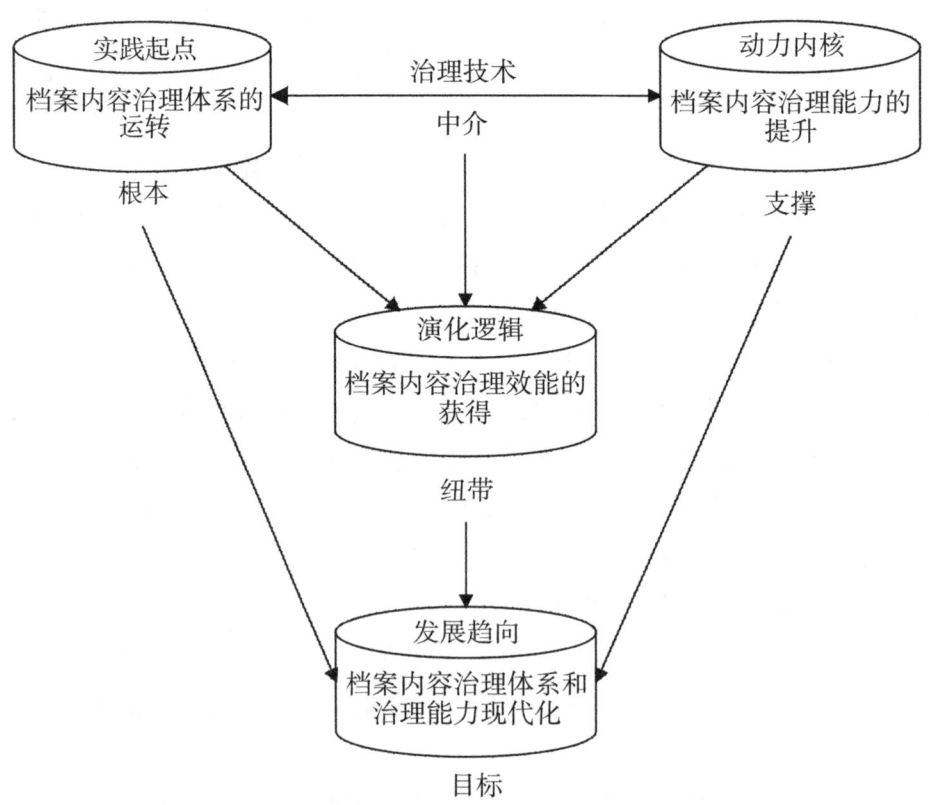

图 5-2 档案内容治理体系和治理能力关系演化机制

本研究将档案内容治理的效能理解为：档案内容治理所带来的积极作用，集中表现为档案内容治理目标的具体实现。结合档案内容治理效能的内涵，依据治理体系和治理能力、治理效能之间的相互关系，档案内容治理必然注重档案内容效能的实现，并以良好的档案内容治理效能的获得为归宿。

然而，无论再完善的档案内容治理体系还是再深厚的档案内容治理能力，并不会直接表现为档案内容治理效能，而是要通过档案内容体系的运转、档案内容治理能力的运用。因此，档案内容治理对档案内容治理效能的不断追求，不断运用档案内容治理能力促进档案内容治理体系运转，构成档案内容治理体系和治理能力相互互动的"传送带"，促进二者之间及其相互关系的演化。

5.7.4 发展趋向——实现现代化是目标

档案内容治理体系和治理能力相互关系演化的发展趋向是实现档案内容治理体系和治理能力的现代化，实现二者的现代化是二者相互关系演化的最终目标。档案内容治理体系和治理能力在互动过程中，沿着治理体系不断健全完善、治理能力不断提升日益深厚的双螺旋路径发展，实际表现形式是档案内容治理效能的稳定增效。而这种发展路径的终点，指向了档案内容治理体系和治理能力实现现代化。这也与档案内容治理体系和治理能力发展的最终目标相契合。

只有档案内容治理体系实现了现代化，才能保证实现档案内容治理能力的现代化。而只有具备现代化的档案内容治理能力，才能充分发挥现代化的档案内容治理体系的潜能，获得高效的档案内容治理效能。

当然，档案内容治理体系和治理能力现代化并非一个一蹴而就的目标，需要档案内容治理体系和治理目标的不断演化与升级。因此，档案内容治理体系和治理能力不断互动、不断演化升级、不断提高现代化水平的过程，其实也就是档案内容治理体系和治理能力实现现代化目标的过程。

5.8 本章小结

本章中，在本研究对档案内容治理内涵与特征研究的基础上，本研究以国家治理体系和治理能力、档案治理体系和治理能力的相关研究结论为重要依据，构建了档案内容治理体系和治理能力关系模型。

总体而言，本研究构建的档案内容治理体系和治理能力的关系模型由四个部分组成：①档案内容治理体系和治理能力二者的内涵与构成；②"一体两面"的相互关系；③"动态正相关"的互动形态；④"四维联动"的演化机制。四者缺一不可。档案内容治理体系和治理能力二者的内涵与构成是关系模型的基础（图5-3）。"一体两面"的相互关系揭示二者相互之间的关系，是关系模型的关系连接。"动态正相关"的互动形态与"四维联动"的演化机制是关系模型的演化形态。

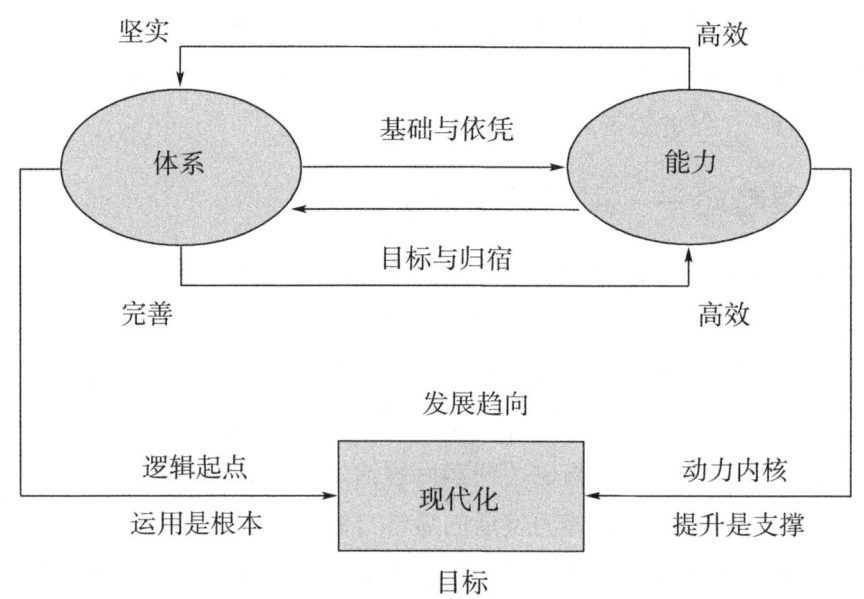

图5-3 档案内容治理体系和治理能力关系模型

其一，档案内容治理体系和治理能力二者的内涵与构成。

档案内容治理体系是档案内容治理在中国共产党的领导下具有相对规定性、固定性和稳定性的制度框架，是规范档案内容治理流程和维护档案内容价值发挥的一系列制度和程序的总和。

本研究对档案内容治理体系的系统-结构-层次三个层次进行了结构分析。档案内容治理体系并不是一个抽象的构成，在系统角度，是由治理对象包含的四个具体的档案内容治理系统构成，规定了档案内容治理的主要领域；在结构层面，由制度—理念—机制三个层次的要素种类构成，通过这些要素种类的选择、排序与互动实现了对档案内容治理的"由谁治理—为何治理—如何治理"的关键问题进行规定与调节的目标，构成档案内容治理体系构成与发挥作用的机制。档案内容治理体系的系统和要素都是静态要素，而档案内容治理体系要运行起来，依靠的是档案内容治理体系机制的动态运转，体现在互动规则与互动行为中，表现为对档案内容治理的理念、主体、行为、关系等进行规范、引导与调节。并且，这些规范、引导与调节作用在发挥过程中呈现出流程性的层次特点。

第5章 档案内容治理体系和治理能力关系模型

总体来说，档案内容治理体系这一制度框架内所有系统-结构-层次方面的组成与特征，最后都集中展现为各种具体形态的流程、程序与制度，对档案内容治理的理念、主体、行为、关系进行规范、引导与调节。换句话说，组成档案内容治理体系的四大系统、三大要素类型、四大层次，是档案内容治理体系的具体载体，最后统一构成档案内容治理体系这个抽象概念集合。

档案内容治理能力即是指档案内容治理主体运用一系列政策工具和治理资源管理档案内容治理事务的能力。从纵向来看，包括体系运用的综合能力和流程掌控的具体能力两个层次；从横向来看，档案内容治理能力是由宏观层次、中观层次、微观层次三个层次的能力群所构成的综合能力体系。宏观层次的能力群由制度构建能力、制度实施能力、制度更新能力、制度导向与选择能力四种能力构成，中观层次的能力群由目标统筹能力、资源配置能力、关系协调能力、技术支撑能力四种能力构成，微观能力群由内容处理能力、价值增值能力、价值保障能力、产品和服务提供能力四种能力构成。最后从静态和动态两个层面，对档案内容治理能力的现代化内涵进行分析，得出了档案内容治理能力现代化以增强执行力标志的重要结论。

其二，档案内容治理体系和治理能力的相互关系与互动形态。

在探讨了档案内容治理体系和治理能力之间的相互关系，从内涵、作用、结构与功能等角度切入，发现档案内容治理体系和治理能力与档案治理体系和治理能力的关系，正如档案治理体系和治理能力和国家治理体系和治理能力的关系如出一辙，三组概念体系在相互关系上具有极大的相似性。但是档案内容治理体系和治理能力由于指导与发生作用的实践现象更为微观与具体，也就具备更多细节性与特殊属性的特征。因此本研究在借鉴与参考国家治理体系和治理能力、档案治理体系和治理能力相互关系的基础上，提出档案内容治理体系和治理能力是"一体两面"的相互关系，二者相互依存，档案内容治理体系是档案内容治理能力的基础与依凭，档案内容治理能力是档案内容治理体系的目标与归宿。不仅如此，档案内容治理体系和治理能力还相互作用，健全的档案内容治理体系决定高效的档案内容治理能力；有效的档案内容治理能力，才能充分发挥档案内容治理体系的作用。因此，二者的互动形态表现为档案内容治理体系健全性与档案内容治理能力深厚度动态正相关。

其三，档案内容治理体系和治理能力相互关系的演化机制。

在阐明档案内容治理体系和治理能力相互关系和互动形态的基础上，为了揭示档案内容治理体系转化为档案内容治理能力并向档案内容治理效能转化的过程，本研究进一步提出了档案内容治理体系和治理能力相互关系的演化机制，从演化的原因、动力、逻辑、中介、目标等角度去探讨档案内容治理体系和治理能力的关系模型演化机制。研究结论是，档案内容治理体系和治理能力相互关系演化的起点是档案内容治理体系运转，是演化的根本；档案内容治理能力的提升对关系演化起到重要的支撑作用，是相互关系演化的动力内核；而相互关系演化逻辑在于治理技术和治理效能，治理技术连接档案内容治理体系和治理能力，发挥重要的中介作用，而对治理效能的不断追求促进了关系模型演化，是相互关系演化的纽带；而档案内容治理体系和治理能力现代化则是相互关系演化的发展趋向，也是二者演化的最终目标。

档案内容治理体系和治理能力关系模型清晰地揭示了档案内容治理体系和治理能力的内涵与构成及其相互关系的演化，也因此揭示了档案内容治理体系和治理能力现代化对档案内容治理目标实现不可或缺的重要性。更为关键是，档案内容治理体系和治理能力现代化关键模型的构建，为档案内容治理现代化的重要实现途径——档案内容治理体系和治理能力现代化指明了重要思路与方向。本研究将以本章构建的档案内容治理体系和治理能力关系模型为重要理论依据，进行档案内容治理体系和治理能力现代化推进路径的对策构建。

对档案内容治理体系和治理能力"一体两面"相互关系的说明与揭示是对现有研究的继承，而关于档案内容治理体系和治理能力动态正相关的互动形态、四维联动演化机制的总结与归纳，则是对上述理论研究的进一步创新与发展。

第 6 章

档案内容治理体系和治理能力现代化的双重推进

目前，数字转型是一大重要的时代背景与时代机遇，抓住数字转型这一重大机遇，推进档案内容治理体系和治理能力现代化，是奠定促进档案内容治理良性发展的制度优势，促进档案内容治理实践发展的重要途径。在数字转型大背景下，如何利用技术优势，实现档案内容治理业务的跨行业、跨部门、跨平台协作与共享，就成为关键。在先前各章中，本研究对档案内容治理体系和治理能力的关系模型进行了构建，对档案内容治理体系和治理能力由何构成、有何关系、如何演化、有何意义等关键问题进行了厘清，本章将以上结论为重要参考基础和方向，进行推进方案的构建，回答应该如何实现档案内容治理体系和治理能力现代化这一问题。以提高对策的针对性与科学性。

6.1 推进数字转型期档案内容治理体系和治理能力现代化的顶层架构

数字转型期档案内容治理体系和治理能力现代化的推进可以分为两大方向，一是推进路径的顶层架构，二是顶层架构的基本路径。关于推进路径的顶层架构，根据前述研究结论，档案内容治理的可能风险与现实困境的归因都集中在理念、机制与技术层面。因此，在顶层架构中本研究主要从思想层面、法规层面、技术层面出发，进行档案内容治理体系和治理能力现代化的推进的顶层设计，有针对性地破除思想、法规、技术壁垒对档案内容治理体系和治理能力现代化的影响。

6.1.1 思想层面，应坚持以"善治"为引领

在分析档案内容治理现实困境时，本研究从意识层面分析了意识认识不足给档案内容治理所带来的不良影响。在档案内容治理体系的构成要素分析中，从档案内容治理的核心价值理念视角分析了理念对档案内容治理的重要作用。档案内容治理以何种理念为引领开展理论研究与实践发展，对档案内容治理的发展方向与质量有着根本性的影响。因此，在顶层架构中，将其放置于首位。此处所说的"善治"应将其与"善治理论"相区分，主要从档案内容治理应处于的状态或实现的目标角度而言，强调实现档案内容治理成效的最大化。

档案内容治理既是一项系统复杂的体系性治理工程，也是一种档案治理的范式、手段，甚至档案内容治理本身也可以是一种档案治理的理念。因此，其在理论研究与实践开展中需要遵循坚守的理念也远非三两理念就能概括。比如，在档案内

容治理过程中涉及数据治理活动与流程时，"标准先行"就是重要的理念；在档案内容治理服务中，"用户至上"也是需要恪守的准则。此外，在推进档案内容治理体系和治理能力现代化思想层面构建因应之策时，本研究侧重于从档案内容治理的整体出发。针对档案内容治理在理念层面的薄弱之处，以切实解决档案内容治理的突出问题与困境为目标，认为档案内容治理需要在思想层面作出三大改变，以从顶层设计中高屋建瓴地引导档案内容治理体系和治理能力现代化的有序推进。

这三大改变分别从不同侧面对档案内容治理体系和治理能力现代化的推进进行思想性的引领，一是基于档案内容治理整体实践的"整体性治理理念"，有利于提高档案内容治理的整体协同性与整合性；二是针对档案内容治理有别于其他档案治理实践的"内容观"，对档案内容观的强调与应用，有利于明确档案内容治理的本质需求；三是针对档案内容治理价值实现的"共治共享"理念，通过共治共享，提高档案内容治理的整体协作性、科学合理性，提高档案内容治理与档案治理、国家治理的关联与互动，促进档案内容治理最终价值的顺利有效实现。

（1）树立整体性治理理念，应对档案内容治理碎片化

作为内生性风险的档案内容治理碎片化是档案内容治理发展需要应对的主要风险。整体性治理理论以整体性为取向，通过协调和整合的途径来改善治理，达成治理目标，为消解档案内容治理的碎片化提供了有益借鉴。因此，本研究认为，从革新理念这一视角出发，促进档案内容治理体系和治理能力现代化首先应在思想层面树立整体性治理理念，以从宏观层面应对档案内容治理的风险。

英国学者安德鲁·邓西尔（Andrew Dunsire）于20世纪90年代提出了"整体性治理"这一概念，主张从整体的视角来探究社会治理相关的现象，并寻求解决之道，是对还原论和孤立看待与解决问题的有力抨击。而在回应新公共管理改革过程中所出现的碎片化危机中，产生了整体性治理理论。这一理论对于改善档案内容治理的碎片化风险具有极强的针对性。整体性治理理论的产生就是以对碎片化的批判与反思为基础，作为其对立面，应用整体性理论所产生的治理模式展现出了多元、协作、耦合等优势，并成为克服治理分散化、技术化等不足的利箭（吴晓凯 等，2020）。整体而言，整体性治理从治理的整体视角出发，可以避免不同部门、不同层级、不同功能、不同群体之间因为地位、目标、利益等的不同与差异而带来的无序竞争和资源浪费（吴晓凯 等，2020）。其中，"协调""整合"是最核心的两个要素。

整体性治理理念的确立对促进档案内容治理体系和治理能力现代化的意义，主要体现在指引价值取向的追求与解决路径的完善。整体性治理理念决定了档案内容

治理体系和治理能力现代化的价值追求，应建立在一个完整系统的价值预设基础上，即档案内容治理体系内部各要素要力图完善、相互关联、相互制约，档案内容治理能力不断提升完善、彼此协调适应，要构建二者的协调运转与演化机制，实现档案内容治理体系和治理能力共同促进档案内容治理的结构外显与功能发挥（吴晓凯 等，2020）。整体性治理理念对档案内容治理体系和治理能力现代化解决路径的意义在于从治理目标角度来讲，将散布于档案内容治理不同流程与环节之中的目标进行整合，使分散的目标之间产生关联形成合力具备整体效应，成为目标体系。因此，将二者结合，档案内容治理体系和治理能力现代化的价值追求应统一于档案内容治理现代化的实现，在对档案内容治理现代化和国家治理现代化支持与促进作用的发挥这一整体目标的具体践行过程中，满足日益多样化、复杂化的档案内容治理需求。所以，树立整体性治理理念，有助于档案内容治理体系和治理能力现代化摆脱"就档案内容治理体系完善而档案内容治理体系完善""就档案内容治理能力提高而档案内容治理能力提高""就档案而档案""为档案工作而档案工作"的视野限制。只有如此，才能站在档案内容治理现代化、档案治理现代化、国家治理现代化的统一高度，进行档案内容治理体系和治理能力现代化的协调与整合，克服现有档案内容治理碎片化风险，通过档案内容治理体系和治理能力现代化的协调整体推进促进档案内容治理效率与效果的提升。

（2）树立档案内容观，加强内容四重意蕴的实现

为了指导与促进档案理论与实践的发展，档案领域业已形成多种管理观念，例如"大文件观""档案资源观""档案数据观""档案记忆观"等。这些观念的盛行都有其理由，也在一定程度上能对档案内容治理提供借鉴。但是，这些观念也存在诸多与档案内容治理并不适配的地方。所以，要想构建档案内容治理体系和治理能力现代化的实现路径，提高对策的针对性与适应性，本研究认为在观念层面还需树立"档案内容观"。本研究提出的档案内容治理，相较于过往的档案治理模式，主要创新在于对档案"内容"进行创新性地四重阐释，并以此为切入点，进行档案治理实践的开展。因此，树立"档案内容观"，充分认识与理解档案内容的多重意蕴，对档案内容的特性与价值充分利用，也是提升档案内容治理体系和治理能力现代化的一个重要内容。

树立档案内容观就要突破对档案内容的狭隘认识，充分了解与掌握档案内容属性，构建与培育有利于充分发挥档案内容价值潜能、有利于实现档案内容治理目标的档案内容治理体系和治理能力。

首先，突破对档案内容的狭隘认识。转变档案内容就是档案实体所含有的信

息、档案内容就是档案载体所承载的内容等固有认识，将对档案内容的理解拓展至"档案的内容""档案的内容状态""档案的内容化""基于档案内容"四重释义，以明确档案内容在新的治理环境与技术环境中，有了全新的多样可能。因此，大至档案内容治理的宏观指引思想，小至档案内容治理具体技术手段的选用，都需要进行相应的调整与更新。

其次，充分了解与掌握档案内容属性，以档案内容的属性特征为出发点进行档案内容治理体系和治理能力现代化推进对策与实践的考量。了解档案内容丰富释义及其所处的复杂的内外部环境对其在治理手段、治理方式、治理模式等方面带来改变，从而在档案内容治理理念、方式、手段、目标角度结合档案内容的特有属性去进行应对与处理。

最后，围绕档案内容的丰富意蕴，构建与完善档案内容治理目标，并以之为档案内容治理体系和治理能力现代化的目标导向。树立档案内容观，还应将这种观念深植于档案内容治理的目标追求中，更充分地发挥与实现档案内容的丰富价值，以求将档案内容在新技术背景下所具有丰富可能性充分激活与释放。

因此，在构建档案内容治理体系和治理能力现代化推进路径时，树立档案内容观，有利于充分阐释与实现档案内容的多重内涵；有利于以档案内容治理体系和治理能力为落脚点，构建最适于档案内容特征属性的治理机制与治理途径，从而达到最终促进档案内容治理现代化的最终目标。

(3) 树立共治共享理念，促进协同合作与开放共享

档案内容治理的"内容"确立了档案内容治理的重要场域，"治理"确立了档案内容治理实现途径。多元主体的协调共治是治理这一范式的突出特点，促进档案内容治理体系和治理能力现代化，就要牢牢树立"共治共享"理念，以多元主体的协调合作共治实现档案内容治理成果的最大范围的共享。

强调"共治"理念，提倡"共治"方式，是中国共产党关于社会治理的崭新谋划，对共治思维的强调，来源于传统的管理模式已不再适应时代和实践的需求。档案内容治理同样需要共治思维。

树立"共治"理念，指在档案内容治理体系和治理能力现代化的推进过程中，各利益相关的多元主体树立共同协作治理的理念，有共同的治理目标，共同决策、共同参与、共同监督，采取一致性行动，实现档案内容治理的现代化。树立共治理念，有利于调动多元主体的参与，从而将治理思路与模式从管控转向共治，如将档案治理停留在便于管理、便于利用的状态转向至面向服务、面向利用。要以社会环境与技术环境的变革为契机，以档案内容治理目标的实现为导引，以"共治"理念

的树立为起点，实现档案内容治理各治理主体之间相互关系的重新塑造，为践行档案内容治理体系和治理能力现代化方案提供重要的主体要素。树立"共治"理念有利于提高各治理主体的主动性，只有各治理主体将档案内容治理作为自己的自觉行为，才能充分发挥各治理主体的主观能动性，参与促进档案内容治理的实践。这就要求在档案内容治理体系和治理能力现代化推进过程中，要注意"共治"实现机制与参与渠道的建立，如建立通畅的利益表达机制和渠道、构建运转良好的协作机制等。

共治是基础，共享是目的。国家层面，"共享"已经成为重要的发展理念（周红云，2016）。无论是数据、信息还是内容，开放共享利用才能发挥应用的价值。在《促进大数据行动纲要》中，政府资源共享开放居于重要地位，美国也通过颁布《透明与开放政府备忘录》与《信息自由法案备忘录》来促进政府数据的开放共享（于俊，2017），上述行动是相关领域践行开放共享理念的缩影。在档案内容治理体系和治理能力的推进过程中，树立与践行"共享"理念也有自己的独特内涵。总体而言，树立"共享"理念，有利于促进档案内容治理中所有的利益相关主体都能平等地享受到档案内容治理的成果和服务，各相关主体合理合法的档案需求也都能无差别地得到满足（陈青 等，2021）。这就要求档案内容治理体系和治理能力现代化要以扩大档案内容治理服务范围、提高档案内容治理服务与产品的便利性和共享性为目标。

数字转型期档案内容治理以"善治"为特征，要实现"善治"，"共治共享"是重要的基石（夏伟 等，2018）。"共治共享"理念的树立，是推进档案内容治理现代化的重要理念基础。所以，在实现档案内容治理体系和治理能力不断现代化的过程中，也理应树立"共治共享"理念。在推进档案内容治理体系和治理能力现代化的推进方案的构建中，从思想层面将"共治共享"的理念深植，有利于保证档案内容治理体系和治理能力在现代化过程中就烙上"共治共享"理念，才能符合最终实现现代化的目标。所以，要推进档案内容治理体系和治理能力的现代化，思想层面树立"共治共享"理念既是推进档案内容治理体系和治理能力现代化在观念层面的举措，也是在实践层面需要获得的结果。

6.1.2 法规层面，应坚持以"法治"为保障

（1）坚持法治——档案内容治理体系和治理能力现代化的重要保障

依法治国的重要性已经提高到深刻变革的高度，在这样的时代背景下，法治是衡量一个国家治理体系现代化的重要标准（俞可平，2018），强化法治在治理活动

中的重要作用不言而喻。档案治理法治化,也为档案治理现代化实现保驾护航。当前,我国也形成了以新《档案法》为核心,地方行政法规、行业标准等为补充的档案法规体系,为档案治理法治化提供了重要的基础。强化法治,是在档案内容治理体系和治理能力现代化顶层架构中,需要坚持的原则与底线。

通过现代化的内涵可知,治理现代化也是一个不断实现法治的过程。因此法治也是档案内容治理体系和治理能力现代化的重要内容,在档案内容治理体系和治理能力现代化实现方案的顶层架构中树立法治理念,坚持法治,有利于从总体性、全局性的视角保障档案内容治理体系和治理能力现代化推进路径的法治化、规范化。正是如此,才能保证档案内容治理体系和治理能力的现代化推进不偏离法治轨道,为档案内容治理实践健康有序长效发展提供重要的法治保障,最终真正实现档案治理体系和治理能力现代化。

(2)坚持法治——实现治理体系法制化和治理能力法治化

同国家治理一样,法治构成了档案内容治理的内在逻辑和外在秩序(孙东山,2021),因此在档案内容治理体系和治理能力现代化不断往前推进的过程中,就应将强化法治摆在重要地位。在推进治理体系现代化时,将强化法治原则贯穿始终,确保各项治理制度、机制的更新与法律制度同步,通过构建或完善相应的组织、程序、问责等法治规则体系,使档案内容治理从治理体系和治理能力建设至全体实践都处于有法(规则)可依、权责清晰的状态。

在推进档案内容治理体系和治理能力现代化过程中坚持法治,就是坚持用法治思维和法治方式推进档案内容治理体系更加成熟完善与稳定,严格按照法律规范、标准政策运用档案内容治理能力进行档案内容治理实践。换句话说,在档案内容治理体系和治理能力现代化实践中坚持法治,其实质就是实现档案内容治理体系法制化和档案内容治理能力法治化。

档案内容治理体系法制化,就要不断增强档案内容治理体系的制度化、程序化和规范化,改变现有档案内容治理体系在法规制度建设方面存在的覆盖不全面、更新缓慢等问题造成的对档案内容治理指导不力的局面,使档案内容治理中各治理主体在档案内容治理的各个领域与各个环节的治理实践均有法可依。实现档案内容治理体系的法制化只是静态层面的结果,还需要实现从"法制化"向"法治化"的转变。因此,在推进档案内容治理能力现代化中坚持法治,就是要实现档案内容治理能力法治化。就要不断增强档案内容治理体系的可执行性、可操作性等,运用法治思维和法律制度进行与开展档案内容治理实践。通过推动档案内容治理能力的法治化,达到运用法律制度规范档案内容治理过程中各治理主体的行为,构建科学合理的档案内容治理秩序，发挥法治对档案内容治理现代化的保障和推动作用。

6.1.3 技术层面，应坚持以"智治"为方式

当代著名技术哲学家艾吕尔指出，我们生活的世界已经被技术所型构，技术已经不再由我们所选择，而是已经成为我们存在的环境与背景，人的欲望并由此产生行动，都借由技术产生联结，并借由技术才得以实现（吴旭红 等，2022）。技术已经成为现代社会十分关键的构成要素。利用数字化技术，改进社会治理，促进社会良性运行，成为重要的社会共识。数字转型期和档案内容四重内涵的延伸，决定了技术在档案内容治理中占据着独特的地位。彰显技术优势与档案内容治理的高度融合，逐步成为档案内容治理现代化的重要内容。从宏观层面进行档案内容治理体系和治理能力现代化的推进，自然不能忽视技术在其中的重要作用。结合当前技术发展的主要优势，本研究认为，在技术层面推进档案内容治理体系和治理能力现代化可以高度概括为坚持智治。坚持智治，合理充分地发挥各种技术对治理活动协同、互联、拓展、提效、创新方面的重要作用。

技术对档案内容治理的重要性决定了以面向促进档案内容治理现代化为目标的档案内容治理体系和治理能力现代化的顶层设计中，必然要将如何充分发挥技术优势纳入考虑范围。在当前的技术环境下，智治就是必然选择。技术的成熟与广泛应用是坚持智治的前提条件，为共治共享提供了沟通的渠道与协作的平台。多元主体的协同共治，离不开信息互联互通，现代信息技术及其应用为此提供了丰富的可能性与多样的选择；多元主体的协同共治，也离不开信息的开放共享，各种技术为此提供了便利；同时，加密算法、共识机制的保障，也能为治理主体之间的信息机制的建立与运行提供保障解决途径（王亚玲，2021）。

在技术利用中坚持智治，就要求要加强对技术，尤其是新兴数字技术的理解与认识，实现技术与治理目标的契合，充分发挥技术优势，推进档案内容治理体系和治理现代化。技术的长足进步为主体的沟通联络手段、为治理对象的处理手段、产品与服务的提供方式都带来了新的可能，这有利于拓宽治理体系中治理机制的建立与改进。

在技术利用中坚持智治，对创新的应用技术提出了更高的要求。如何将新兴技术的专长与档案内容治理实践结合起来，实现档案内容治理实践的革新，也应是数字转型期档案内容治理体系和治理能力现代化推进的重要内容。创新技术应用，在档案内容治理体系构建中认清技术优势、摆正技术位置，充分发挥技术优势，促进档案内容治理体系运用的智能化，提升档案内容治理能力，推动档案内容治理体系

和治理能力现代化的实现。

6.2 数字转型期档案内容治理体系和治理能力现代化的基本路径

档案内容治理体系和治理能力现代化推进对策的顶层架构为数字转型期档案内容治理体系和治理能力现代化的推进确定了重要的思想基础，但整体架构还需要基本路径为其提供具体的实现路线，以将总体架构转换为切实可行的实践对策。以整体架构的"善治""法治""智治"为方向引领，本研究基于档案内容治理体系和治理能力关系模型的构成要素以及演化机制，推演出对档案内容治理体系和治理能力现代化对策的切入点；进而根据前述章节分析的档案内容治理面临的可能风险和现实困境，针对性地构建了档案内容治理体系和治理能力在数字转型期的现代化推进路径。

6.2.1 以健全体系为抓手，推进档案内容治理体系现代化

根据档案内容治理体系和治理能力关系模型，可以看出，档案内容治理体系在其中居于基础性地位。因此，在档案内容治理体系和治理能力现代化中，档案内容治理体系现代化处于重要地位。档案内容治理体系内在属性的优良直接决定了档案内容治理体系的起点。所以，本研究提出从档案内容治理体系的内在属性着手，以健全体系为抓手，首先，分析档案内容治理体系的健全思路；其次，依据档案内容治理体系的构成要素确定健全档案内容治理体系的主要内容；最后，以促进档案内容治理体系的制度理性的平衡、体系结构和功能的合理、运行机制的健全流畅作为治理体系健全的目标，推进档案内容治理体系现代化。

（1）思路：应突出灵活性与实效性

根据档案内容治理体系的定义与构成来分析，可以从档案内容治理体系的制定这一视角来确定档案内容治理体系健全思路。

根据各制度、程序的制度主体和面向范围、群体的不同，档案内容治理体系的构成主要指国家层面需要遵从的法律法规、政策标准、规范等；行业层面的行业指南与行业标准等；机构或组织层面的岗位性管理制度；以及面向用户和工作人员的办事指南与操作规范等（薛四新 等，2012）。在此，本研究将其统称为法制规范，健全档案内容治理体系可以遵循以下思路，逐层突破。

以地方性法制规范为突破口，建立健全档案内容治理体系。虽然我国目前在国家层面已经形成了较为完备的档案法律法规体系，但国家层面上的法律法规较为宏观，对档案内容治理仅限于提供原则性、方向性参考，难以有效指导与规范具体的档案内容治理实践。再加上国家层面法律法规体系必然要保持一定的稳定性，更新周期较长，所以难以做到根据实践的发展变化及时地修订。相对国家层面来说，地方性法律法规的制订与修订更为灵活、更具实效性。为弥补国家层面法律规范比较宏观、更新缓慢等不足，近来年，我国各区域、各省市等地方层面都在积极尝试通过制订与出台地方性法制规范，以更好地指导档案实践。如 2016 年，浙江省在制定《浙江省促进大数据发展实施计划》时，将档案纳入大数据，并被列为民生保障服务领域范围的政府数据集，向社会开放。同时档案管理和开放共享示范工程是浙江省 18 项大数据建设发展重点"示范工程"之一，对数字档案馆的建设、档案数据的开放共享作出了要求与规定。再如，2021 年 7 月，为贯彻落实党中央、国务院关于加快推进"互联网+政务服务"工作的决策部署和广东省政府《关于加快数字化发展的意见》要求，广东省档案局与广东省政务服务数据管理局联合印发 3 个办法与规范[①]，对档案归档职责确定、档案基础数据标准等进行了规定。这些地方性法制规范的内容直接与档案内容治理密切相关，对属于档案内容治理的部分环节与领域进行了具体规定与相应规范。总体而言，档案相关的地方法制规范以国家层面的法制规范为蓝本，并在《档案法》的基本框架内不断地细化和优化相关规定、政策和标准，对各种档案工作的细分领域进行关照与规定；通过建立与完善法律法规的配套制度，提高了档案法律规范的可行性和可操作性；既有利于完善法规体系的健全性，也有利于法规体系作用的发挥。

鉴于此，本研究认为，可以地方性法律法规建设作为突破口，完善档案内容治理体系构成要素，促进档案内容治理体系现代化。一是可以加强对地方性法制规范建设的鼓励，给予地方性法规建设更多的空间；二是加强对地方法制规范建设的指导与监督，提高地方法制规范制定的科学性。

以标准完善为重要补充，建立健全档案内容治理体系。在档案内容治理的风险归因、困境归因中，都发现了标准不足所带来的不利影响。2015 年国务院办公厅印发《国家标准化体系建设发展规划（2016—2020 年）》，将"社会治理标准化""政府管理标准化"等列为重点建设的标准化领域，同时将"基本公共服务标准

---

① 分别是《广东省政务服务事项电子文件归档和电子档案管理办法》《广东数字政府政务服务事项电子文件归档和电子档案管理技术规范》和《广东省统一申办受理平台与部门档案管理系统对接规范》。

化"列入标准化建设10大工程（柳经纬 等，2021）。提高档案内容治理的标准化程度，也理应成为档案内容治理现代化建设的重要领域。因此，应在增加地方性法制规范建设为突破的基础上，以增加档案内容治理相关各级各类标准的完善为补充，对健全档案内容治理体系发挥作用。可以通过增加各级各类标准的数量，将国际普遍公认的国际标准融入我国标准，提高与国际标准的接轨度等手段进行。此外，还可以加强档案内容治理相关行业指南和标准规范的制定与更新。

加强机构或组织内部制度建设，建立健全档案内容治理体系。机构或组织内部的制度建设，构成档案内容治理体系的重要组成部分。无论是国家/地方性行政法规，还是不同层次的标准规范，对档案内容治理的约束与规范最终还是通过具体的机构或组织内部的制度来实现。同时，机构或组织内部的制度建设相较于法规建设和标准建设也具有自身优势：①机构或组织内部的制度建设与更新更为灵活，实效性更强；②更为具体，更便于操作与实践，可操作性、指导性更强；③对自身业务流程、业务能力了解更清楚，制度的针对性更强；等等。因此，鼓励机构或组织加强制度建设，能够有效地与法规建设和标准建设形成互补，对于促进档案内容治理体系的健全能够发挥重要作用。加强机构或组织内部制度建设，既需要档案主管部门的引导与指导、监督和考核，也需要机构或组织从思想上、实践中意识到制度建设对档案治理实践所带来的实际效益，才能真正实现组织/机构档案内部制度建设的自觉性与积极性，保证机构或组织内部制度建设的质量。

（2）内容：应从治理体系构成要素出发

档案内容治理体系推进思路，只是从不同的层次出发，确定了档案内容治理体系的健全思路，接下来的重点就是档案内容治理体系健全的主要内容，也可以理解为在进行档案内容治理体系健全过程中，需要涵盖的主要方面。从档案内容治理体系主要回答档案内容治理的治理主体、治理手段和治理目标入手，档案内容治理体系的健全内容可分为以下三个方面。

一是界定多元治理主体角色职责及相互关系。以多元主体的治理环境为背景，在相关制度与程序的建设过程中，多元治理主体角色职责及相互关系的确立，有利于多元治理主体对自己的角色任务进行认知，并采取适宜行动完成任务；同时多元主体还存在利益的冲突与协调，主体之间的利益平衡与职责对等机制的建立，有利于平衡多元主体之间的权利和义务关系（王英，2020）。因此，在各级档案制度的建设中，对多元治理主体角色职责及相互关系的确定都应成为重要内容。要力争多元治理主体权责一致、分工明确。

二是对档案内容治理活动进行相关规定。这部分涉及范围广泛、流程复杂。大致可按照本研究所构建的档案内容治理的内容分层模型来逐层开展（详见本书图3-4）。首先，是对宏观层档案治理体系和治理能力相关规划活动的有关规定；其次，是档案内容治理中观层的数据层、内容层、服务层各流程、各要素的相关规定；最后，是微观层各技术、各活动的选择标准、流程先后等具体环节与举措的相关规定。

三是确定档案内容治理活动的价值取向。档案内容治理要实现何种目标取决于档案内容治理坚持何种价值取向，因此在档案内容治理体系的建立与健全过程中也要进行观照。这主要反映在档案内容治理体系中相关的法规、政策、标准等制定过程中，要将理念因素、目标因素在条文中得到充分地涵盖与体现，使得档案内容治理的"善治""内容观""共治共享"等理念能内化在档案内容治理活动中；使得档案内容治理的"内外联动"的"良治""善治""支持与促进档案治理现代化和国家治理现代化"的目标与价值取向可以在每一个档案内容治理的活动与环节得到切实的践行。

（3）路径：应面向目标达成

档案内容治理体系的健全以一定的目标为导向，根据本研究前续章节的分析，档案内容治理体系的现代化体现为有充分的制度理性、协调的体系结构、顺畅的运行机制。因此，档案内容治理体系的健全应以之为目标。而当前要实现这三大目标主要面临体系内部冲突龃龉、体系完善迟缓滞后、运行机制分散不畅三大阻碍。所以，在档案内容治理体系健全过程中可以通过以下手段确保档案内容治理体系健全目标的达成。

一是提高制度理性与制度协调性。在各层级制定档案内容治理相关制度规范时，制度理性与制度协调性的提高十分重要。提高档案内容治理体系制度理性，应着重关注档案内容治理体系工具理性与价值理性二者之间的平衡。这就体现在档案内容治理体系在强调科学性、可操作性、有用性的同时，还要注意对档案内容治理价值理性的关注。要实现档案内容治理的科学有序发展，也要实现档案内容治理、档案治理现代化与国家治理现代化的有效参与和支持，尽量保证档案内容治理体系价值理性和工具理性的平衡。提高档案内容治理体系的制度协调性关键在于实现制度之间的衔接与兼容。各项档案制度不能只是简单地排列与组合，而应彼此之间能产生关联与作用，形成"印补关系"，组成制度共同体，最终形成"以法律规范为核心、行政规范为基础、社会规范为补充"（孟月 等，2021）的具有原则性与可操作性制度规范体系。

二是做好制度的更新完善工作。数字转型背景下，档案内容治理所处的内外部环境多变，档案内容治理体系应根据环境、需求等的变化，及时地时行新增、修订等完善工作，要根据档案内容治理实践的需要及时做好标准、法规等制度建设的更新工作，以保证档案内容治理体系对档案内容治理活动的实际指导作用。

三是完善治理体系的运行机制。档案内容治理只有能够得到切实的执行与利用，才能发挥应有的作用。因此，完善档案内容治理体系的运行机制也是十分重要的内容。第一，治理体系的内容及其表达要面向理解与执行。可以通过提高制度内容的规范性、可操作性来实现；或者增加制度的配套制度，例如执行细则、执行办法等方式与手段来解决。第二，治理体系内容中要适当关注运行机制相关要素的规定。例如要增加对制度执行的检查、考核的有关规定与执行。

6.2.2 以治理技术为承转，上承治理体系下接治理能力

治理技术是档案内容治理体系和治理能力相互关系演化机制中的重要中介，起到对档案内容治理体系和治理能力相互连接转换的重要枢纽作用。有些治理技术属于档案内容治理体系，而有些治理技术则属于档案内容治理能力。因此，要推进档案内容治理体系和治理能力现代化，应以治理技术为承转，充分发挥治理技术的中介作用，促进档案内容治理体系和治理能力现代化的协同推进。

借鉴政治学中将治理技术分为科技型技术、规则型技术和行为型技术三类的思路，本研究也以此为分类方案，构建档案内容治理技术的推进方案。其中，科技型技术推动档案内容治理实践深入发展，主要提高档案内容治理能力；规则型技术加强档案内容治理主体的凝聚，是对档案内容治理体系完善方案的进一步细化与补充；行为型治理技术致力于对治理主体治理能力的提高，是档案内容治理能力在静态层面提升的整体方案。由此可以看出，档案内容治理技术上承档案治理体系，下接档案内容治理能力，加深了档案内容治理体系和治理能力现代化推进方案的内部连接，在实现档案内容治理体系和治理能力关系模型互动变化的动态过程中促进其现代化的推进。

（1）加强科技型技术科学应用，提高治理效果

科技型技术，顾名思义，就是利用既有物质手段以及成熟的科学技术来解决档案内容治理风险与困境的工具集合。通过对科技型技术理解与应用能力的提升，有利于提高档案内容治理能力。

充分利用现有档案工作技术基础。对于档案内容治理来说，对既有物质手段的应用主要是可以利用社会与组织的既有档案工作技术基础。而这些技术基础又可以拆分为技术物质基础和技术利用经验两种。首先，充分利用技术物质基础。虽然档

案内容治理这一概念是本研究第一次提出，但是档案内容治理实践早已有之，不同区域、行业、组织之间的区别在于系统化、规模化程度的高低。再退一步讲，即使早前并未开展有档案内容治理相关实践，既有档案工作是一定存在的，并且有着坚实的物质手段基础，包括并不限于馆藏条件、档案数字化器具与设备、数字档案馆物质基础、档案管理系统平台等。面向档案内容治理的特性与需求，打开视野，开拓思路，在既有的物质手段基础中创新性地融合档案内容治理实践，就能为档案内容治理提供基本的技术物质条件。其次，批判借鉴与吸收技术利用经验。突破档案实体的限制，利用技术的便利，将档案管理深入到档案内容层次并非档案内容治理首创，过去理论与实践中与技术应用相关的成熟探讨，都可以成为档案内容在科技型技术方面的借鉴来源。如针对档案内容治理的可信性问题，相关研究已经探讨过时间戳技术在档案数据管理中的应用（戴艳清 等，2021）；针对档案内容信息的采集，有研究在分析档案信息智能采集技术现有研究成果的基础上，提出了改进档案信息智能采集技术应用的创新方式（顾伟，2021）；实践方面，中国石油档案管理系统 2.0 项目实现了档案业务信息化的全面动态管理，相关对策与方案对于档案内容治理的管理平台建设与管理也有一定的借鉴意义①。对现有技术利用经验的批判性借鉴与利用，有利于提高档案内容治理能力，是推进档案内容治理能力现代化的重要体现。

创造性应用数智技术。除了借鉴与继承现有技术物质基础与利用经验，档案内容治理能力现代化推进还可从创造性地应用新兴数智技术入手。根据对档案内容治理的内容的分析，不难发现，档案内容治理在中观层的治理活动与流程中对档案内容进行采集、处理、组织、发布等管理组织活动时能进行到什么程度，很大程度上取决于社会技术的发展程度以及档案工作对技术的掌握与利用程度。对于档案内容治理而言，社会技术的发展程度无法控制，只能对技术的掌握与利用进行改变。一是积极追踪技术新进展，努力突破技术壁垒对档案内容治理的限制。当前的技术背景下，数智技术的发展让人对未来充满无限的期待与想象。数智技术的发展也是推动数字转型的重要技术驱动。档案内容治理应加强对新技术的追踪与跟进，及时利用新技术带给档案内容治理新突破。如数字中台、数据湖等理念与理论的提出与兴起，在档案内容治理的内容处理、提供服务方面具有极强的优势，就可以加以利用。二是革新现有的技术利用思路，发现技术的新的利用场景，拓展技术的利用可能。比如档案内容管理系统的使用并非新鲜事，但在档案内容治理模式下，可以考

---

① 中国石油新闻中心称中国石油档案管理系统数据突破 1 亿条，原文见 http://news.cnpc.com.cn/system/2018/02/22/001678591.shtml。

虑通过云平台、云服务等的加入，打造"云上"档案内容治理系统或平台，从而促进档案内容治理能力的提升。

但值得注意的是，档案工作固然强调科技型技术的利用，但其前提是对科技型技术的利用应是审慎的。既要强调所利用技术应是成熟稳定的，也要强调对所利用技术的掌握是充分的，以避免技术不确定性给档案内容治理带来潜在的风险与损失。

（2）重视规则型技术秩序建设，创新治理方式

规则型的治理技术主要指通过微观制度与程序，化解治理活动中各主体之间的矛盾与冲突，实现更好的治理效果。可以将规则型技术理解为对档案内容治理主体及其相互关系的调整。比如，在中国的政治实践中，协商就是一种常用的规则型技术，通过多种协商形式调整公民与政府之间的关系，为公民进行有序的政治参与提供途径，促进公共事务决策的民主化与科学化。对于档案内容治理来说，要充分发挥其"善治性"的优越性，实现治理成果开放共享，在规则型技术方面的调整可以通过构建协作机制，实现多元主体之间的合作，充分发挥各治理主体的优势。

《"十四五"全国档案事业发展规划》提出在健全档案管理体制机制中，要"加强部门协同、区域协同、行业协同，鼓励、引导、规范社会力量参与档案事务"。以此为启发，档案内容治理"一主多元"的主体要构建多元协作的机制，可以通过以下路径实现。

促进形成共识。多元治理主体在档案内容治理活动中有着不同的诉求与职责，多元主体之间只有就档案内容治理达成了一定的共识，才能有协作的基础。对于档案内容治理来说，共识并不需要存在于档案内容治理的所有流程与活动中，只需对档案内容治理的客体对象、治理理念、治理目标有一定的相同认识即能在形成档案内容治理的合力上相对于现在有很大程度的提高。档案内容治理的共识形成，可以通过法律法规、政策文件的出台与施行，提高多元治理主体对档案内容治理的认识的一致性；加强治理参与人员的培训，在培训内容与过程中通过强化对治理理念、治理目标的认识，促成档案内容治理共识的形成。

明晰职责分工。不同的治理主体协作治理的一大困难还在于如何厘清各自的治理职责分工，明确治理内容与治理任务。因此在档案内容治理的宏观规划与战略设计中，应对不同治理主体的职责分工与角色定位进行清晰的界定与阐述，以帮助多元治理主体找准各自在档案内容治理实践中的定位。也只有如此，各治理主体才能极大地发挥自身能动性，在有参与机制的情况下适合地参与进档案内容治理实践。

进行整合行动。要让分散的有不同利益诉求的多元主体一致行动,需要依赖于一定领导力量与领导机制。档案内容治理的一主多元的治理主体结构中,各级档案主管部门应充当起推动者与监督者的角色,通过政策、战略等手段,联合各治理主体进行治理协作。此外,在不同的区域与行业,作为"辅助者"角色的档案机构或团体,也可以通过区域联盟、行业协会等既有协作组织与平台,进行档案内容治理行动的整合途径。这些整合行动并不必然需要是整体的档案内容治理,而可以只是档案内容治理的某一领域或环节,如针对某种类型的档案内容的采集,进行协作。通过这种零散的局部的档案内容治理行动的整合,最终实现档案内容治理行动整体的逐步整合。对于实践工作来说,档案内容治理的整合行动以治理项目、治理课题的形式更具有现实性与可操作性。

加强沟通交流。档案内容治理的协作治理的有效进行,还需要丰富的沟通交流途径。作为"主导者"的档案主管部门,需要收集其他治理主体的意见与建议;多元治理主体在治理过程中,也需要沟通与交流等。考虑到实际情况,可以采用会议、论坛、座谈会等形式进行。此外,档案内容治理的协作还有赖于各治理主体的共同参与,因此应实现参与途径与渠道的多元化,促进多元治理主体从档案内容治理的边缘地位逐步进入治理中心圈内(许张琨琦,2021)。

(3)注重行为型技术系统培育,提供治理人才

行为型技术,一般是指治理主体在实践操作层面所应具备的知识、技能与技术。不同的治理主体由于职责与角色定位的不同,所需要具备的实践技能与操作技术自然也不相同。比如,对于档案主管部门而言,其在档案内容治理体系和治理能力的现代化过程中,所应提高的能力主要是宏观层面制度能力群中能力、中观层面组织能力群中的部分能力;档案机构则主要需要提高中观层面的组织能力群以及内部制度构建能力等;而对于档案内容治理的工作人员,由于所处的治理流程与环节的不同,所需要提高的能力又不尽相同。

因此,从行为型技术出发,就应加强档案内容治理人才队伍的建设。根据不同的治理主体的职责和任务不同,进行相应的实践技能与操作技术的培训;以此,通过治理主体自身能力的提高,来实现促进档案内容治理体系构建更加完善、档案内容治理能力提高更加有效的目标。

吸纳复合背景人才,促进人才队伍多元化。数字转型期,档案内容治理的数据体量、数据深度等都与往日不可同日而语,技术的复杂度不断提高,治理活动难度也不断提高,对人员的专业性要求提高。因此,要注意吸纳具有法律专业背景、公共政策专业背景、计算机专业背景等不同专业背景的专业人才的加入,以提高档案

内容治理体系政策制定、标准制定等的专业度，提高技术理解与应用的能力，从而为档案内容治理体系的治理能力的现代化推进提高充足的专业知识与人才资源。

加强人才培训，满足动态发展需要。无论是社会数字转型的大背景，还是档案内容治理实践的不断发展，都是处于不断发展的过程中，要想能持续满足社会实践与内容治理活动动态发展的需求，治理人才队伍也需要不断进行实践技能和操作技术的更新。因此应通过构建系统的人才培训机制，促进档案内容治理多元主体治理能力的全方位提升，以满足动态发展的需求。

6.2.3 以能力提升为纲目，推进档案内容治理能力现代化

档案内容治理能力现代化主要是指增强档案内容治理体系执行能力，将档案内容治理体系的优势更好地转化为档案内容治理效能。在档案内容治理现实困境的研究中，本研究曾对档案内容治理能力不足的困境进行分析，发现能力困境主要有能力更新滞后与能力缺失两种。而档案内容治理能力又主要由宏观制度群、中观组织能力群和微观业务能力群三大能力群12种具体能力构成。因此，本研究以加强能力的更新与能力的培育为主要思路，以三大能力群的逐个提升为内容，构建档案内容治理能力的现代化推进方案。

（1）思路：应加强能力更新与能力培育

针对档案内容治理能力困境，以加强档案内容治理能力更新与能力培育来进行消解。

档案内容治理能力更新主要指档案内容治理要根据档案内容治理实践的需要不断进行治理能力的提高。在档案内容治理能力更新的过程中，涉及更新周期与更新质量的问题。在档案内容治理能力更新周期方面，要求档案内容能力应该尽量缩短更新周期，以保证能力的更新时间差与需求之间的时间差尽量短。在档案内容治理能力更新的质量方面，档案内容治理能力的更新应保质保量，要求档案内容治理能力的更新能满足新的档案内容治理需求。档案内容治理能力的培育，主要是指能获得与培育可以满足档案内容治理实践新需求的全新能力。能否及时地对能力出现的缺口进行填补，一定程度上也影响着档案内容治理现代化的推进。

根据档案内容治理体系和治理能力的相互关系可知，档案内容治理体系是档案内容治理能力的基础，档案内容治理能力来源于对档案内容治理体系的运行。因此，档案内容治理能力的更新与培育，也如档案内容治理能力现代化的内容一致，主要需要进行两方面的考虑：一是档案内容治理体系；二是档案内容治理主体。档案内容治理体系需要缩短修订周期、增加对新需求的关注，来实现促进档案内容治

理能力更新与培育的目的。这部分的主要内容在档案内容治理体系及治理技术的对策方案中，已有涉及，此处不再赘述。档案内容治理主体主要可以通过人才队伍能力结构的完善，包括引进扩充新人员、对现有人员进行培训与提升等。关于档案治理人才队伍的建设与发展，档案学领域有翔实丰富的研究成果可以参考与借鉴，此处也不再进行展开。

（2）内容：应分层提升，逐个突破

加强档案内容治理能力的更新与培育是总体的思路，而具体应更新与培育何种能力则是档案内容治理能力提升的重要内容。根据档案内容治理能力的内涵与构成，可以档案内容治理能力的构成为参照系，按照宏观制度能力群、中观组织能力群、微观业务群进行分层提升。

提高宏观制度能力群的整体能力，提高档案内容治理体系的健全能力。宏观制度能力群由制度构建能力、制度实施能力、制度更新能力、制度导向与选择能力构成。所以宏观能力的高低，一定程度上也决定着档案内容治理体系的健全性。提高宏观制度能力群的能力，主要在于提高档案内容治理制度建构的能力，以提高档案内容治理体系的现代化为目标，以提高档案内容治理体系的制度理性、体系结构的协调性和运行机制的顺畅性为主要内容。因此，提高宏观制度能力群的能力，就要提高制度建设能力，这一方面依赖于治理主体的制度建设能力的提升；另一方面依赖于制度建设流程的规范性与科学性。因此，宏观制度建设能力受多种因素的影响，如治理主体对档案内容治理的理解与认识的正确性、全面性；治理主体综合能力的深厚度，能否驾驭大体量的制度架构工作等。因此，档案内容治理主体应充分认识到制度建设能力的重要性，并在日常工作中有意识地进行培养与提高。

提高中观组织能力群的协作能力，提高档案内容治理体系的执行能力。中观组织能力群在档案内容治理能力群中也发挥着重要的连接作用，通过中观组织能力运用，将宏观层面的制度内容具化为微观层面的治理活动，从而获得最终的治理效能。所以，提高中观组织能力的重点就是提高档案内容治理体系的执行能力。中观组织能力群主要是对各种政策工具与治理资源的协调与组织，包括目标统筹能力、资源协调能力、技术支撑能力。所以，要提高中观组织能力群的能力，重点就在于提高对档案内容治理体系的理解、阐释与执行能力。

提高微观业务能力群的实践能力，保证档案内容治理的实践效能。宏观制度能力群、中观组织能力群的能力发挥决定了档案内容治理的方向与主体，而实际档案内容治理活动的发生直接由微观业务能力群决定。本研究将微观业务能力群划分为内容处理能力、价值增值能力、价值保障能力、产品和服务提供能力四种。微观能力群的提升相对而言比较单纯和直接，根据具体业务环节的内容、标准要求、目标导向等就可以确定需要的能力要求，进而进行更新与培育就行。

虽然针对不同层次的档案内容治理能力群，提出了分层提升的提升方案，但档案内容治理能力的提升呈现明显极强的整体关联性。任一层次里的具体能力的强弱都对档案内容治理实践整体产生着直接而重要影响。例如，中观能力群目标统筹能力跟不上，则直接会影响对中观层资源统筹、关系协调的影响，继而会对微观层具体档案内容治理实践的开展产生影响。所以，此处的分层提升只在于强调档案内容治理能力各层的提升内容与重点，而不是指档案内容治理能力的提升只能按照此顺序进行。相反，正是因为各层能力之间关联密切，所以各层之间的能力提升不应强调时间先后问题，而应同步全方位进行。无论位于何种层次能力的提升都有利于档案内容治理能力的整体能力提升，是档案内容治理能力现代化内容中的重要部分。

6.2.4 以耦合协调为旨归，实现体系与能力的协调推进

档案内容治理体系和治理能力是"一体两面"的相互关系，二者的现代化推进路径应在各自推进的同时实现协调推进，才能保证获得最佳的推进效果。结合档案内容治理体系和治理能力关系模型的内容，本研究构建了基于主体、客体、关系、目标的四重协调推进路径，对档案内容治理体系和治理能力现代化的重要旨归进行厘清与重申，以提高档案内容治理体系和治理能力推进方案的科学性。

（1）信任主体，实现多元主体协同推进

多元主体在档案内容治理体系和治理能力的完善中发挥着不同的作用，在推进过程中，只有实现多元主体在治理体系完善和治理能力增加中协同推进，才能保证治理体系和治理能力的现代化步调一致，获得最佳成效。中共中央总书记习近平（2018）指出，"各国相互协作、优势互补是生产力发展的要求，也代表着生产关系演变的前进方向。在这一进程中，各国逐渐形成利益共同体、责任共同体、命运共同体。……这既是经济规律使然，也符合人类社会发展的历史逻辑"。档案内容治理的现实困境之一也是缺乏治理共同体，因此，要实现多元主体协同推进，应在信任主体的基础上，以形成档案内容治理共同体为目标。

信任主体，就是要给予主体参与档案内容治理的途径，为多元主体在档案内容治理中发挥自身优势、贡献自身力量打下基础。信任主体，就是要给予档案内容治理主体在治理实践中相对的空间，为创新档案内容治理实践提供宽松氛围。

形成档案内容治理共同体，重点是形成责任共同体为基础。中国共产党的十九届四中全会提出社会治理共同体的建设应以"人人有责、人人尽责、人人享有"为

目标。档案内容治理共同体是社会治理共同体的组成部分，也应努力实现各主体"有责、尽责、共享"的状态。档案内容治理责任共同体的建设内容与途径在于：促进治理主体职责分工与角色定位的明确，实现多元治理主体"有责"；提高主体治理责任的履行主动性、协同性与实效性，实现多元治理主体"尽责"；促进治理愿景、目标、成果取向与追求的一致性，实现多元治理主体"共享"。多元主体在以上维度协同推进，才能形成相互关联、互动协调，利益一致、目标一致、行动一致的治理共同体，实现档案内容治理的"良治"与"善治"。

（2）解构客体，确保多维客体关联推进

档案内容治理在客体视角将"内容"的含义进一步拓展至档案的内容、内容性质与内容状态、内容化和基于内容四个层次。因此，要实现档案内容治理体系和治理能力现代化推进方案的科学性，必须要在推进过程中时刻确保"内容"客体通过"治理"方式的创新，实现了多重含义的关联推进，从而才能有利于发挥档案内容治理的优越性，有利于规避档案内容治理的碎片化风险，有利于化解档案内容治理的现实困境。

确保多维客体关联推进，应以实现档案的内容的全面开发为前提，以内容性质与内容状态的优化为基础，以内容化手段的转型与升级支撑，以基于内容的方式与应用的拓展为核心，推动档案内容治理体系和治理能力的现代化。而要实现以上四点，关键要义在于对档案内容治理的治理对象、治理目标与治理手段与方式有深刻的理解，对档案内容治理技术有深厚的理解与运用能力，对治理活动与流程极强的掌控力，对治理资源的合理配置……这些能力的具备与获得通过档案内容治理体系和治理能力现代化可以实现，因此，在治理体系和治理能力现代化的推进过程中，也应以实现"内容"治理客体的多维关联推进为内在逻辑。

（3）依凭关系，促进多重关系立体推进

档案内容治理体系和治理能力的相互关系，也决定了档案内容治理与治理能力现代化的推进不能脱离对二者关系的考虑而单独发展。二者"一体两面"的相互关系和"动态正相关"的互动形态要求在档案内容治理体系和治理能力的现代化过程中，应以二者的关系为着眼点，坚持多重关系的立体推进。坚持多重关系的立体推进，意味着治理体系和治理能力现代化二者不能偏废，档案内容治理体系的健全完善，是档案内容治理能力提升的基础；而治理能力的提升，又直接关系着档案内容治理体系的健全与执行，既是档案内容治理体系现代化的重要目标，又是档案内容治理体系现代化的重要手段。同时，通过治理技术的分析，档案内容治理体系和治理能力从某种意义上来说，还存在部分交叉与重叠，是"你中有我，我中有你"的状态。所以，对档案内容治理体系和治理能力的推进，也不可能出现推进方案内容之间的界限分明。

档案内容治理体系和治理能力二者存在的复杂关系，决定了档案内容治理体系和治理能力的现代化推进过程中，必须坚持对二者之间多重关系的正确把握，从多种视角、不同层次实现立体推进，以确保推进方案的合理性与有效性。

（4）遵循目标，促进多阶目标逐渐推进

档案内容治理的目标并非一成不变，而是随着所处时代背景的不同，随着社会实践不断发展而不断变化，治理体系和治理能力现代化是为实现档案内容治理目标、提高档案内容治理效果而服务的，因此也理应实现动态调整。这种动态调整，就要求档案内容治理体系和治理能力现代化应以阶段性目标的实现为基础，在不断渐进式地完成阶段性目标的过程中，实现对档案内容治理体系和治理能力现代化成效的逐步往前推进。在档案内容治理体系和治理能力现代化的推进过程中，应注意此特点及其带来的要求，注意内外部环境的变化，尤其是处于数字转型期这样各种社会逻辑与关系动态调整变化明显的调整时期，应提高对内外部环境变化的敏锐度，及时调整现代化推进目标，调整现代化推进路径，以提高档案内容治理体系和治理能力现代化能有效地促进档案内容治理实践，促进档案内容治理实践内外目标的实现。

6.3 本章小结

本章主要分为整体架构和基本路径两个层次，对档案内容治理体系和治理能力现代化如何推进这个问题进行回答。

推进方案的整体架构决定了推进路径的价值取向及其推进方向。本研究认为思想层面应以坚持善治理念为引领、法规层面应以坚持法治为保障、技术层面应以坚持智治为方式，并此以为准则构建出了档案内容治理体系和治理能力现代化推进方案的整体架构。首先，思想层面应以坚持"善治"为引领。针对档案内容治理体系和治理能力推进的三大现实需求，提出了应树立整体性治理理念、树立档案内容观、树立共治共享理念。基于档案内容治理整体实践的整体性理念，有利于提高档案内容治理的整体协同性与整合性，以应对档案内容治理的碎片化风险；针对档案内容治理有别于其他档案治理实践的"内容观"，加强档案内容四重意蕴的实现，对档案内容观的强调与应用，有利于明确档案内容治理的本质需求；针对档案内容治理价值实现的"共治共享"理念，促进协同合作与开放共享，提高档案内容治理的整体协作性、科学合理性，提高档案内容治理与档案治理、国家治理的关联与互动，促进档案内容治理最终价值的顺利有效实现。其次，法规层面应以坚持"法治"为保障。在推进档案内容治理体系和治理能力现代化过程中坚持法治，其实质就是要实现档案内容治理体系法制化和档案内容治理能力法治化。最后，技术层面应以坚持"智治"为方式。坚持智治，就要加强对技术的理解与认识，创新技术应用，充分发挥技术对治理活动协同、互联、拓展、提效、创新方面的重要作用，促进档案内容治理体系运用的智能化，提升档案内容治理能力，推动档案内容治理体系和治理能力现代化的实现。

以整体架构的"善治""法治""智治"为方向引领，本研究从档案内容治理体系和治理能力关系模型的构成要素以及演化机制为切入点，提出档案内容治理体系和治理能力现代化基本路径，将档案整体架构转换为具体的实践对策。以健全体系为抓手，推进档案内容治理体系现代化。在健全思路方面，以地方性法制规范为突破口，以标准完善为重要补充，以加强机构或组织内部制度建设为主要落脚点，逐层突破，建立健全档案内容治理体系；具体到档案内容治理体系的构成，从界定多元治理主体角色职责及相互关系、对档案内容治理活动有序安排、确定档案内容治理活动价值取向三个方面，确定了档案内容治理体系健全的主要内容；最后面向档案内容治理体系健全目标的达成，在健全思路和健全内容的基础上，从提高理性与制度协调性、做好制度更新完善工作、完善档案内容治理体系三个方面，提出了档案内容治理体系健全路径。以治理技术为承转，上承治理体系下接治理能力。治理技术是档案内容治理体系和治理能力相互关系演化机制中的重要中介，推进档案内容治理体系和治理能力现代化自然也需要关注治理技术。根据治理技术的分类，从加强科技型技术创新应用，提高治理效果；重视规则型技术秩序重建，创新治理方式；注重行为型技术系统培育，提供治理人才；从以上三个方面构建了档案内容体系和治理能力现代化推进方案的内部连接。以能力提升为纲目，推进档案内容治理能力现代化。档案内容治理能力现代化主要在于增强档案内容治理体系执行能力，将档案内容治理体系的优势更好地转化为档案内容治理效能。从档案内容治理能力困境入手，以加强能力更新与能力培育为档案内容治理能力提升的总思路，构建了由宏观至微观的档案内容治理能力分层提升的内容：通过提高宏观提升能力群的整体能力，提高档案内容治理体系健全能力；提高中观组织能力群的协作能力，增强档案内容治理体系的执行能力；提高微观业务能力群的实践能力，保证档案内容治理实践效能。以三大层次能力群的同步协调提升为纲目，实现档案内容治理能力的整体现代化。以耦合协调为旨归,实现治理体系与能力的协调推进。结合档案内容治理体系和治理能力的关系模型,构建了基于主体、客体、关系、目标的四重协调推进路径:主体视角,实现多元主体协同推进,以责任共同体为基础形成档案内容治理共同体,实现多元治理主体"有责""尽责""共享";客体视角,推进过程中时刻确保"内容"客体通过"治理"方式的创新,确保多维客体关联推进;关系视角,对档案内容治理体系和治理能力的复杂关系进行认识与把握,从多种视角、不同层次促进档案内容治理体系和治理能力现代化立体推进;目标视角,注重档案内容治理体系和治理能力目标的阶段性特征,应随着需求的动态变化,实现目标的动态调整,以多阶目标渐进推进促进档案内容治理体系和治理能力现代化推进。

总体而言,本研究从整体架构和基本路径两个维度构建了档案内容治理体系和治理能力现代化双重推进路径。从不同的视角与维度,对档案内容治理体系和治理能力现代化过程中涉及的观念、法规、方法、技术、主体、客体、关系、目标进行了全面的设计与协调,实现了推进方案内容之间相互关联、相互影响、相互协调,力争提高推进方案构建的全面性、科学性与可行性。

第 7 章

结语与展望

7.1 研究结语

诚如本研究一直所强调的,档案内容治理的理论研究与实践探索早已有之,并成果丰硕。只是无论理论研究还是实践探索,都呈现出局部性与零散性的特征,并未有一个统一的正式的达成共识的探讨体系与框架,使得档案内容治理一直未获得相应的"身份"与"话语体系"。本研究提出"档案内容治理"这一全新术语,通过对"档案内容治理"的概念界定与阐释,在学术视野中赋予档案内容治理理论身份,开启从理论层面对档案内容治理进行规律认识与经验总结的篇章,也开启对档案内容从管理到治理的新篇章。通过对档案内容治理内涵的厘清到档案内容治理体系和治理能力关系模型与现代化方案的构建,将档案内容治理的理论探讨与实践探索在理论研究视野中进行整合,初步搭建起一个整体性的全局性的探索窗口与框架,以求在此基础上,获得更多的理论关注目光与实践发展资源。如此,以期给档案内容治理的理论研究与实践探索提供全新的可能,祈望档案内容治理的"善治性""赋能性"等优越性能进一步被激发、深化与拓展。

档案内容治理通过"治理"理念、机制、手段的加持,对档案内容治理的"内容"要素进行四重内涵意蕴的丰富,实现了档案内容治理的创新性超越,因此也实现了对档案内容治理优越性的进一步发掘。档案内容治理优越性的总结为说明开展档案内容治理的紧迫性与重要性提供了充足的佐证。与此同时,尤其是在数字转型这一变化时期,档案内容治理也面临可能的风险与现实的困境,因此亟须找到一条路径来对这些困难进行消解。受国家治理体系和治理能力现代化相关研究与实践的启发,在国家治理体系和治理能力现代化的宏伟征程中,进行档案内容治理体系和治理能力现代化不啻于一条现实可行的路径。

本研究基于以上思路与线索,提出以"档案内容治理体系和治理能力现代化"为途径化解档案内容治理面临的可能风险与现实困境,进而实现档案内容治理现代化,发挥档案内容治理的优越性。通过研究,应对档案内容治理体系和治理能力现代化推进,本研究主要得出以下结论。

其一,构建档案内容治理体系和治理能力关系模型是档案内容治理体系和治理能力现代化推进的必要前提。

正确认识和理解档案内容治理体系和治理能力的相互关系,是档案内容治理体系和治理能力实现现代化的必要前提。事实上,无论哪个领域推进治理体系和治理能力现代化实践，如果不以正确认识二者之间的相互关系为前提与基础，其现代化推进的理论研究与实践发展往往陷入方向不明、内容不清、推进不力的泥藻中。知其然，并知其所以然。只有正确认识与理解治理体系和治理能力是什么、二者关系是什么、如何相互影响，才能找到二者现代化有何呈现，进而才能以之为对照与参照，找到二者实现现代化的推进思路与具体对策。所以，档案内容治理体系和治理能力现代化的推进，并不是始于档案内容治理体系和治理能力现代化推进方案的构建，而是始于对二者相互关系的充分认识。这也是为什么档案内容治理体系和治理能力关系模型一章在本研究中占据了大量篇幅。本研究对档案内容治理体系和治理能力相互关系进行了充分揭示与高度总结，得出完整的档案内容治理体系和治理能力关系模型应包括：档案内容治理体系和治理能力的内涵与构成、档案内容治理体系和治理能力"一体两面"的相互关系、档案内容治理体系和治理能力动态正相关的互动形态、档案内容治理体系和治理能力四维联动的演化机制四个部分内容的重要结论。

其二，数字转型期档案内容治理体系和治理能力现代化推进的主要路径是协同推进。

根据档案内容治理体系和治理能力的关系模型，二者不能只谈其一而不谈其二。无论是离开档案内容治理能力的现代化，谈档案内容治理体系的健全；还是离开档案内容治理体系的现代化，谈档案内容治理能力的提升，都只能是空谈。但是档案内容治理体系和档案内容治理能力其在内涵与外延上，差别又是如此明显，二者的协同推进并非易事。因此，档案内容治理体系和治理能力协同推进的关键在于找到二者之间的连接纽带，加强二者推进对策的衔接，实现二者的协同推进。档案内容治理体系和治理能力现代化协同推进的关键就是实现思路与行动的统一、协同与契合。

首先，需要实现观念意识层面的协同。因此，在顶层架构层面，将"善治""法治""智治"理念灌注于思想层面，以保证其可以贯穿于推进方案之中。"善治""法治""智治"成为一条"隐线"，推动档案内容治理体系和治理能力现代化的全面推进。

其次，需要实现行动层面的协同。因此，在基本路径层面，先是以治理技术作为承转，连接起档案内容治理体系和治理能力的现代化推进方案；最后再以关系为线，串联起档案内容治理体系和治理能力推进过程相关的主体、客体与目标，增强推进对策的整体性。档案内容治理体系、治理技术、档案内容治理能力通过主体与客体、关系与目标的耦合，形成一条"实线"，在行动层面推动档案内容治理体系和治理能力现代化的全面推进。

档案内容治理体系和治理能力现代化推进中,"隐线"与"实线"相互交织、彼此促进,兼顾治理档案内容治理体系的健全和档案内容治理能力的提高,二者无一偏废。"隐线"是黏合剂,通过"实线"促使档案内容治理体系和治理能力现代化推进方案中各个要素形成合力,共同推进治理体系和治理能力现代化的实现。所以,"隐线"之中的各个要素与对策,也需要实现协同推进。"实线"是主干,在对治理体系和治理能力的各要素的逐个提高中,通过"隐线"的黏合实现协同,获得 1+1＞2 的整体效应。

"隐线"是实现档案内容治理体系和治理能力现代化过程中的重要保障要素,在推进方案的落实中处于基础地位;"实线"是档案内容治理体系和治理能力现代化推进中的主体内容,在推进方案的落实中居于主要地位。所以,推进档案内容治理体系和治理能力现代化,主要路径就是协同推进,既要实现顶层架构与基本路径的协同推进;又要实现顶层架构内部善治、法治、智治的协同推进与基本路径内部档案内容治理体系健全、治理技术提高、档案内容治理能力提升、关系耦合的协同推进。

7.2 研究展望

档案内容治理作为一个学术概念的提出,其"学术"身份的获得只是起点;档案内容治理体系和治理能力现代化的推进也只是推动档案内容治理万千方案中的一种。档案内容治理的未来道路还构筑于理论与实践的持续跟进中,需要进一步认识档案内容治理这种客观存在,把握其规律,总结其经验;需要进一步探讨不同的时代背景下,在技术、资源的不断加持与使能下"内容"所能发展出的更多意蕴,"治理"手段所能具有的更多的形式与所能带来的多种可能;需要进一步探索档案内容治理与档案工作、档案事业、档案治理的互动关系的呈现方式与互动模式,实现在与档案治理、国家治理协同推进过程中获得自身的创新发展。

档案内容治理与各种档案现象的关系之密切,与各种社会实践的关系之密切,决定了以"档案内容"为中心所构建起的场域具有广阔的空间,未来的研究,也拥有无限切入的角度与可能。此处,结合本研究的研究基础、研究内容与研究结论,提出三个继续探索方向,以继续完善和丰富本研究:

其一,进行实例调研与研究。通过案例研究、问卷调查、深度访谈等方式与手段，对档案内容治理实践进行总结与归纳，并对档案内容治理理论研究的结论进行验证，从实证角度对档案内容治理的研究进行补充与发展。

其二，补充档案内容治理中观与微观研究。本研究属于档案内容治理研究中的宏观研究，从治理体系和治理能力现代化角度构建了档案内容治理发展的"规则"动力。但档案内容治理理论与实践的发展主要还是在档案内容治理实践的具体开展中得以实现，后续研究可从档案内容治理实施模型、档案内容治理系统与平台构建等角度得以深化，并切实促进档案内容治理实践的蓬勃发展。

其三，深化档案内容治理体系和治理能力现代化对策研究。本研究关于档案内容治理体系和治理能力现代化路径的推进方案整体来说，还处于十分宏观笼统的层面。而要将这些推进方案切实用于指导档案内容治理体系和治理能力现代化实践，还需要对其进一步细化。后续研究可从档案内容治理体系的具体完善对策、档案内容治理能力的具体提升方案入手进行细化研究。

参考文献

安小米，白文琳，钟文睿，等，2013. 数字转型背景下的我国数字档案资源整合与服务研究框架［J］. 图书情报工作，57（24）：44-50，78.

白文琳，安小米，2016. 2014年我国档案学研究现状、学术热点及趋势［J］. 档案学研究（3）：12-15.

鲍静，贾开，2019. 数字治理体系和治理能力现代化研究：原则、框架与要素［J］. 政治学研究（3）：23-32，125-126.

［美］布莱恩·阿瑟，2014. 技术的本质：技术是什么，它是如何进化的［M］. 杭州：浙江人民出版社.

曹海军，王梦，2021. 制度、资源与技术：社会矛盾调处化解综合治理之路：以衢州"主"字型矛调模式为例［J］. 中共天津市委党校学报，23（3）：80-87.

常大伟，2018. 档案治理的内涵解析与理论框架构建［J］. 档案学研究（5）：14-18.

常大伟，2019. 国家治理现代化进程中的档案制度变迁及因应策略［J］. 档案管理（5）：4-7.

常大伟，2019. 国家治理现代化视野下的档案制度改革［J］. 档案学通讯（6）：11-17.

常大伟，2020. 国家治理现代化视阈下我国档案治理能力建设研究［M］. 武汉：武汉大学出版社.

陈广胜，2007. 走向善治［M］. 杭州：浙江大学出版社.

陈嘉明，2003. "现代性"与"现代化"［J］. 厦门大学学报（哲学社会科学版）（5）：14-20.

陈金芳，万作芳，2016. 教育治理体系与治理能力现代化的几点思考［J］. 教育研究，37（10）：25-31.

陈金圣，2014. 重塑大学治理体系：大学治理能力现代化的实现路径［J］. 教育发展研究，34（9）：20-26.

陈青，叶海燕，2021. 基于共建共治共享的档案治理现代化研究［J］. 城建档案（4）：102-105.

程璇，高志宏，胡翔，2008. 医院科技档案数据化管理模式探讨［J］. 医院管理论坛，25（12）：62-64.

崔桂田，吉秀华，2020. 国家治理现代化是加强党对制度建设领导的主旨要义［J］. 当代世界社会主义问题（3）：62-68.

代林序，陈怡，杨梓钒，等，2019. 数字转型背景下档案工作发展趋势与对策研究——基于澳、美、加、英的战略规划解析［J］. 档案与建设（5）：29，38-42.

戴大双，顾强，杨卫华，等，2012. 基于文本分析的治理内涵研究［J］. 技术经济，31（5）：115-121.

戴维·希尔曼，2002. 数字媒体：技术与应用［M］. 北京：清华大学出版社.

戴艳清，胡于恬，2021. 时间戳技术在档案数据管理中的应用［J］. 北京档案（5）：15-18.

丁海斌，肖哲，2010. 从实体与事物的角度论档案形成规律（上）：兼论档案的本质属性与定义［J］. 中国档案（3）：33-36.

丁家友，方鸣，冯洁，2020. 论档案内容管理的理论体系与技术路径［J］. 档案学研究（1）：19-24.

丁堃，1996. 试论原子论方法与系统论方法的相互关系［J］. 科学技术与辩证法（5）：19-22，28.

杜飞进，2014. 中国现代化的一个全新维度：论国家治理体系和治理能力现代化［J］. 社会科学研究（5）：37-53.

杜楠，刘俊杰，2021. 化制度优势为治理效能：探究"中国之治"的有效路径［J］. 广西社会科学（4）：31-36.

杜威，2020. 制度的工具理性与价值理性在治理现代化中的协同［J］. 领导科学（14）：4-8.

杜玉华，俞佳奇，2020. 国家治理现代化的制度基础及其在中国的实践策略［J］. 学术研究（5）：52-59，72，177.

杜钟浩，2018. 行政执法风险内涵及其原因探究［J］. 现代交际（15）：51，50.

方琼，谭桔华，2021. 制度优势转化为国家治理效能的实现机制［J］. 湖南行政学院学报（4）：68-75.

方涛，2015. "治理"内涵解析［J］. 重庆社会科学（3）：56-60.

冯惠玲，2019. 走向单轨制电子文件管理［J］. 档案学研究（1）：88-94.

冯惠玲，加小双，2015. 数字转型背景下美国电子文件管理战布局与行动探析［J］. 档案学通讯（6）：44-51.

冯惠玲，刘越男，马林青，2017-08-28. 文件管理数字转型的要素分析与国际动向［N］. 中国档案报（003）.

冯惠玲，刘越男，马林青，2017. 文件管理的数字转型：关键要素识别与推进策略分析［J］. 档案学通讯（3）：4-11.

嘎拉森，2020. 政府档案内容管理中的数据化研究［D］. 北京：中国人民大学.

高小平，2014. 国家治理体系与治理能力现代化的实现路径［J］. 中国行政管理（1）：9.

顾基发，王浣尘，唐锡晋，2007. 综合集成方法体系与系统学研究［M］. 科学出版社.

顾伟，2021. 档案信息智能采集技术的创新应用研究［J］. 北京档案（11）：29-30，41.

郭风英，等，2016. 从管理到治理：体制转型与理念变迁［M］. 成都：西南交通大学出版社.

国家档案局，（2016-04-07）［2021-04-12］. 国家档案局印发《全国档案事业发展"十三五"规划纲要》［EB/OL］. https://www.saac.gov.cn/daj/xxgk/201604/4596bddd364641129d7c878a80d0f800.shtml.

韩兆柱，翟文康，2016. 西方公共治理前沿理论述评［J］. 甘肃行政学院学报（4）：23-39，126-127.

郝朝军，怀保民，邢燕，2021. 中国图书馆事业治理体系和治理能力现代化之关键［J］. 图书馆（1）：1-10.

郝琦，魏扣，2016. 档案内容管理及其对现代档案工作的启示［J］. 北京档案（5）：17-20.

郝伟斌，肖祎星，陈健，2020. 国家综合档案馆档案信息化发展回顾与思考［J］. 档案管理（3）：14-17，21.

洪佳惠，2018. 实体档案与电子档案之差异的另一种探索：档案载体派生树的构建［J］. 档案学研究（5）：9-13.

胡涛，2015. 档案内容管理模式研究［J］. 档案学研究（4）：54-57.

黄晓京，1982. 默顿及其结构功能主义理论［J］. 国外社会科学（8）：60-63.

黄燕芳，2020. 档案管理和档案治理的概念和关系辨析［J］. 档案（5）：4-9.

金波，晏秦，2019. 从档案管理走向档案治理［J］. 档案学研究（1）：46-55.

金波，杨鹏，2020. 大数据时代档案数据治理研究［J］. 档案学研究（4）：29-37.

金更达，2004. 基于内容管理的数字档案馆集成模型探讨［J］. 档案与建设（11）：9-13.

金姗姗，2014. 高校内部治理碎片化困境及其突破：整体性治理的视角［J］. 教育发展研究，34（3）：36-41.

李长江，2016. 高校档案管理工作治理体系现代化［J］. 长治学院学报，33（4）：102-104.

李浩，2019. 新时代社区复合型治理的基本形态、运转机制与理想目标［J］. 求实（1）：63-73，111.

李浩，郝儒杰，2021. 制度、政策与机制：中国特色社会治理体系的运转机理［J］. 中共福建省委党校（福建行政学院）学报（4）：38-44.

李龙，范兴科，2017. 关于"善治"的三个追问［J］. 法制与社会发展，23（1）：5-13.

李龙，郑华，2016. 善治新论［J］. 河北法学，34（11）：2-11.

李丕仕，王磊，刘霞，等，2016. 高校图书馆社会化信息服务风险的分类及其控制［J］. 情报杂志，35（11）：179-182.

李少霞，孙琳杰，2021. 全面建成小康社会的马克思主义哲学阐释［J］. 长春理工大学学报（社会科学版），34（5）：60-66.

李松林，2019. 体制与机制：概念、比较及其对改革的意义：兼论与制度的关系［J］. 领导科学（6）：19-22.

李甜，2016. 国有企业档案内容管理策略研究［D］. 北京：中国人民大学.

李星玥，张斌，2021. 智慧档案馆发展必然性和建设策略研究［J］. 北京档案（6）：10-13.

李秀林，1995. 辩证唯物主义和历史唯物主义原理［M］. 北京：中国人民大学出版社.

李艳辉，丁继武，2020. 档案治理能力和治理体系提升的有效途径［J］. 黑龙江档案（3）：26-27.

李政道，宗亚宁，牙颖毅，等，2021. 我国超大城市共建共治共享格局的构建途径探析［J］. 法制与社会（18）：132-135.

李宗富，董晨雪，杨莹莹，2021. 国家档案治理：研究现状、未来图景及其实现路径［J］. 档案学研究（4）：17-24.

刘东斌，2018. 论完善档案治理体系的途径［J］. 档案（10）：6-10.

刘东斌，2019. 档案治理概念辨析［J］. 档案管理（1）：47-49.

刘冬冬，程广文，2021. 高等职业教育治理体系现代化：基本内涵、价值重构与路径选择［J］. 湖北社会科学（2）：151-158.

刘慧琳，牛力，2021. 标准文件的知识图谱组织模式探究［J］. 档案学通讯（5）：58-65.

刘佳，2015. 大数据时代的社会治理困境与创新发展路径［J］. 学术探索（4）：77-84.

刘越男，2020. 数据治理：大数据时代档案管理的新视角和新职能［J］. 档案学研究（5）：50-57.

刘越男，杨建梁，张洋洋，2019. 单轨制背景下电子签名的归档保存方案研究［J］. 档案学通讯（3）：26-35.

柳经纬，聂爱轩，2021. 我国标准化法制的现代转型：以《标准化法》的修订为对象［J］. 浙江大学学报（人文社会科学版），51（1）：69-80.

娄成武，张国勇，2020. 国家治理体系和治理能力现代化与政府治理创新［J］. 辽宁行政学院学报（1）：5-12，2.

路长明，陈成，2020. 中美社区教育管理体制比较研究：基于"结构—功能主义"的理论分析框架［J］. 成人教育，40（12）：86-93.

吕朝辉，2020. 地方治理现代化的衡量标准：基于体系与能力的关系视角［J］. 求索（3）：188-195.

吕普生，2020. 我国制度优势转化为国家治理效能的理论逻辑与有效路径分析［J］. 新疆师范大学学报（哲学社会科学版），41（3）：18-33，2.

罗紫菡，乔健，2021. 从档案行政管理部门到档案主管部门：探析新修订的《档案法》［J］. 档案管理（3）：17-19.

毛泽东，1991. 毛泽东选集. 第一卷.［M］. 2版. 北京：人民出版社.

孟月，马爱芝，2021. 档案制度建设与档案治理现代化关系辨析［J］. 兰台世界（6）：107-111.

米歇尔·福柯，2010. 社会、领土与人口［M］. 钱翰，陈晓径，译. 上海：上海人民出版社.

苗东升，2006. 系统科学精要［M］. 北京：中国人民大学出版社.

倪丽娟，2021. 档案治理问题思考［J］. 档案学研究（1）：58-63.

潘琳，2021. 新发展阶段社会治理共同体的演进逻辑、掣肘因素及行动路径构建［J］. 中共南京市委党校学报（3）：38-42，49.

庞金友，2020. 大变局时代国家治理能力的谱系与方略［J］. 人民论坛·学术前沿，206（22）：76-83.

祁天娇，冯惠玲，2021. 档案数据化过程中语义组织的内涵、特点与原理解析

[J]．图书情报工作，65（9）：3-15．

钱毅，2017．电子文件"单套制"管理相关概念的辨析与思考[J]．档案学通讯（4）：8-13．

钱毅，2018．从"数字化"到"数据化"：新技术环境下文件管理若干问题再认识[J]．档案学通讯（5）：42-45．

钱毅，2018．技术变迁环境下档案对象管理空间演化初探[J]．档案学通讯（2）：10-14．

钱毅，2020．在"三态两化"视角下重构档案资源观[J]．中国档案（8）：77-79．

人民论坛，2014．大国治理：国家治理体系和治理能力现代化[M]．北京：中国经济出版社．

上官酒瑞，2019．国家治理现代化[M]．北京：经济科学出版社．

邵春堡，2020．新时代数字技术、数字转型与数字治理[J]．中国井冈山干部学院学报，13（6）：55-64．

沈洋，赵烨樘，张卫东，2020．现代化档案治理体系构建研究：以国家档案馆为主体的视角[J]．浙江档案（10）：17-19．

施雪华，2001．政治科学原理[M]．广州：中山大学出版社．

石义华，赖永海，2002．工具理性与价值理性关系的断裂与整合[J]．徐州师范大学学报（4）：100-103．

孙东山，2021．论国家治理现代化的法治向度[J]．云南行政学院学报（1）：47-53．

孙钢，2014．推进档案治理体系和治理能力现代化：2014年国家档案局档案馆（室）司工作重点[J]．中国档案（1）：35．

谭必勇，刘芮，2020．英国政府数据治理体系及其对我国的启示：走向"善治"[J]．信息资源管理学报，10（5）：55-65．

田耀农，2020．论音乐作品的内容与形式[J]．音乐研究（1）：91-101．

童星，2018．中国社会治理[M]．北京：中国人民大学出版社．

万建第，2013．浅论城建档案数据化应用[J]．城建档案（6）：51-52．

王伯鲁，2016．《资本论》及其手稿技术思想研究[M]．成都：西南交通大学出版社．

王洪才，2020．教育治理体系与治理能力现代化论略[J]．复旦教育论坛，18（1）：12-18．

王建国,刘小萌,2019. 善治视域下公民参与的实践逻辑[J]. 河南师范大学学报(哲学社会科版),46(2):22-29.

王景高,2000. 论档案信息资源开发[J]. 档案学通讯(5):19-22.

王南湜,2021. 毛泽东实践智慧的辩证法:马克思主义辩证法疆域的中国式拓展[J]. 哲学研究(9):22-34,127.

王聘兴,1962. 怎样下定义[J]. 前线(9):20-22.

王权海,2020. 国家治理体系和治理能力现代化:"中国之治"的现代化之路[J]. 中学政治教学参考(8):4-5.

王绍光,2018. 治理研究:正本清源[J]. 开放时代(2):153-176.

王亚玲,2021. 论共建共治共享社会治理制度与数字经济的耦合性及实现路径[J]. 社科纵横,36(2):81-85.

王英,2020. 澳大利亚国家档案馆信息治理政策体系研究[J]. 浙江档案(11):26-29.

魏宏森,曾国屏,1995. 系统论的基本规律[J]. 自然辩证法研究(4):22-27.

魏治勋,2014. "善治"视野中的国家治理能力及其现代化[J]. 法学论坛,29(2):32-45.

文军,2010. 制度建构的理性构成及其困境[J]. 社会科学(4):60-63,189.

吴龙虎,2020. 中国特色社会主义制度优势转化为国家治理效能的内在机理[J]. 长春师范大学学报,39(7):33-37.

吴晓凯,文军,2020. 整体性治理:中国城市治理形态的逻辑转型及其实践反思[J]. 江苏行政学院学报(4):64-70.

吴旭红,章昌平,何瑞,2022. 技术治理的技术:实践、类型及其适配逻辑:基于南京市社区治理的多案例研究[J]. 公共管理学报,19(1):107-120,173.

吴雁平,刘东斌,2019. 全方位多视角下的档案治理探析[J]. 档案管理(2):47-49.

吴雁平,刘东斌,2020. "立有主、收有限、存有期、用有度、销有据":新修订《档案法》的规制解读[J]. 档案管理(5):25-27,29.

吴增礼,肖佳,2021. 制度优势到治理效能的转化研究[J]. 文化软实力,6(3):13-20.

吴志刚,2014. 推进以"三个走向"为指导的档案事业新发展[J]. 浙江档案

（12）：36.

习近平，2014. 关于全面深化改革论述摘编［M］. 北京：中央文献出版社.

习近平，2014. 切实把思想统一到党的十八届三中全会精神上来［J］. 求是（1）：3-6.

习近平，2018-12-1. 登高望远，牢牢把握世界经济正确方向［N］. 人民日报（2）.

夏锋，2018. 新时代社会主义核心价值观与治理现代化契合性的价值哲学阐释［J］. 学习与探索（9）：64-69.

夏伟，赵怀娟，2018. 走向多元善治：共建共治共享社会治理格局机制初探［J］. 沈阳干部学刊，20（4）：55-57.

谢国强，黄新荣，马云，等，2020. 基于档案数据观的企业档案治理创新［J］. 档案与建设（8）：49-52.

徐邦友，2020. 推进国家治理体系和治理能力现代化的中国方案：基于制度理性的视角［J］. 治理研究，36（5）：11-18.

徐奉臻，2020. 从两个图谱看国家治理体系和治理能力现代化［J］. 人民论坛（1）：68-70.

徐力恒，2017. 唐代人物资料的数据化：中国历代人物传记资料库（CBDB）近年工作管窥［J］. 唐宋历史评论（00）：20-32，381.

徐拥军，2017. 档案记忆观：社会学与档案学的双向审视［J］. 求索（7）：160-167.

徐拥军，2018-04-30. 雄安新区档案工作创新思考［N］. 中国档案报（003）.

徐拥军，熊文景，2019. 档案治理现代化：理论内涵、价值追求和实践路径［J］. 档案学研究（6）：12-18.

许海清，2013. 国家治理体系和治理能力现代化［M］. 北京：中共中央党校出版社.

许耀桐，2020. 中国之治：国家治理现代化的发展路径［M］. 北京：东方出版社.

许耀桐，刘祺，2014. 当代中国国家治理体系分析［J］. 理论探索（1）：10-14，19.

许张琨琦，2021. 从多元治理到高效共治：构建社区治理共同体［J］. 现代商贸工业，42（32）：101-102.

薛四新，朱莉，2012. 数字档案馆制度体系的构建［J］. 北京档案（9）：10-13.

闫小斌，2008. 从传统管理到现代治理：我国公共图书馆管理改革的目标及路径选择[J].图书馆建设(12):46-50,55.

晏秦,刘海兰,2021.元治理理论视角下档案行政管理部门的角色定位探析[J].山西档案(4):72-77,87.

叶立国,2014.系统科学方法探赜[J].中国石油大学学报(社会科学版),30(1):71-75.

叶萌萌,2018.数字时代文档管理模式转型:澳大利亚数字转型政策的启示[J].浙江档案(2):30-32.

于俊,2017.开放共享发展理念下的政府数据治理能力建设:以税务大数据开放共享实践为例[J].福建论坛(人文社会科学版)(8):148-154.

俞可平,2014.衡量国家治理体系现代化的基本标准:关于推进"国家治理体系和治理能力的现代化"的思考[J].党政干部参考(1):3.

俞可平,2014.论国家治理现代化[M].北京:社会科学文献出版社.

俞可平,2018.中国的治理改革(1978—2018)[J].武汉大学学报(哲学社会科学版),71(3):48-59.

郁建兴,2019.社会治理共同体及其建设路径[J].公共管理评论(3):59-65.

袁洪英,2016.治理现代化视域下国家制度能力探析[J].理论探讨(5):21-25.

曾铮,王磊,2021.数据市场治理:构建基础性制度的理论与政策[M].北京:社会科学文献出版社.

詹国彬,2021.英国数字政府转型:价值理念、技术工具与制度保障[J].行政论坛,28(6):136-143.

张帆,吴建华,2021.国家治理现代化视域下档案治理概念体系研究[J].档案学研究(1):23-31.

张会超,2007.档案内容管理引论[J].山西档案(1):21-24.

张瑞丽,2021.大数据环境下图书馆馆藏数字资源治理体系构建研究[J].江苏科技信息,38(19):1-3.

张森,2017.文化治理:理论演进、西方模式与中国路径[M].北京:中国政法大学出版社.

张卫东,张乐莹,2021.我国档案治理能力评价体系研究[J].浙江档案(4):26-28.

张卫东,张乐莹,赵红颖,2021.我国档案治理研究内容与特征识别[J].情报科学,39(8):60-66,85.

张贤明,田玉麒,2015.整合碎片化:公共服务的协同供给之道[J].社会科学战线（9）：176-181.

张小劲，苏鹏飞，（2014-03-12）[2021-10-09]．提升治理水平要有治理技术支撑[EB/OL]．http://www.rmlt.com.cn/2014/0312/242875_2.shtml．

张小劲，于晓虹，2014．推进国家治理体系和治理能力现代化六讲[M]．北京：人民出版社．

张洋，2020．数据转型背景下的档案业务过程数字化策略研究[J]．山西档案（2）：131-137．

张志伟，2015．启蒙、现代性与传统文化的复兴[J]．中国人民大学学报（4）：118-128．

赵发珍，[2021-08-22]．图书馆公共危机治理的分析框架与行动范式[J/OL]．图书馆建设：1-15，http://ifgga60aabc7d15084b00h9p0wvob9p6ub6ucx.fhaz.libproxy.ruc.edu.cn/kcms/detail/23.1331.g2.20210802.1753.003.html．

赵浩华，2018．国家治理视角下制度理性意蕴及其价值探寻[J]．行政论坛，25（5）：14-18．

赵红艳，周铭，2016．论档案管理中工具理性与价值理性的平衡[J]．档案与建设（4）：9-12．

赵柯然，王延飞，2021．情报融合的赋能分析研究[J]．情报理论与实践，44（11）：8-14．

赵汝泽，2021．国家治理效能的理论辨析：概念、依据与来源[J]．大连干部学刊，37（7）：58-64．

赵生辉，胡莹，2019．档案文本结构化：概念、原理与路径[J]．浙江档案（12）：23-25．

赵生辉，胡莹，白秋晨，[2021-12-14]．基于数据湖架构的智慧档案馆生态系统构建研究[J/OL]．山西档案：1-10．http://gfgga60aabc7d15084b00hoocw6ffv05uc6b66.fhaz.libproxy.ruc.edu.cn/kcms/detail/14.1162.G2.20210827.1042.006.html．

赵跃，2019．大数据时代档案数据化的前景展望：意义与困境[J]．档案学研究（5）：52-60．

赵志录，2017．档案内容管理在档案管理领域的应用与启示[J]．兰台世界（S1）：40-41．

赵子忠，2005．内容产业论[M]．北京：中国传媒大学出版社：10．

郑建明，孙红蕾，2017．数字图书馆治理的理论建构及其要素解析[J]．大学图书馆学报, 35 (5): 101-107.

郑金月, 2020. 从档案治理体系视角看新修订档案法 [J]. 浙江档案 (7): 14-17.

郑金月, 2020. 为加快档案信息化战略转型提供法治保障: 对新修订的《档案法》新增档案信息化建设规定的若干思考 [J]. 中国档案 (8): 33-35.

中共中央马克思恩格斯列宁斯大林著作编译局, 2012. 马克思恩格斯选集 (第二卷) [M]. 北京: 人民出版社.

中共中央马克思恩格斯列宁斯大林著作编译局, 2012. 马克思恩格斯选集 (第四卷) [M]. 北京: 人民出版社.

中国档案, 2016. 全国档案事业发展"十三五"规划纲要 [J]. 中国档案 (5): 14-7.

周安平, 2015. "善治"是个什么概念: 与俞可平先生商榷 [J]. 浙江社会科学 (9): 38-44, 157.

周红云, 2016. 全民共建共享的社会治理格局: 理论基础与概念框架 [J]. 经济社会体制比较 (2): 123-132.

周蔚华, 杨石华, 2020. 出版与国家治理体系和治理能力现代化 [J]. 中国出版 (8): 27-33.

周文泓, 2016. 英国数字连续性保障框架分析与启示 [J]. 图书情报工作, 60 (15): 45-52.

周文泓, 2018. 回顾与展望: 文件管理数字转型的维度探析 [J]. 档案学通讯 (3): 95-99.

周文泓, 刘静, 向宇, 等, 2020. 政府文件管理的数字转型框架研究 [J]. 档案与建设 (3): 27-30, 35.

周文泓, 邢琳悦, 王俊慧, 等, 2018. 档案机构的数字转型研究: 基于NARA《战略计划2018—2022》的内容分析 [J]. 档案管理 (2): 30-32.

周毅, 2020. 公共信息服务社会共治的风险及其控制 [J]. 情报资料工作, 41 (1): 69-78.

左丹, 欧石燕, 2019. 人文信息资源语义描述、语义组织研究与实践述评 [J]. 图书馆论坛, 39 (8): 21-31.

Anon, [2021-04-22]. Library and Archives Canada Three-Year Plan 2016-2019 [EB/OL]. https://www.bac-lac.gc.ca/eng/about-us/three-year-plan.

BOB, JESSOP, 1998. The rise of governance and the risks of failure: the case of economic development [J]. International Social Science Journal, 50 (155): 29-45.

BOIKO B, BOOKSX I, 2004. Content Management Bible [M]. 2nd Edition. New York: Wiley Publishing, Inc.

CHHOTRAY V, GERRY S, 2009. Governance theory and practice a cross-disciplinary approach [M]. New York: Palgrave Macmillan.

GRAHLMANN K R, HELMS R W, HILHORST C, et al., 2012. Reviewing enterprise content management: a functional framework [J]. European Journal of Information Systems (21): 268-286.

HARR A, VOM BROCKE J, URBACH N, 2019. Evaluating the individual and organizational impact of enterprise content management systems [J]. Business Process Management Journal (25): 1413-1440.

LAMONT, JUDITH, 2020. The Critical Role of Enterprise Content Management in Digital Transformation [J]. KM World, 29 (2): 26-28.

National Archives of Austrilia, [2021-04-18]. Digital Transition Policy[EB/OL]. https://www.naa.gov.au/information-management/information-management-policies/digital-continuity-2020-policy/digital-transition-policy.

NORDHEIM S, PAEIVAERINTA T, 2006. Implementing enterprise content management: from evolution through strategy to contradictions out-of-the-box [J]. European Journal of Information Systems, 15 (6): 648-662.

Office of Management and Budget, National Archives and Records Administration, [2021-04-18]. Managing Government Records Directive [EB/OL]. https://www.archives.gov/files/records-mgmt/m-12-18.pdf.

Proscovia Svärd, 2013. Enterprise Content Management and the Records Continuum Model as strategies for long-term preservation of digital information [J]. Records Management Journal (23): 159-176.

SMITH H A, MCKEEN J D, 2003. Developments in practice Ⅷ: enterprise content management [J]. Communications of the Association for Information Systems (11): 647-659.

TYRVAEINEN P, PAEIVAERINTA T, SALMINEN A, et al., 2006. Characterizing the evolving research on enterprise content management [J]. European Journal of Information Systems, 15 (6): 627-634.

VIALG, 2019. Understanding digital transformation: A review and a research agenda [J]. The Journal of Strategic Information Systems, 28 (2): 118-144.